RAYMOND MOODY, PAUL PERRY

7 Gründe, warum wir an ein Leben nach dem Tod glauben dürfen

GOLDMANN

Raymond Moody
Paul Perry

7 Gründe, warum wir an ein Leben nach dem Tod glauben dürfen

Mit einem Vorwort von Eben Alexander

GOLDMANN

Dieses Buch erschien 2023 unter dem Titel »PROOF OF LIFE AFTER LIFE: 7 Reasons to Believe There Is an Afterlife« bei Atria Books, einem Imprint von Simon & Schuster, Inc., New York.

FSC www.fsc.org
MIX
Papier | Fördert gute Waldnutzung
FSC® C104608

Penguin Random House Verlagsgruppe FSC® N001967

1. Auflage
Deutsche Erstausgabe Oktober 2024

Umschlag: Uno Werbeagentur, München
Umschlagmotiv: © FinePic®, München
Redaktion: Ingrid Lenz-Aktas
Satz: Satzwerk Huber, Germering
Druck und Bindung: Nørhaven A/S, Viborg
Printed in Denmark
LG · CB

ISBN 978-3-442-22403-6

Ich widme dieses Buch voller Liebe
meiner Frau Cheryl und den Kindern in unserem Leben:
Carter, Carol, Avery, Samuel und Ray Junior.

Raymond Moody

Für meine Frau Darlene und die Kinder
und Kindeskinder, die unsere Welt sind.

Paul Perry

Inhalt

Vorwort

Es war ein riesiges Geschenk an die Menschheit, als Dr. Raymond Moody 1975 sein bahnbrechendes Buch *Leben nach dem Tod* veröffentlichte. Die Inspiration dazu hatte er, der von der griechischen Antike begeisterte Professor der Philosophie, von so herausragenden Denkern wie Platon bezogen, der uns Berichte von Menschen hinterlassen hat, die stark für ein Weiterleben nach dem Tod sprechen.

Was Professor Moody schließlich zur Veröffentlichung seines gesammelten Materials bewogen hatte, war eine Reihe von bemerkenswerten Geschichten von über hundert Patienten, die von ihren Erfahrungen an der Schwelle zum Tod berichteten und uns so einen faszinierenden Einblick gaben in die modern gefasste Wirklichkeit eines Lebens nach dem Tod, wie es von jenen frühen griechischen Philosophen behauptet wurde. Nichtsdestotrotz war ihm bewusst, dass diese Berichte naturgemäß höchst subjektiv waren, stammten sie doch ausschließlich von den Erlebenden selbst. Was die rational denkende Welt schlussendlich fordern würde, wäre eine Bestätigung in Gestalt einer hinreichenden Anzahl objektiver, nachprüfbarer Beweise.

Obwohl er in den darauffolgenden Jahrzehnten einige weitere Bücher geschrieben hat, die sich explizit mit der Frage des Lebens nach dem Tod beschäftigen, ist dennoch das Buch, das Sie jetzt in Händen halten, das erste, das sich gezielt darum bemüht, ein vielfältiges, sich in vielen Punkten deckendes Beweismaterial zusammenzutragen und so dem, was an diesem Material objektiv für die Realität des Weiterlebens nach dem Tod spricht, mehr Gewicht zu verleihen.

Millionen Menschen in aller Welt wissen um Dr. Moodys Beiträge zu einem Forschungsfeld, das er selbst begründete, als er 1975 den Begriff der »Nahtoderfahrung (NTE)« prägte. Deutlich weniger Menschen jedoch kennen sein Buch *Zusammen im Licht: Was Angehörige mit Sterbenden erleben*, das 2011 erschienen ist. Dieses Buch befasst sich ausschließlich mit geteilten Todeserfahrungen (GTEs). Diese weisen viele der außergewöhnlichen Merkmale einer NTE auf, allerdings mit dem Unterschied, dass sie von ganz normalen, gesunden Außenstehenden entweder direkt am Bett eines sterbenden Menschen oder auch räumlich getrennt davon erlebt werden.

Im vorliegenden Buch befasst Dr. Moody sich nun ausführlich mit dem Konzept der geteilten Todeserfahrung und zeichnet akribisch nach, warum es auf so vielfältige Weise objektive Beweise für die Behauptung liefert, dass das Bewusstsein nicht an die Grenzen von Körper und Gehirn gebunden ist. Er bestätigt uns, dass unsere Vorstellungen über die Seele zutreffen und Beziehungen zu geliebten Menschen über den physischen Tod hinaus fortdauern können.

In seine umfassenden Darstellungen sind auch wichtige neue Bereiche der Nachtodforschung eingeflossen, so zum Beispiel moderne Dokumentationsverfahren zu außerkörperlichen Erfahrungen und zu Vorahnungen, die eine spirituelle Dimension beinhalten (darunter einige sehr persönliche Erfahrungen, die Dr. Moody beziehungsweise seine Familie und Freunde betrafen). Außerdem geht er noch auf Fälle terminaler (oder paradoxer) Luzidität ein. Sie tritt auf bei Menschen, die als irreparabel eingeschätzte Hirnschäden erlitten haben und scheinbar noch einmal kurz ins Leben zurückkehren, wobei sie ihre kognitiven, emotionalen und kommunikativen Fähigkeiten wiedererlangt zu haben scheinen, obwohl eine derartige Klarheit bei ihnen eigentlich nicht mehr möglich ist. Und diese Fälle sind noch nicht einmal selten.

Weitere Themen sind die transformierende Kraft des Lichts, medizinisch nicht zu erklärende Spontanheilungen und das Erlangen völlig neuer Fähigkeiten infolge einer Nahtoderfahrung. In einem besonders faszinierenden Kapitel teilt er seine Erfahrungen mit dem Psychomanteum mit uns, einer Technik des Spiegelsehens, die aus dem alten Griechenland stammt und die sich, wie der Autor festgestellt hat, als sehr nützlich erwies, um die Tore zur Kommunikation mit lieben Verstorbenen aufzustoßen.

Alles in allem stellt dieses Buch eine reiche Sammlung aus Fallberichten und umfassenden Analysen dar. Mit ihm legt der Autor eine Zusammenfassung seines Lebenswerks vor, die das 1975 mit seinem Buch *Leben nach dem Tod* gemachte Versprechen zu hundert Prozent einlöst. Dieses Buch liefert in der Tat belastbare Beweise für ein Leben nach dem Tod! Viel Freude beim Lesen!

Dr. Eben Alexander
Ehemaliger Neurochirurg an der Universität Harvard
Autor von *Blick in die Ewigkeit*, *Vermessung der Ewigkeit* und *Tore ins unendliche Bewusstsein*

Einleitung: Beweismaterial

1984 trat mein Literaturagent Nat Sobel mit dem Vorschlag an mich heran, gemeinsam mit Dr. Raymond Moody ein Buch zu schreiben. Was mich vor ein Problem stellte. Ich war zwar Chefredakteur von *American Health*, einem gut laufenden Gesundheitsmagazin, hatte aber nicht die leiseste Ahnung, wer dieser Raymond Moody war, geschweige denn, was es mit diesen Nahtoderfahrungen (NTEs) auf sich hatte.

Nat Sobel war fassungslos. »Was? Du hast noch nie von seinem Buch *Leben nach dem Tod* gehört?«, wollte er wissen. »Schaust du denn nie *Oprah* an?«

Wir saßen gerade beim Mittagessen, das wir zur Hälfte vertilgt hatten, und weil ich nicht wusste, wer dieser Dr. Moody war und womit er sich beschäftigte, senkte sich ein Schleier des Schweigens über unseren Tisch. Ich kam mir, nun ja, ein wenig dumm vor.

Nat wechselte das Thema, und ich dachte, die Diskussion über Dr. Moody und sein ungeschriebenes Buch wäre damit vom Tisch. War sie aber nicht. Nat aß seinen Burger auf, fischte eine Notiz aus seiner Jackentasche und warf sie auf den Tisch. »Das ist Moodys Nummer. Ruf ihn an«, sagte er. »Du musst diesen Mann und dieses Thema mal kennenlernen. Das wird sehr lehrreich sein.«

Also rief ich Dr. Moody noch am selben Abend an. Er erwies sich nicht als der steife Doktor, den ich erwartet hatte, sondern als lockerer und freundlicher Mensch. Er sagte, ich solle ihn »Raymond« nennen, und als er erfuhr, dass ich weder von ihm noch von Nahtoderfahrungen jemals das Geringste gehört hatte, war er ehrlich begeistert. »Dann können wir uns ja unbelastet ans Werk machen«, meinte er. In der Woche darauf nahm ich eine Maschine nach Georgia, um ihn zu treffen, und er holte mich vom Flughafen ab. Auf der über einstündigen Fahrt Richtung Westen vom Flughafen zu ihm nach Hause hatten wir reichlich Gelegenheit, über alle möglichen Themen zu sprechen: verborgene Schätze, kriminelles Verhalten (Raymond ist schließlich Psychiater), Politik und, na klar, Nahtoderfahrungen (NTEs). Als wir bei ihm zu Hause ankamen, hatte ich mich schon dazu bereit erklärt, bei dem, was unser erstes Buch werden sollte, als Co-Autor mitzumachen. Die ganze Thematik war für mich faszinierendes Neuland. Bei der Arbeit an *Das Licht von drüben* lernte ich die Grundlagen dessen, was eine NTE ausmacht: dass viele Menschen, die beinahe gestorben wären, in diesem Zeitraum ihren Körper verlassen; dass sie oft geliebte Menschen, die schon gestorben sind, sehen und dass die meisten einem Licht begegnen, das Güte und Weisheit ausstrahlt. Ich hatte Feuer gefangen. Und so beschloss ich, es mir zur Aufgabe zu machen, eine Bibliothek von Weisheitsbüchern zu schaffen, die ganz Raymond und seinem profunden Wissen über NTEs gewidmet sein sollte.

Diese Bibliothek ist nun zum größten Teil fertiggestellt. Zählt man *7 Gründe, warum wir an ein Leben nach dem Tod glauben dürfen* mit, so haben wir jetzt sechs Bücher zusammen geschrieben, zwei Filme gedreht und daneben pflegen wir ein Audioarchiv mit mehreren hundert Fallgeschichten. Diese Aufnahmen sind wirklich etwas Besonderes, verbinden sich darin doch das Rauschen des Baches hinter Raymonds Haus in der ländlichen Abgeschiedenheit Alabamas und das rollende Geräusch seines Schaukelstuhls mit seinen Stegreifvorträgen, was sie umso eindringlicher macht. Jedes Mal, wenn ich mir eine dieser Aufnahmen anhöre, werde ich zurückversetzt zu dem Tag, an dem das Interview gemacht wurde, und ich spüre wieder das Gefühl der Dankbarkeit, das ich hatte, weil ich damals dabei sein durfte.

Was mich beim Anhören dieser Aufnahmen immer wieder verblüfft, ist, welch tiefgehender Wandel sich in Raymonds Ansichten über das Leben nach dem Tod vollzogen hat. Zu Beginn unserer Zusammenarbeit hatte er die Idee, Nahtoderfahrungen könnten der Beweis für ein Weiterleben nach dem Tod sein, weit von sich gewiesen. Die Gründe für seine Skepsis lagen auf der Hand: NTEs werden nur von der Person erlebt, die sie hat, was sie zu einer durch und durch subjektiven Erfahrung macht. Um eine so kühne Überzeugung wie die Behauptung, das Bewusstsein würde den physischen Tod überleben, tatsächlich beweisen zu können, müsste eine solche Erfahrung zumindest von einer anderen Person bezeugt werden. Und damit meine ich nicht, dass man dabeisteht und zusieht, wie jemand stirbt, sondern die Erfahrung, die der sterbende Mensch real macht, auf welche Art auch immer objektiv miterlebt. Diese Art der Zeugenschaft wird als geteilte Todeserfahrung (GTE) bezeichnet, was bedeutet, wie Sie in diesem Buch noch erfahren werden, dass ein Lebender irgendwie an dem teilhat, was einer oder einem Sterbenden widerfährt.

Solche GTEs können in unterschiedlichster Form auftreten: Man sieht beispielsweise einen »Nebel«, der den Körper des Sterbenden verlässt, oder man kommuniziert mit der Sterbenden telepathisch aus der Ferne und dergleichen mehr.

Raymond und ich haben so um das Jahr 2005 angefangen, uns ernsthaft mit GTEs zu befassen, waren aber schon gut zehn Jahre zuvor auf dieses Phänomen gestoßen, sowohl in mehrere hundert Jahre alten schriftlichen Aufzeichnungen als auch in mündlichen Berichten unserer Tage. Wir haben sie sogar schon in unserem ersten Buch erwähnt, darunter einige sehr aussagekräftige GTEs, die wir auch in dieses Buch wieder aufgenommen haben. Und dann, eines Tages, überkam uns in unseren Schaukelstühlen die Erkenntnis: GTEs *sind der Beweis* für ein Leben nach dem Tod. Diese plötzliche Einsicht verschob den Fokus unserer künftigen Nachforschungen auf das Sammeln, Analysieren und Kategorisieren von GTEs.

Nach unserem Dafürhalten liefert das auf diesen Seiten zusammengetragene Material den Beweis, dass das Bewusstsein den physischen Tod überlebt. Raymond geht sogar noch einen Schritt weiter: Er glaubt, dass es aufgrund der schieren Masse an objektiven Belegen, die uns die GTEs liefern, nicht mehr an uns ist, Beweise für ein Weiterleben nach dem Tod zu suchen –, dass vielmehr die Beweispflicht jetzt bei all denen liegt, die nicht an ein Leben nach dem Tod glauben.

»Dass der Mensch von einem Weiterleben nach dem Tod ausgeht, ist durch und durch rational«, meint Raymond. »Ich sehe nicht, wie man sich den Beweisen dafür verschließen könnte. Ich habe es versucht, aber ich sehe keine Möglichkeit. Also ja, an ein Leben nach dem Tod zu glauben, ist durch und durch rational.«

Die entsprechenden rationalen Beweise finden Sie auf den nun folgenden Seiten.

Paul Perry

Einführung: Über die Nahtoderfahrung hinaus

Denn niemand weiß, was der Tod ist, nicht einmal, ob er nicht für den Menschen das größte ist unter allen Gütern. Sie fürchten ihn aber, als wüssten sie gewiss, dass er das größte Übel ist.

Platon, *Des Sokrates Verteidigung*[1]

Es ist schwer vorstellbar, dass die Nahtoderfahrung (NTE) als solche keinen klaren Beweis für ein Leben nach dem Tod darstellen soll.

Ich zweifle nicht an Nahtoderfahrungen. Schließlich habe ich sie 1975 so benannt und definiert.[2] Ich persönlich glaube, dass Nahtoderfahrungen zumindest ein teilweiser Beleg für das Leben nach dem Tod sind. So viele Menschen haben mir berichtet, wie sie ihren Körper verlassen haben, verstorbenen Verwandten begegnet sind und ein helles, mit Intelligenz begabtes Licht gesehen haben, dass ich mit William James übereinstimme, dem großen Philosophen und Psychologen des 19. Jahrhunderts, der nach seiner Nahtoderfahrung Folgendes sagte: »Er sieht, aber er kann das Licht nicht definieren, das ihn umflutet und durch das er die Gegenstände sieht, die seine Verwunderung erregen. Wenn wir das physische Licht nicht erklären können, wie können wir das Licht erklären, das die Wahrheit selbst ist? […] Aber ist es Dein Wille, Herr, dass ich in lahme und trockene Worte Gefühle fassen soll, die allein das Herz verstehen kann?«[3]

Doch mit Abschluss der Nachforschungen für mein Buch *Leben nach dem Tod* wurde mir bewusst, dass meine Arbeit die Frage, die Platon als die wichtigste überhaupt betrachtete und die viele Leser sich stellten, noch nicht beantwortet hatte: *Was passiert, wenn wir sterben?*

Die NTE selbst ist eine subjektive Erfahrung, die nur von der Person erlebt wird, die sie macht. Und obwohl Nahtodgeschichten von vielen Menschen als Beweis für ein Leben nach dem Tod akzeptiert werden, ist eben die subjektive Natur dieser Erfahrung der Grund, warum sie von keinem Gericht der Welt als zweifelsfreier Beweis anerkannt würde. Mit anderen Worten: Es ist schwierig, an eine Nahtoderfahrung zu glauben und an das Jenseits, auf das sie verweist, solange man selbst noch keine hatte.

Die Grenzen der Nahtoderfahrung

Ich glaube, dass NTEs ein Leben nach dem Tod beweisen, aber ich weiß auch, dass es sich dabei um sehr subjektive Erfahrungen handelt, ohne jeden objektiven Beweischarakter. Das hat zur Folge, dass ich und andere »Glaubende« aus dem subjektiven Herzen sprechen und nicht aus unserem logisch-objektiven Verstand heraus.

Bei meinen frühen Untersuchungen interpretierte ich mein Material so objektiv wie möglich – ich analysierte ein interessantes medizinisches Phänomen und betrachtete es als meine Pflicht als Wissenschaftler, es zu benennen und zu definieren. Nach meinen Gesprächen mit den Menschen, die dieses Phänomen erlebt hatten, befand ich subjektiv mit dem Herzen, dass es ein Leben nach dem Tod gibt. »Objektiv« an der ganzen Sache war nur meine Absicht, objektiv zu sein. Ich hatte keinen tragfähigen Beweis, der dem standgehalten hätte, was ich als Doktorand der Medizin gelernt hatte. Außerdem mag ich es nicht, anderen Menschen zu sagen, was sie glauben sollen, schon gar nicht bei so einem wichtigen Thema. Also behielt ich meine persönliche Meinung für mich, damit die Leser sich anhand der von mir gesammelten »Belege« selbst ein Bild machen konnten.

Ich sah mir alle Fallstudien genau an, die ich zusammengetragen hatte. Im Sommer 2014 leitete ich daraus vierzehn gemeinsame Merkmale ab, die charakterisierten, was ich später als »Nahtoderfahrung« oder NTE bezeichnete.

1. **Unbeschreibbarkeit:** Diese Erfahrungen waren unbeschreibbar, weil wir in unseren Sprachen keine Begriffe haben, um das Bewusstsein zum Zeitpunkt des Todes zu beschreiben. Menschen, die eine NTE hatten, sagen oft: »Es gibt keine Worte für das, was ich zu erzählen versuche.« Das ist natürlich ein Problem, denn wenn jemand nicht beschreiben kann, was er erlebt hat, dann kann er anderen Menschen auch kein Verständnis seiner NTE vermitteln.
2. **Das Hören der Todesnachricht:** Viele haben mir erzählt, sie hätten gehört, wie ihre Ärzte sie für tot erklärt hätten.
3. **Gefühle von Frieden und Ruhe:** Oft gaben die Betroffenen an, sie hätten sich während dieser Erfahrung wunderbar gefühlt, obwohl man sie für tot erklärt hatte. Ein Mann mit einer schweren Kopfverletzung, bei dem keinerlei Lebenszeichen mehr feststellbar waren, berichtete, dass aller Schmerz verging, als er in die Dunkelheit eintrat und ihm klar wurde: »Ich muss tot sein.«
4. **Das Geräusch:** Viele Betroffene berichten von ungewohnten Geräuschen, mit denen sie konfrontiert waren, wie einem lauten Dröhnen oder einem Klingeln. Manche empfanden das Geräusch als angenehm, andere als störend.
5. **Ein dunkler Tunnel:** Viele Nahtoderfahrende erzählen von dem Gefühl, mit großer Geschwindigkeit in einen dunklen Ort hineingesaugt zu werden, den viele als Tunnel beschrieben. Ein Mann erlitt schwere Verbrennungen und Sturzver-

letzungen. Er berichtet, er sei in eine »dunkle Leere« eingetreten, in der er durch den Raum schwebte und taumelte.

6. **Außerkörperliche Erfahrung:** Während dieser Erlebnisse hatten viele Menschen, meist kurz nach dem dunklen Tunnel, das Gefühl, ihren Körper zu verlassen und auf ihn hinunterzublicken. Manche beschrieben das, als wären sie »die dritte Person im Raum« oder als »stünden sie auf einer Bühne«. Diese Erfahrungen wurden immer sehr detailliert beschrieben. Viele schilderten die medizinischen Maßnahmen, die für sie ergriffen wurden, und das so detailgenau, dass die später dazu befragten Ärzte sicher waren, dass der im Koma liegende Patient tatsächlich gesehen hatte, was während der NTE abgelaufen war.
7. **Die Begegnung mit anderen:** Auf die außerkörperliche Erfahrung folgte häufig die Begegnung mit anderen »spirituellen Wesen« in der unmittelbaren Umgebung. Wesen, die gekommen waren, um ihnen beim Übergang in den Tod zu helfen oder ihnen zu sagen, dass es für sie noch nicht Zeit war, zu sterben.
8. **Ein Lichtwesen:** Das unglaublichste gemeinsame Element dieser Erfahrungen, das auf die Betroffenen die stärkste Wirkung ausübte, war die Begegnung mit einem sehr hellen Licht, das häufig als »Lichtwesen« bezeichnet wurde. Wiederkehrend wurde es beschrieben als ein anfangs mattes Leuchten, das aber schnell stärker wurde und eine überirdische Leuchtkraft entwickelte. Waren die Betroffenen religiös, nannten sie dieses Wesen häufig »Jesus«, »Gott« oder »Engel«. Das Licht kommunizierte mit den Betroffenen (häufig in einer Sprache, die sie noch nie gehört hatten). Es fragte oft, ob sie »zum Sterben bereit« wären oder »was sie in ihrem Leben vorweisen konnten«. Doch diese Frage wurde keineswegs vorwurfsvoll gestellt. Es handelte sich eher um eine sokratische Frage, die dem oder der Betroffenen zu mehr Klarblick verhelfen sollte, damit er oder

sie den Pfad der Wahrheit und Selbstverwirklichung weiter beschreiten konnte.

9. **Eine Rückschau:** Die Fragen des Lichtwesens waren meist der Auslöser einer Rückschau auf das eigene Leben, ein Augenblick von extremer Eindringlichkeit, in der ihr Leben noch einmal panoramaartig vor den Betroffenen ablief. Diese Rückschau verlief schnell und in chronologischer Ordnung, gleichzeitig war sie außergewöhnlich lebendig und real. Manchmal wurde sie sogar als »dreidimensional« geschildert. Andere Betroffene berichten, sie sei »hoch aufgeladen« gewesen mit Emotionen. Sie hätten dabei verstehen können, was jeder an der jeweiligen Situation Beteiligte gedacht habe.
10. **Die Grenze:** In einigen Fällen erzählten die Betroffenen, sie hätten sich einer »Grenze« oder »Schranke« genähert: Würden sie diese überschreiten, gäbe es für sie kein Zurück mehr. Diese Grenze konnte beispielsweise ein Wasserlauf sein, ein grauer Nebelschleier, eine Tür, ein Zaun in einem Feld oder sogar nur eine einfache oder imaginäre Linie. In einem Fall wurde die Person vom Lichtwesen zu einer solchen Linie geleitet und gefragt, ob sie sterben wolle. Als sie antwortete, sie wisse nichts über den Tod, sagte das Lichtwesen: »Wenn du diese Linie überschreitest, wirst du es erfahren.« Als der Mann das tat, hätte er »das wunderbarste Gefühl« von Frieden und Ruhe überhaupt entwickelt. Alle Sorgen seien von ihm abgefallen.
11. **Die Umkehr:** Die von mir befragten Menschen waren natürlich in ihr irdisches Leben zurückgekehrt. Einige wollten das gar nicht und wären lieber in diesem wunderbaren Zustand verblieben. Andere wiederum berichten von der Rückreise durch den Tunnel in ihren Körper. Doch nach der Rückkehr waren sie noch lange Zeit in gehobener Stimmung und von positiven Gefühlen erfüllt. Viele waren positiv verwandelt, sodass ihr altes Selbst aus der Zeit vor der NTE nicht mehr zu erkennen war.

12. **Anderen nichts sagen können:** Die Menschen, mit denen ich sprach, waren durchweg ganz normal und hatten eine funktionierende und ausgeglichene Persönlichkeit. Doch da sie Angst hatten, als anormal oder geistig krank angesehen zu werden, erzählten sie niemandem oder nur nahestehenden Menschen von ihrem Erlebnis, zumal es keine Sprache gab, um ihre Begegnung mit dem Tod zu schildern. Erst als die Ergebnisse meiner Forschungen zur Nahtoderfahrung bekannt wurden, waren sie bereit, von diesen Erfahrungen zu berichten. Gerade die NT-Erlebenden, die schon lange Zeit geschwiegen hatten, dankten mir häufig, nachdem sie mir ihre Geschichte erzählt hatten: »Vielen Dank für Ihre Arbeit. Jetzt weiß ich wenigstens, dass ich nicht verrückt bin.«
13. **Positive Folgen für das Leben:** Obwohl viele Betroffene über ihr Erlebnis schwiegen, hatte es massive und sichtbare Auswirkungen auf ihr Leben. Viele sagten mir, dass sie seitdem eine umfassendere Sicht auf das Leben hätten, dass sie über vieles mehr nachdenken würden und netter zu ihren Mitmenschen wären. Ihre Vision hatte ihnen neue Ziele, neue moralische Prinzipien aufgezeigt und sie mit einer ganz neuen Entschlossenheit erfüllt, auch nach diesen zu leben.
14. **Ein neuer Blick auf den Tod:** Alle Betroffenen erzählten, dass sie den Tod nun ganz anders sehen würden als vorher. Sie fürchteten sich nicht mehr davor, hatten aber das deutliche Gefühl, dass sie noch einiges an persönlichem Wachstum zu leisten hätten, ehe sie ihre stoffliche Hülle verließen. Sie waren auch sicher, dass es im Leben nach dem Tod keine »Strafe oder Belohnung« gebe. Das Lichtwesen hatte ihnen vielmehr gezeigt, welchen Grund ihre »Sünden« hatten und dass das Leben ein einziger Lernprozess sei, kein Vorspiel für ein späteres Gottesurteil.

Diese allgemeinen Merkmale einer NTE waren das wichtigste Ergebnis meiner damaligen Forschung und – wenn ich so nachdenke – vermutlich auch die wichtigste Leistung meines Lebens. Vorher hatte niemand diese Erlebnisse systematisch studiert, obwohl jedes einzelne NTE-Element bekannt war, seit es historische Aufzeichnungen gibt. Das Phänomen lag offen vor aller Augen und doch hatte niemand es erforscht und der Öffentlichkeit vermittelt.

Die Arbeit, die ich für *Leben nach dem Tod* leistete, stieß die Tore zu neuen Forschungsarbeiten weit auf. Medizin und Philosophie beschäftigten sich fortan mit dem Thema »Tod«. Und was dabei herauskam, hatte enorme Auswirkungen auf alle Menschen, die solche verwirrenden Erfahrungen gemacht hatten. Von ihnen wurde eine Last genommen, weil sie jetzt wissen, dass sie nicht allein sind.

Doch viele, die mein Buch gelesen haben, dachten es weiter. Sie glaubten, dass ich endlich den Code gefunden hätte und beweisen könne, dass es ein Leben nach dem Tod gibt. Das war sicher nicht der Fall. So faszinierend diese vierzehn Merkmale sind, es fehlt ihnen doch an einem – an Objektivität.

Eine verständliche Schlussfolgerung

Ich verstehe, warum die Menschen in NTEs einen Beweis für das Leben nach dem Tod sehen. Wenn man sich diese vierzehn Merkmale der Reihe nach ansieht, findet man viele Elemente des Lebens nach dem Tod, wie sie in fast allen Religionen diskutiert werden. Doch sie werfen auch Fragen auf. Fragen, welche die Natur der NTE an sich betreffen, ihre Subjektivität und das Problem, ob sie tatsächlich etwas anderes sind als die hoffnungsvollen Träume Sterbender. Mir war schnell klar, dass es dazu noch mehr Nachforschungen brauchte. Ich war mir aber nicht sicher, ob ich das tatsächlich machen wollte.

Denn zum einen war ich nie der Typ, der sich solchen Spekulationen hingab. Ich habe von Anfang an deutlich gesagt, dass

NTEs subjektiv sind und aus wissenschaftlicher Sicht nichts weiter belegen als die Erfahrungen der Betroffenen. Aber ich denke eben auch, dass die Menschen ihre eigenen Schlüsse ziehen dürfen. Und eines ist durchaus klar: Geschichten über Menschen, die den klinischen Tod erlebt haben, ihren Körper verließen, verstorbenen Lieben begegnet sind und ein liebevolles Lichtwesen kennengelernt haben, beflügeln durchaus die Fantasie.

Hinweise auf geteilte Sterbeerfahrungen

Lange Zeit ging ja die Mär, dass meine Professoren am Medical College in Georgia mich sozusagen verfemt hätten, weil ich so ein »seltsames« Buch geschrieben hatte. Das stimmt nicht. Tatsächlich haben sie mich und meine Arbeit voller Interesse unterstützt. Es ging selten eine Woche vorüber, in der nicht zwei oder drei Ärzte bei mir vorbeischauten und wissen wollten, ob sie die Tonbandaufnahmen der zu ihren NTEs Befragten nicht auch mal anhören dürften. Diese interessierten Ärzte machten bei der Gelegenheit häufig die Feststellung, dass die Interviewten Dinge schilderten, die sie selbst oder ihre Patientinnen und Patienten schon einmal erlebt hatten. Vieles von den Erfahrungen dieser Ärztinnen passte zu den Geschichten, die ich in meinem Buch versammelt hatte.

Doch bemerkten meine Kollegen auch, dass nicht alle Berichte, die ich ihnen vorgespielt hatte, zur Standarddefinition einer NTE passten. Tatsächlich passten diese Fälle zu nichts, was mir persönlich bekannt gewesen wäre. Bei ihnen handelte es sich zum Beispiel um Erfahrungen, die einer NTE ähnlich waren, doch nicht von Kranken oder Sterbenden erlebt wurden, sondern von Personen, die den Sterbeprozess begleiteten. Einige dieser Menschen erzählten zum Beispiel von verstorbenen Verwandten, die am Totenbett standen, um der oder dem Sterbenden »hinüberzuhelfen«. Andere hörten »Sphärenklänge«, als der geliebte Mensch starb. Und gewöhnlich standen mehrere Personen am Sterbebett, als diese Phänomene auftraten. In diesen Fällen waren mindestens zwei Personen anwesend, wenn nicht sogar die ganze Familie. Und alle erlebten dieselbe übernatürliche Erscheinung.

Eine parallele Erfahrung

Die Geschichten rund um das Sterben, die ich von Patientinnen und Patienten oder Angehörigen erfuhr, beinhalteten objektive Elemente, die zu einer NTE gehörten, aber keine solche waren. Sie gehörten einer anderen Kategorie an, bei der die Erfahrung, die gewöhnlich die oder der Sterbende macht, irgendwie auf einen Menschen überging, der in diesem Moment zugegen war und sie »stellvertretend« miterlebte.

Diese geteilten Erfahrungen stellten sich aber nicht nur direkt am Sterbebett ein. Viele wurden in einiger Distanz von der oder dem Sterbenden gemacht, manche sogar am anderen Ende der Welt. Einige nahmen die Form höchst akkurater Träume oder Visionen an, die den Tod eines lieben Menschen vorhersagten.

Auf viele solcher Erfahrungen stieß ich, während ich medizingeschichtliche Forschungen betrieb. Einen meiner Funde machte ich in den Archiven der Society for Psychical Research (SPR) in England, deren Gründer im 19. Jahrhundert ähnliche Nachforschungen angestellt hatten. Die SPR veröffentlichte ihre Ergebnisse als zweibändiges Werk mit dem Titel *Phantasms of the Living*, das von den Pionieren dieser Forschungsarbeiten Edmund Gurney, Frederic W. H. Myers und Frank Podmore herausgegeben wurde. Darin sind mehr als 700 Fälle von paranormalen Erfahrungen versammelt, darunter Visionen auf dem Sterbebett oder etwas, das ich bald als SDEs beziehungsweise GTEs bezeichnen sollte: *shared death experiences* (»geteilte Todeserfahrungen«). Keiner der Herausgeber hatte Erfahrung in der wissenschaftlichen Forschung, doch ihre Technik des Faktensammelns und -überprüfens war einwandfrei. Die drei scheuten keine Mühe, um zu jeder der Fallgeschichten mehr als nur eine Person zu befragen.

Ein weiteres Buch, *Death-Bed Visions: The Psychical Experiences of the Dying,* veröffentlichte die Arbeit von Sir William Barrett, einem Professor für Physik am Royal College of Science in Dublin. Das Buch wurde zwar erst 1926, also nach Barretts Tod, publiziert, aber es handelte sich dabei um die erste wissenschaftliche Studie zum Geist der Sterbenden. Barrett gelangte unter anderem zu der Schlussfolgerung, dass sterbende Patientinnen und Patienten häufig klar und rational denken, auch wenn das, was sich um sie herum abspielt, spirituell und übernatürlich ist.

Ein neues Modell für Todeserfahrungen

Viele der Erfahrungen, die von den frühen Forschenden gesammelt wurden, passen in dieses Modell. Sie wurden von Menschen erzählt, die den Sterbenden nahestanden und viel Zeit mit ihnen verbrachten. Mir war klar, dass diese Erfahrungen eine eigene Kategorie bildeten, weil es um Sterbeerfahrungen ging, die mit den Lebenden geteilt werden konnten.

Ich hielt die GTE-Geschichten damals nicht fest, weil ich immer noch Nahtoderfahrungen sammelte. Aber ich machte mir dazu Notizen dort, wo ich Ideen für künftige Projekte skizziere. Schließlich nannte ich sie »GTEs«, weil dieser Begriff alles umfasste, was mir unter dieser Rubrik begegnete: Erlebnisse, bei denen ein Mensch, der lebendig und bei guter Gesundheit ist, die Todeserfahrung einer oder eines gerade Sterbenden teilt.

Eine persönliche GTE

An dieser Stelle möchte ich Ihnen eine persönliche Fallgeschichte erzählen. Leser, die meine Bücher schon seit längerer Zeit verfolgen, kennen sie vielleicht. Trotzdem möchte ich sie hier wiederholen, denn sie hat mir in puncto GTE die Augen geöffnet.

Neunzehn Jahre nachdem ich angefangen hatte, über GTE nachzudenken, machte ich selbst eine solche Erfahrung:

Unsere Mutter erhielt im Alter von 74 Jahren die Diagnose Non-Hodgkin-Lymphom. Diese Tumorerkrankung der weißen Blutkörperchen hatte sich, als sie erkannt wurde, bereits so stark ausgebreitet, dass eine Chemotherapie sinnlos war. Der Arzt meinte, unsere Mutter hätte noch zwei Wochen zu leben.

Unsere Mom war die tragende Säule der Familie, jetzt aber mussten wir sie unterstützen. Wir versammelten uns alle in Macon in Georgia, wo sie lebte und nun ins Krankenhaus kam. Dort sollte sie ihre letzten Tage verleben. Wir waren zu sechst – Geschwister und Ehepartner mitgerechnet. Wir bemühten uns sehr, es ihr so bequem wie möglich zu machen und ihr all unsere Liebe zu schenken. Wir hatten sie ein paar Tage zu Hause versorgt, bis sie dafür zu krank wurde. Dann gingen wir mit ihr ins Krankenhaus, damit sie nicht allein war.

An dem Tag, der ihr letzter sein sollte, versammelten wir uns wieder alle in ihrem Krankenzimmer. Meine Frau Cheryl und ich; mein Bruder, der Polizist, und seine Frau; und unsere Schwester und ihr Gatte, ein Seelsorger. Die letzten beiden Tage hatte Mom im Koma gelegen. Jetzt aber wachte sie auf und versuchte, durch ihre Sauerstoffmaske mit uns zu sprechen.

»Bitte sag das noch mal«, bat meine Schwester Kay.

Sie schob die Maske vom Gesicht und sagte mit schwacher Stimme: »Ich liebe euch alle so sehr.«

Dieser Moment der Klarheit schenkte uns Hoffnung. Vielleicht würde sie doch noch einen oder zwei Tage länger leben. Aber nur wenige Minuten nach diesen Worten sank sie in die Kissen zurück, und es wurde klar, dass das Ende nahe war.

Wir standen im Kreis um ihr Bett und hielten uns an den Händen, während wir auf den letzten Atemzug warteten. Plötzlich aber veränderte sich der Raum – und wir nahmen das alle wahr. In meinen Augen nahm er die Form einer Sanduhr an. Vier von sechs Anwesenden hatten das Gefühl, in einem durchsichtigen Aufzug vom Boden abzuheben. Ich spürte einen starken Zug nach oben, wie zwei der übrigen fünf Anwesenden.

»Schau«, sagte meine Schwester plötzlich und zeigte auf das Bettende. »Dad ist da! Er ist gekommen, um sie zu holen.«

Mehrere Anwesende sahen ihn. Und wenn ich sage »sahen ihn«, dann meine ich: Wir nahmen ihn so klar wahr, als stünde er in Fleisch und Blut direkt vor uns.

Alle berichteten, dass das Licht im Raum eine weiche, unscharfe Struktur angenommen hatte. Es war milchig wie das Licht in einem Swimmingpool bei Nacht.

Diese mystischen Erlebnisse waren keineswegs beängstigend. Es schien eher, als bekämen wir eine Botschaft aus einer anderen Welt, die unsere Trauer fortwischte und uns mit großer Freude erfüllte. Mein Schwager ist methodistischer Geistlicher, und er fasste zusammen, was wir alle fühlten: »Ich hatte das Gefühl, als würde ich meinen stofflichen Körper verlassen und mit ihr auf eine andere Ebene gehen. Nichts, was ich je erlebt habe, lässt sich damit vergleichen.«

Nachdem Mom gestorben war, brachten wir die nächsten Tage damit zu, alles Nötige zu regeln, was nach einem Todesfall zu tun ist. Wir verglichen unsere Erfahrungen und stellten fest, dass der Tag, der einer der traurigsten unseres Lebens hätte sein müssen, in Wirklichkeit einer der schönsten war. Wir waren uns einig, dass wir zumindest einen Teil des Weges gemeinsam mit unserer Mutter gegangen waren und dass wir – auch angesichts des Besuchs von unserem Vater – wohl eine Reihe ihrer Sterbeerfahrungen geteilt hatten. Es war die einzige Schlussfolgerung, die uns möglich schien.[4]

Beweise für ein Leben nach dem Tod

Von dieser persönlichen GTE einmal abgesehen, wäre ich selbst zwei Mal beinahe gestorben. Aufgrund meiner Studien und persönlichen Erfahrungen habe ich keine Angst mehr vor dem Tod. Aber der eigene Glaube reicht nicht aus, um andere Menschen zu überzeugen. Das bringt uns zu der Frage, wie ich Sie davon überzeugen kann, dass es ein Leben nach dem Tod gibt.

Als Professor der Philosophie habe ich an vielen Universitäten Seminare über die Möglichkeit abgehalten, dass das Bewusstsein den Tod überlebt. Meine Kurse haben sich nicht auf Argumente konzentriert, die dies vielleicht hätten belegen können. Es ging vielmehr um die Einwände und Schwierigkeiten, die große Denker gefunden und eloquent formuliert hatten.

Es ist sinnlos, mit dieser wichtigen Forschungsarbeit fortzufahren und nur einfach nach möglichen Gründen zu suchen, warum es ein Leben nach dem Tod geben sollte oder eben nicht. C. S. Lewis sagte einmal: »Wer die Wahrheit sucht, findet am Ende vielleicht auch den Trost. Wer den Trost unbedingt haben will, wird weder Trost noch Wahrheit finden, am Anfang vielleicht nur Geschwätz, am Ende aber Verzweiflung.«[5]

Intellektuelle Redlichkeit und Güte gegenüber unseren Mitmenschen verlangen, dass wir genau und bewusst formulieren, was wir als Beweis für ein Leben nach dem Tod akzeptieren können. Was ist überhaupt ein *Beweis*? Ein *Beweis* ist ein Instrument der Vernunft, das jeden, der denselben Weg geht, zu der gleichen logischen Schlussfolgerung führt. Doch mittlerweile gibt es ein ganzes Spektrum unterschiedlicher Bedeutungen, die mit diesem Begriff verbunden sind. Wir müssen also präzisieren.

Bedauerlicherweise ist *Beweis* ein Begriff, den man immer wieder in den Schlagzeilen von Boulevardmedien liest, der nach Sensationsgier schmeckt und Emotionen zum Kochen bringen will. Natürlich wollen wir diese sensationshungrige Art der Verwendung des Begriffs vermeiden, denn das Leben nach dem Tod ist ein Thema, das viele verletzliche Menschen trifft. Wir müssen daher Vorsicht walten lassen, wenn es um den Beweis für ein solches Leben geht.

Wie kann ich aber belegen, dass es ein Leben nach dem Tod gibt, und sowohl respektieren, was der Begriff »Beweis« bedeutet, als auch, was Menschen fühlen und glauben? Indem ich so verfahre, wie ich es bei den NTEs getan habe: die Geschichten der Menschen erzählen, Studien von Forscherkolleginnen und -kollegen zu solchen Erfahrungen auswerten und darauf basierend schlüssige Argumente formulieren, die unsere Schlussfolgerung stützen.

Geschichten, die die Geschichte erzählen

All das – der Beginn meiner Studien zu GTEs, die Erkenntnis, dass GTEs der fehlende objektive Beleg dafür sein können, dass es ein Leben nach dem Tod gibt, meine stets weiter wachsende Sammlung von GTE-Geschichten von Menschen aus aller Welt sowie meine persönlichen Erfahrungen – hat dazu geführt, dass ich mir zum Ziel gesetzt habe, die Existenz eines Lebens nach dem Tod zu beweisen.

Dieses Buch stellt Ihnen den neuen Bereich der Nahtodstudien vor, der sich auf die Natur des Bewusstseins konzentriert und die Gewissheit, dass dieses sich im Tod vom Körper löst. Entsteht das Bewusstsein aus Neuronen (Nervenzellen im Gehirn) und ist es fähig, unabhängig von der Gehirnmaterie zu existieren, vor allem in Momenten extremer Belastung wie dem Tod? Wenn ja, entspricht dieses Bewusstsein, das sich vom Gehirn gelöst hat, der Seele? Und geht die Seele in eine neue Seinsebene über?

Vielleicht können diese Fragen durch das Zusammentragen objektiver Informationen beantwortet werden. Das ist jedenfalls das Ziel des GTE-Studiums. Sie werden in diesem Buch eine große Auswahl von Geschichten finden, die die eigentliche

Geschichte umreißen, die *7 Gründe, warum wir an ein Leben nach dem Tod glauben dürfen* erzählt. Einige davon kennen Sie vielleicht aus meinen anderen Büchern – ich betrachte sie sozusagen als meine »größten Hits«. Andere habe ich in den Veröffentlichungen anderer Forschender gefunden, die sich vom 18. Jahrhundert bis in die Gegenwart ziehen. Einer der Gründe, warum ich so viele Berichte aufgenommen habe, die einen so langen Zeitraum umspannen, ist, dass diese 200 Jahre alten Berichte die gleichen Elemente enthalten wie die aus unserer Zeit. Diese Geschichten galten also damals schon als etwas Besonderes. Jetzt möchte ich die Menschen ehren, denen diese Geschichten gehören, und die Forschenden, die sie über die Jahrhunderte gesammelt haben, denn sie werden meine These stützen, dass das Bewusstsein den Tod des Körpers überlebt.

1
Geteilte Todeserfahrungen

Es gibt zwei Arten, sein Leben zu leben. Entweder so, als wäre nichts ein Wunder, oder so, als wäre alles ein Wunder.

Albert Einstein[6]

Nach dem Tod meiner Mutter wusste ich also, wie es war, eine geteilte Todeserfahrung (GTE) zu haben. Ich wusste auch, dass es sich dabei um eine reale Erfahrung handelte, denn weitere fünf Anwesende, die mental durchaus stabil waren, hatten dasselbe erlebt.

Ich fühlte mich von diesem Erlebnis auf seltsame Weise erhoben. So, als wäre ich endlich auf jenen wunderbaren Weg gelangt, von dem ich immer schon wusste, dass es ihn gibt. Nur hatte ich ihn jetzt eben selbst gesehen. Das erinnerte mich an etwas, das ein Mann gesagt hatte, als er mir von seiner Nahtoderfahrung berichtete: »Niemand glaubt diese Dinge, bevor er sie nicht selbst erlebt hat. Danach sind alle echte Gläubige und sie reden über nichts anderes mehr.«

Genauso war es bei mir. Das Gefühl, die Nahtoderfahrung meiner Mutter geteilt zu haben, war in meinen Augen der Beweis für so viele Dinge, die ich an Todeserfahrungen erforscht und vermutet hatte. Nun war ich Teil eines Geschehens gewesen, das tatsächlich objektive Beweise lieferte. Natürlich hätte ich mich damit an dieser Stelle zufriedengeben können. Schließlich hatte ich in einer GTE einen Beweis der lebendigen Seele bekommen. Was gab es da noch zu erforschen?

Eine ganze Menge, wie sich herausstellen sollte.

Erstens wollte ich mehr GTE-Geschichten aus erster Hand erfahren. Mit dem Ergebnis, dass ich bei jeder Gelegenheit danach fragte. Meine Vorträge veränderten sich. Ich flocht immer mehr Fragen nach GTEs in sie ein. Ich erzählte, was ich beim Tod meiner Mutter erlebt hatte, und gab den Zuhörern eine Definition der GTE: »Eine geteilte Todeserfahrung kann aus den gleichen Elementen bestehen, die wir aus Nahtoderfahrungen kennen. Der Unterschied ist, dass die Erlebenden nicht selbst an der Schwelle zum Tod stehen. Sie sind weder krank noch verletzt. Aber sie befinden sich in Gegenwart eines sterbenden Menschen. Und während sie zu Zeugen des Sterbeprozesses werden, erleben sie die Erfahrungen der sterbenden Person so hautnah mit, dass ich diese Erlebnisse als empathisch bezeichne.«

Ich fragte meine Zuhörerinnen und Zuhörer, ob sie bereits derartige Erfahrungen gemacht hätten. Üblicherweise hob einer von fünfzehn Anwesenden die Hand. Dann erzählte ich die Geschichte meiner Mutter, sodass für die Beteiligten nachvollziehbar war, worum es bei der GTE ging. Dann fragte ich erneut, ob jemand solche Erfahrungen gemacht hätte. Worauf sich deutlich mehr Hände hoben: drei von fünfzehn. Das erstaunte mich, denn gewöhnlich meldeten sich auf meine Frage, wer schon eine Nahtoderfahrung (NTE) gemacht hätte, ebenso viele Zuhörer.

Es handelte sich also um unerforschtes Gebiet und das fand ich faszinierend. Wie bei meinen anfänglichen NTE-Studien gab es keine modernen medizinischen Forschungsarbeiten zur GTE. Wenn Erlebnisse dieser Art überhaupt je erwähnt wurden, dann als Nebenerscheinung einer NTE. Im Wesentlichen waren GTEs ein Thema ohne Namen, das mitunter diskutiert, aber nicht eigenständig erforscht wurde. Den wenigen Forschenden, die sich damit beschäftigten, war klar, dass sie auf eine Goldader gestoßen waren: GTEs nämlich waren der objektive Beweis, dass die Seele sich vom Körper lösen kann. Sie waren der Beweis für die Möglichkeit der Telepathie und geteilter Erinnerungen. All das wurde durch diese eine Erfahrung belegt.

Da ich mich seit jeher mit Philosophie beschäftige, führten meine Studien mich zurück in die Welt der alten Griechen. Die griechischen Denker nämlich interessierten sich leidenschaftlich für das Leben nach dem Tod. Sokrates bezeichnete die Beschäftigung mit dieser Frage als »Fürsorge für die Seele«[7]. Diese wiederum gehörte in seinen Augen zu den wichtigsten Dingen, die ein Mensch tun konnte.

Dieses Thema war Sokrates so wichtig, dass er auf seinem Totenbett seinem Schüler Simmias nicht widersprach, als der sagte:

> *Denn ich denke, o Sokrates, ungefähr wie du: dass etwas Sicheres davon zu wissen in diesem Leben entweder unmöglich ist oder doch gar schwer; dass aber, was darüber gesagt wird, nicht auf alle Weise zu prüfen, ohne eher abzulassen, bis einer ganz ermüdet wäre vom Untersuchen nach allen Seiten, einen gar weichlichen Menschen verrät. Denn eines muss man doch in diesen Dingen erreichen: entweder lernen oder erfinden, wie es damit steht, oder, wenn dies unmöglich ist, die beste und unwiderleglichste der menschlichen Meinungen darüber nehmen.*[8]

Führung durch Platon

Der Ansatz, den ich mir zur Erforschung der GTE auserkor, war der gleiche, den Platon verwendet hatte: Das Studium individueller Erfahrungen war seiner Ansicht nach der Schlüssel zum Verständnis des jenseitigen Lebens. Ohne diese Erfahrungen gibt es ihm zufolge nichts, was es uns näherbringen könnte.

Und Platon war es mit der Erforschung des Lebens nach dem Tod sehr ernst. Im *Phaidon* definiert Sokrates den Tod als »Trennung der Seele von dem Leib« und ist hocherfreut, dass sein Tod unmittelbar bevorsteht – daran gab es keinen Zweifel, denn er hatte ja gerade auf seinem Totenbett den Giftbecher geleert.[9]

Platon gelangte zu dem Schluss, dass das Studium solcher Geschichten der einzige Weg sei, um einen Beleg für das Leben nach dem Tod zu finden. Seine Untersuchungen führten Sokrates (in Platons Worten) zu folgendem Schluss: »Denn eins von beiden ist das Totsein: entweder so viel wie nichts sein noch irgendeine Empfindung von etwas haben, wenn man tot ist; oder, wie auch gesagt wird, es ist eine Versetzung und Umzug der Seele von hinnen an einen anderen Ort. […] Wenn also der Tod etwas solches ist, so nenne ich ihn einen Gewinn, denn die ganze Zeit scheint ja auch nicht länger auf diese Art als eine Nacht.«[10]

Ich stimme Platons Genialität zu, zumindest dann, wenn es um den Wert der Fallberichte geht. Auch meine Forschungen beruhen ganz auf ihnen, denn ohne sie gäbe es keine Möglichkeit, irgendetwas zu erforschen.

Durch das Sammeln und Auswerten von Fallstudien, die die unterschiedlichsten Formen der GTE schildern, stieß ich auf mehrere objektive Gründe, warum wir an ein Leben nach dem Tod glauben dürfen.

Über die NTE hinaus

Die Erforschung des Nachlebens, wie sie heute betrieben wird, scheint bei der Nahtoderfahrung haltzumachen. Vielleicht sollte sie mit der Nahtoderfahrung beginnen, aber nicht dort aufhören. Obwohl die Nahtoderfahrung ein tiefgreifendes Erlebnis ist, das gewöhnlich alle Elemente aufweist, die man von einer zutiefst mystischen Erfahrung (als die viele den Tod betrachten) erwarten kann, so ist sie doch ein subjektives Erleben, das nur einer Person geschieht und außer ihr von niemand anderem miterlebt werden kann.

Die subjektive Natur der Nahtoderfahrung ist der Grund, warum sie allerhöchstens als Indizienbeweis gewertet werden kann. Sie ist kein über allen Zweifel erhabener Beweis und kann uns daher nicht liefern, was wir suchen.

Mit GTEs hingegen haben wir den zweifelsfreien Beweis, dass die Seele den Tod des Körpers überlebt. Definitionsgemäß handelt es sich hierbei um Erfahrungen, bei denen eine oder mehrere Personen den Übergang einer oder eines Sterbenden in die andere Welt miterleben.

So können mehrere Personen, die am Totenbett anwesend sind, sehen, dass die sterbende Person von einer nicht irdischen Erscheinung abgeholt wird. Vielleicht wissen sie nicht, um wen es sich dabei handelt, entdecken aber später auf alten Familienfotos, dass die Erscheinung die eines lange verstorbenen Verwandten war. Andere wiederum berichten, dass im Sterbeprozess eine Art »Hauch« den Körper eines lieben Menschen verlässt, wie die Schriftstellerin Louisa May Alcott es tut, die den Tod ihrer Schwester Elizabeth in ihrem Tagebuch beschreibt:

> *Es ist etwas Merkwürdiges passiert, und ich will es hier schildern, denn Dr. G. [Dr. Christian Geist aus Boston, A. d. A.] sagte, es sei eine Tatsache. Ein paar Augenblicke nachdem sie ihren letzten Atemzug getan hatte und Mutter und ich sie in aller Stille ansahen, fiel ein Schatten über das liebe kleine Gesicht. Ich sah, wie sich ein heller Nebelhauch über den Körper erhob und immer weiter aufstieg, bis er sich in der Luft auflöste. Mutters Blick folgte dem meinen, und als ich fragte: »Was hast du gesehen?«, beschrieb sie mir denselben hellen Nebelhauch. Doktor G. meinte, das Leben hätte sie sichtbar verlassen.*[11]

Andere GTEs beinhalten präkognitive Erlebnisse, bei denen ein gesunder Mensch – häufig in großer Entfernung – Besuch von der Erscheinung eines lieben Mitmenschen erhält, der unerwartet stirbt. Das kann im Traum geschehen oder auch eine extrem reale Erfahrung sein, bei der der oder die Sterbende sich tatsächlich im selben Zimmer aufzuhalten scheint.

Formen geteilter Todeserfahrungen

Im vorliegenden Buch geht es hauptsächlich um die verschiedenen Formen von GTEs. Die Fallstudien und die Beschreibungen dieser Erfahrungen beweisen eindeutig, dass das Bewusstsein den Tod des stofflichen Körpers überlebt. Ich spreche speziell von sieben Formen der Erfahrung, die meiner Ansicht nach einen klaren Beleg für ein Leben nach dem Tod liefern und alle bzw. einige der folgenden Merkmale aufweisen:

- Trennung von Körper und Geist
- Rückkehr von einem scheinbaren Tod
- übernatürliche Kommunikation
- gesteigertes Wissen als Folge einer Nahtoderfahrung

Alle diese Kennzeichen müssen von mindestens einem glaubwürdigen Zeugen bestätigt werden. So stellen wir sicher, dass sie objektiv sind und als Beweis gelten können. Das Ziel ist, Beweise zu liefern, die so hieb- und stichfest sind, dass selbst ein Gericht sie anerkennen würde, würden die Gerichte über jenseitige Angelegenheiten befinden.

Im Folgenden werde ich Ihnen die sieben Formen der GTE, die meiner Ansicht nach ein Beweis für das Leben nach dem Tod sind, kurz schildern – und damit sieben Gründe nennen, an ein Nachleben zu glauben. Sicher gibt es hierfür noch viel mehr Gründe, aber diese hängen letztlich von Ihrem Glaubenssystem ab. Die sieben Formen, die ich ausgewählt habe, sind in meinen Augen die belastbarsten Belege.

Grund 1: Außerkörperliche Erfahrungen (AKEs)

Viele Menschen, die von einer Nahtoderfahrung berichten, machen dabei die Erfahrung, dass sie ihren Körper verlassen. Sie sehen ihn und alles, was geschieht, während sie zwischen Leben und Tod schweben, von außen. Bei vielen dieser AKEs schwebt der Betroffene über seinem Körper und beobachtet, was damit geschieht: wie das medizinische Personal fieberhaft versucht, das Herz wieder zum Schlagen anzuregen, massive Blutungen zu stillen oder durch andere medizinische Eingriffe den Tod abzuwenden. Wenn sie dann wieder zu Bewusstsein kommen, beschreiben sie mit überzeugender Detailgenauigkeit, was sie gesehen und gehört haben, während Ärztinnen und Pfleger sie zu retten versuchten.

AKEs sind umwerfend und fantastisch, vor allem, wenn die betroffene Person von Ereignissen berichtet, von denen sie eigentlich gar nichts wissen kann, weil sie ja bewusstlos war. Können solche Berichte von Dritten vollumfänglich bestätigt werden, dann haben wir es objektiv mit dem Goldstandard der Bewusstseinsforschung zu tun.

Nachfolgend ein wirklich unglaublicher Fall einer AKE von einer Frau, die einen Bootsunfall überlebte. Die Aufzeichnungen darüber finden sich in den Archiven der Near-Death Experience Research Foundation (NDERF), einer Organisation, die von dem Arzt Jeffrey Long und seiner Frau Jody geleitet wird. Die beiden haben Nahtoderfahrungen aus aller Welt gesammelt.

Im nächsten Moment schwebte ich dreißig Meter über dem Fluss und schaute auf das Schlauchboot hinunter, das gegen die Felsen geprallt war. Ich sah die beiden Männer im Schlauchboot, die nach mir suchten. Die andere Frau, die mitgefahren war, sah ich stromabwärts, wie sie sich an einem Felsen festhielt. Mein Mann und meine Teenie-Schwester, die auf dem Schlauchboot vor uns gewesen waren, hatten die Stromschnellen schon hinter sich und kamen gelaufen, weil sie wissen wollten, warum plötzlich die ganzen Sachen im Fluss schwammen. Wir hatten alles, was sie im Schlauchboot hatten, auf unseres geholt, falls sie kentern sollten. Aber sie hatten die Stromschnellen so mühelos passiert, dass wir einfach nur wieder in unser Boot hüpften und ihnen folgen wollten.

Ich sah von oben, wie mein Mann auf einen Felsen im Fluss kletterte. Er konnte nicht hören, was die beiden Männer im Schlauchboot ihm zuriefen. Das Tosen des Wassers war einfach zu laut. Mein Mann hatte keine Ahnung, wo ich war oder was passiert war, aber ihm war klar, dass ich vermisst wurde. Er sah aus, als würde er am liebsten in den Fluss springen, um mich zu suchen, und auf einmal war ich an seiner Seite und versuchte, ihn davon abzuhalten, weil er kein guter Schwimmer war. Und ich wusste ja, dass es keinen Sinn hatte. Als ich die Hand nach ihm ausstreckte, griff ich durch seinen Körper einfach hindurch. Ich sah meine Hand an und dann dämmerte es mir: »Oh mein Gott, ich bin tot!«[12]

Viele Forschende gehen davon aus, dass AKEs bei Nahtoderfahrungen ein klarer Beweis dafür sind, dass die Seele den Körper verlassen kann. Manche lehnen sich sogar noch weiter aus dem Fenster und behaupten, dies sei ein Beleg für die Existenz eines höheren Wesens. Das kann so sein oder auch nicht. Sicher ist, dass AKEs Erlebnisse sind, die wir heute rational-wissenschaftlich nicht erklären können. Trotzdem werden sie in der Jenseitsforschung gründlich studiert. Mehr darüber erfahren Sie in Kapitel 2.

Grund 2: Präkognitive Ereignisse

Präkognitive Erfahrungen, die wir auch als »Krisenerscheinungen« kennen, treten auf, wenn ein gesunder Mensch sich plötzlich der Erscheinung eines lieben Mitmenschen, der eine traumatische Erfahrung macht oder im Sterben liegt, gegenübersieht. Die Vision ist häufig so real, dass man meinen könnte, die betreffende Person stünde in Fleisch und Blut vor einem. Präkognitionen können auch akustischer Natur sein, wenn der Sterbende zur Wahrnehmenden spricht.

In der folgenden Geschichte geht es um eine Frau, die ich hier Betsy nenne, und ihren Ehemann Bob, der schon lange unter einer früh einsetzenden Demenz litt. Er war in einem schlechten Zustand, als sich diese GTE ereignete.

Seltsamerweise hatte die GTE nichts mit ihm zu tun. Sie betraf vielmehr seine Mutter, die im örtlichen Krankenhaus im Sterben lag. Betsy verstand sich sehr gut mit ihr, daher teilte sie ihre Tage zwischen ihren Lieben auf. Natürlich bedeutete dies eine enorme körperliche und geistige Anstrengung.

Als es mit ihrer Schwiegermutter dann tatsächlich zu Ende ging, engagierte Betsy eine Krankenschwester, die sich um ihren Mann kümmern sollte. Sie selbst verbrachte den Großteil ihrer Zeit bei ihrer Schwiegermutter im Krankenhaus. Eines Nachts fand sich Betsy in einem dunklen Tunnel wieder, der sich urplötzlich im Krankenzimmer auftat. Am einen Ende des Tunnels sah sie eine jüngere Version ihrer Schwiegermutter, die Betsy heranwinkte und zu ihr sagte: »Komm, hier ist es wunderbar!« Betsy lehnte die Einladung ab. Sie winkte zurück und sagte, dass sie hierbleiben und sich um ihren Mann kümmern müsse.

Da merkte Betsy, dass ihre Schwiegermutter gar nicht mit ihr sprach, sondern mit Bob, der hinter Betsy den Tunnel betreten hatte. Auch Bob sah viel jünger und gesünder aus. Und er war offensichtlich glücklich, während er seine gesunde Mutter anblickte.

Kurze Zeit später verschwand der Tunnel und Betsys Schwiegermutter starb. Betsy stand mit einem Mal allein im Raum und fragte sich, was da gerade geschehen war. Es dauerte keinen Monat, da holte Bob sich einen Atemwegsinfekt und starb ebenfalls.

Für Betsy waren diese Erfahrungen sowohl verwirrend als auch tröstlich. Ihrer Ansicht nach hatte ihre Schwiegermutter gewusst, dass Bob am Ende seines Lebens angekommen war. Sie hieß ihn in einem neuen Leben willkommen. Betsy erzählte mir: »Es war, als würde sie in einem Swimmingpool planschen und ihrem Sohn zurufen, er solle doch hereinkommen, das Wasser sei herrlich. Ich vermisse beide schrecklich, aber gleichzeitig war dies eine tiefe und wundervolle Erfahrung.«[13]

Präkognitive Erlebnisse sind bemerkenswert, fallen jedoch sehr unterschiedlich aus. Sie sind so vielfältig, dass der mittlerweile verstorbene Erlendur Haraldsson, ein bekannter isländischer Forscher, den Sie in Kapitel 3 kennenlernen werden, sie als »überzeugendsten Beweis für ein Leben im Jenseits« wertete.[14]

Grund 3: Das transformative Licht

Verändert die Nahtoderfahrung Menschen erkennbar zum Besseren? Um diese Frage zu beantworten, formulierten die Wissenschaftler eines Forschungsteams aus Seattle sie neu: Haben Nahtoderfahrungen transformative Auswirkungen, die beobachtet und dokumentiert werden können?

Die Resultate einer umfassenden Studie an mehr als 400 Menschen mit Nahtoderfahrungen zeigten eine ganze Reihe objektiv feststellbarer, tiefgehender Veränderungen in der Persönlichkeit der Befragten, wie beispielsweise weniger Angst vor dem Tod, aber auch mehr Lebensfreude – immer verglichen mit Menschen, die keine NTE gemacht haben. Dazu kommen Faktoren wie eine gesteigerte Intelligenz oder neu auftretende übernatürliche Fähigkeiten.[15]

Um hier nicht allzu optimistisch zu klingen, möchte ich darauf hinweisen, dass nicht alle Veränderungen positiver Natur sind, auch wenn sich das manchmal so anhört, betrachtet man die gesammelten Daten der Forschenden. Manche Menschen verändern sich nach der NTE so sehr, dass sie nicht mehr derselbe Mensch sind. Es ist kaum zu glauben, aber ein Mann, der vorher immer sehr anspruchsvoll und jähzornig gewesen war, wurde nach der NTE gütig und nachsichtig. Das kann manchmal mehr sein, als eine Ehe verträgt. Oder eine berufliche Laufbahn, wenn ein Mensch sich so sehr verändert, dass er geradezu das Gegenteil seiner früheren Persönlichkeit ist.

Eine Geschichte, die mir Melvin Morse erzählt hat, ein mir bekannter Forscherkollege, zeigt dies sehr schön. Ein Anwalt, den ich mal David nennen möchte, kam mit einem komplexen Problem zu Dr. Morse. Nach einem schwierigen Tag vor Gericht hatte er in seiner Kanzlei einen Herzinfarkt erlitten, der ihn beinahe das Leben gekostet hätte. Man brachte ihn eiligst ins Krankenhaus, wo man ihm Stents setzte, die die verschlossenen Arterien wieder öffneten und sein Leben retteten. Als er einige Tage später aus dem Krankenhaus kam und wieder anfing zu arbeiten, hatte er ein gesünderes Herz und einen gesünderen Blick auf das Leben.

Doch für seine Karriere war das schlecht. Er war vorher als »der Hammer« bekannt, weil er Menschen während ihrer Aussagen gnadenlos niedermachte, auch wenn sie das nicht verdient hatten. Das war vor der NTE. Nun, nach der NTE, war er ein Kuschelbär, der kein Interesse daran hatte, Menschen zum Weinen zu bringen.

Da er sein angeborenes Konfrontationstalent nun eingebüßt hatte, war David für die Kanzlei wertlos geworden und man kündigte ihm.

»Ich hatte es einfach nicht mehr drauf«, erzählte er. »Ich fand das eine ganze Weile lang schrecklich, bis ich erkannte, dass das Ganze gut für mich war. Der Herzinfarkt machte mir klar, dass mein altes Ich nicht mehr weiterleben konnte. Und so betrachtete ich dies später als Segen.«[16]

David ging zu einer kleineren Kanzlei und widmete sich künftig dem Familienrecht. So konnte er nach acht Stunden nach Hause gehen und musste nicht wie früher zwölf Stunden Arbeit täglich stemmen.

Für viele Menschen wie David ist dies eine extreme Veränderung, die fast an Romane und Filme erinnert. Daher nenne ich sie auch das »Scrooge-Syndrom«, in Anlehnung an die Figur des Ebenezer Scrooge, die uns Charles Dickens in *Eine Weihnachtsgeschichte* vorstellt.

Grund 4: Die Klarsicht am Lebensende

Mit »terminaler Luzidität« (TL) oder »terminaler Geistesklarheit« ist das plötzliche Aufflackern eines klaren Bewusstseins gemeint, das sich häufig kurz vor dem Sterben einstellt, manchmal sogar, wenn das Gehirn der Patienten deutlich geschädigt ist. Anders gesagt: Menschen, deren Gehirn nur noch bedingt funktional ist, können manchmal aus dem scheinbaren Tod wiederauferstehen und schockieren damit – wie einst Lazarus – Angehörige und medizinisches Personal gleichermaßen, wenn auch nur kurz. Solche Patienten kommen unvermittelt zurück und äußern sich glasklar über bestimmte Dinge (zum Beispiel Familienangelegenheiten), obwohl das EEG zeigt, dass das Gehirn seine Funktionen weitgehend eingestellt hat. Das ist fast, als würde das Gehirn »überbrückt« von einem Bewusstsein, das die grauen Zellen nicht wirklich braucht.

Was heißt das nun? Dass die grauen Zellen für das Bewusstsein nicht nötig sind? Dass das Gehirn und der Geist getrennt arbeiten und dass diese terminale Klarheit ein Beweis für die Trennung von Gehirn und Geist ist? Und wenn dem so wäre: Bedeutet die Möglichkeit dieser Trennung, dass das Bewusstsein den Tod überlebt?

Selbst der große Psychologe Carl Gustav Jung wies auf die paradoxe Vorstellung von einem Bewusstsein ohne Gehirn hin: »Auch bei schwerster Bewusstlosigkeit können Wahrnehmungen der Außenwelt sowie intensive Traumerlebnisse stattfinden. Da die Großhirnrinde, der Sitz des Bewusstseins, während der Ohnmacht ausgeschaltet ist, sind solche Erlebnisse heute noch unerklärt. Sie können für eine zumindest subjektive Erhaltung der Bewusstseinsfähigkeit – auch im Zustande anscheinender Bewusstlosigkeit – sprechen.«[17]

Meiner Ansicht nach belegt die terminale Klarheit eindeutig, dass ein Dualismus besteht und dass der Geist sich irgendwie vom Körper lösen kann, was bedeutet, dass das Bewusstsein für seine Funktionen das stoffliche Gehirn nicht unbedingt braucht. Tatsächlich scheinen einige Fälle terminaler Klarheit nahezulegen, dass das Gehirn dem Geist manchmal richtiggehend im Weg steht.

Terminale Geistesklarheit ist ganz eindeutig eine geteilte Todeserfahrung, einfach weil sie von einem oder mehreren Menschen beobachtet werden kann, kurz bevor die betreffende Person stirbt. Häufig tritt sie sogar auf, wenn die Wahrnehmung und verschiedene andere Gehirnfunktionen erloschen sind, was heißt, dass eine Rückkehr ins Leben extrem unwahrscheinlich geworden ist. Ein Wissenschaftler, der sich mit diesem Phänomen auseinandersetzt, meint dazu: »Nahtoderfahrungen und terminale Luzidität stehen geradezu im Gegensatz zueinander. Bei der NTE geht es ums Fortgehen, bei der TL ums Zurückkommen.«[18] Es scheint, als sei das, was da »zurückkommt«, die Seele der betroffenen Person.

Grund 5: Der Musenkuss, Spontanheilungen und neue Fähigkeiten

Viele Menschen, die eine Nahtoderfahrung gemacht haben, berichten, dass sie die weiten Hallen des Wissens besucht hätten, wo sie Zugang zu allen Informationen der Welt hatten. Manche gehen sogar davon aus, dass dieses Wissen in ihr Gehirn »downgeloadet« wurde.

Ein kleiner Prozentsatz der NT-Erlebenden kehrt aus dieser zutiefst transformierenden Erfahrung mit neuen Talenten zurück – mehr Fertigkeiten, mehr Intelligenz. Andere finden körperlich oder seelisch Heilung. Eher hoch ist die Zahl derer, die mit einem Schutzengel zurückkehren, der sie ein Leben lang als spiritueller Berater begleitet.

In manchen Fällen ergeben sich sogar recht drastische Veränderungen. Dann wechseln die Betreffenden den Beruf oder interessieren sich plötzlich leidenschaftlich für spirituelle Fragen. Wieder andere werden großartige Künstler, Maler, Dichter, Schauspieler und so weiter. Aber auch andere Persönlichkeitsaspekte können von dieser Erfahrung betroffen sein. Solche augenfälligen Veränderungen bei Menschen, die eine NTE gemacht haben, werden natürlich auch von deren Umgebung bemerkt. Allein die Tatsache, Augenzeuge solcher Veränderungen zu sein, macht aus einem solchen Erlebnis eine geteilte Erfahrung.

Wie aber sind solche Veränderungen möglich, und zwar von einem Moment auf den anderen? Kapitel 6 stellt Ihnen zwei erfolgreiche Ärzte vor und andere Menschen, deren Leben sich verändert hat, als sie fast gestorben wären.

Grund 6: Licht, Nebelschleier und Musik

Dass in der unmittelbaren Umgebung Sterbender Licht- und Nebelerscheinungen auftreten, ist ein Phänomen, von dem schon seit Jahrhunderten berichtet wird, tatsächlich bis in unsere Zeit. Ich persönlich habe solche Erfahrungen nicht gemacht, aber ich habe darüber hoch emotionale Berichte gehört.

Als ich noch am Krankenhaus in Macon, Georgia, arbeitete, wohnte ich einem Gespräch zwischen einem OP-Techniker und einem Praktikanten bei. Der Praktikant hatte Gerüchte vernommen über eine Patientin, die im Sterben plötzlich aufgeleuchtet habe. Eine Krankenschwester hatte diese Erscheinung beobachtet und sie der Oberschwester gemeldet, die die Geschichte wiederum weitererzählt hatte. Schließlich war sie auch beim Praktikanten gelandet, der fasziniert den OP-Techniker darauf ansprach, weil solche Dinge nicht in seinen Lehrbüchern auftauchten.

Der OP-Techniker antwortete, dass er seinen Beruf schon seit einigen Jahren ausübe und mehrere solcher Geschichten gehört habe. Diese beeindruckten ihn nicht mehr besonders, aber er wünschte sich, er könne so etwas einmal selbst sehen.

Die Sache interessierte mich, also begann auch ich, einige Fragen zu stellen. Doch bevor der Techniker sie beantworten konnte, kam eine Krankenschwester herein und unterbrach uns.

»Das sind doch nur optische Illusionen«, tat sie ihre Meinung kund und bereitete so der Diskussion ein Ende.

Einige Jahre später hörte ich von einem Onkologen in Charlotte im Bundesstaat North Carolina eine andere Meinung. Er kümmerte sich gerade um einen seiner Patienten, der Krebs im Endstadium hatte, als der Monitor plötzlich nur noch eine gerade Linie zeigte, was heißt, dass der Herzschlag ausgesetzt hatte. Als der Arzt die Elektroden überprüfte, ob sie auch alle noch richtig saßen, fing der Patient vor ihm plötzlich an zu leuchten. Der Arzt erzählte mir, das habe ihn selbst erstaunt und er habe in den Monaten danach ständig darüber nachgedacht.

»Ich weiß nicht, was das war, aber es ist wirklich passiert«, sagte er. »Aber tatsächlich habe ich keinen Grund anzunehmen, dass ich die Seele gesehen habe. Ich kann nur mit Sicherheit sagen, dass es ein Licht war.«

Geheimnisvolle Lichter in den Zimmern der Sterbenden können unterschiedlichen Ursprungs sein. Entweder entstehen sie scheinbar unabhängig vom Körper der Sterbenden oder sie scheinen direkt von diesem auszugehen. Anwesende sehen häufig einen Lichtschein um den Kopf der Sterbenden, wie eine Art Heiligenschein. Oder sie beobachten, wie Lichter oder Formen den Körper verlassen. In manchen Fällen nehmen diese Formen eine menschliche Gestalt an.

Menschen, die eine NTE durchleben, berichten häufig, sie hätten unerklärlich schöne Musik gehört. Aber auch dies ist eine Erfahrung, die nur der Betroffene macht, die also nur subjektiv ist. Bei der GTE ist das anders, denn in diesem Fall wird diese Musik von allen oder mehreren der am Sterbebett anwesenden Personen vernommen. Fälle wie diese sind schon deshalb spannend, weil sie überzeugend belegen, dass dabei etwas vor sich geht, das man nicht nur dem Gehirn der Sterbenden zuordnen kann.

Einer der bekanntesten dieser Fälle trug sich am Sterbebett Johann Wolfgang von Goethes zu: Fünf Menschen vernahmen unerklärliche Sphärenklänge, deren Ursprung sich nicht ausmachen ließ.[19] In einem anderen höchst erstaunlichen Fall gab eine gehörlose Person an, während der NTE ebenso wie die anderen Anwesenden Musik gehört zu haben.[20] Diese Wiederkehr der Sinne erinnert an das »Blindsehen«, bei dem ansonsten blinde Menschen angaben, dass sie während ihrer Nahtoderfahrung sehen konnten.

Licht, Nebelschleier und Musik sind übersinnliche Erscheinungen, die von Menschen, die über ihre sterbenden Lieben wachen, häufig wahrgenommen werden. Sie werden auf Konferenzen immer wieder diskutiert, aber von den Nahtodforschenden selten wirklich untersucht. Dabei sind sie wichtig, weil sie deutlich machen, dass irgendeine »Essenz« der oder des Sterbenden nicht nur überlebt hat, sondern sich auch anderen zeigt.

Grund 7: Das Psychomanteum

Über alle Länder und Zeiten hinweg wissen die Menschen, dass sie durch das Betrachten einer klaren oder spiegelnden Fläche bewusst oder unbewusst eine Tür in eine visionäre Welt aufstoßen können, in der sie sogar ihre verstorbenen Lieben sehen.

Als Psychiater interessierte ich mich für Therapiemethoden, die dies möglich machen könnten. Wenn eine Begegnung mit der Welt der Verstorbenen tiefe Trauer lindern konnte, dann wollte ich dies meinen Patienten ermöglichen. Sollte dies bedeuten, dass ich in der Geschichte weit zurückgehen musste, um dafür einen Weg zu finden, dann würde ich das tun.

Ich studierte alle Techniken, auf die ich bei meinen Nachforschungen stieß, vor allem die der alten Griechen. Diese hatten eine Kammer namens »Psychomanteum« ersonnen. Darin ließ sich offensichtlich leicht eine Verbindung zu den Toten herstellen. Also richtete ich in meinem Haus in Creekside in Alabama ein solches Psychomanteum ein. Als ich es den Klienten zur Verfügung stellte, machte ich eine erstaunliche Entdeckung: Ein hoher Prozentsatz der Menschen, die sich dem Blick in den Spiegel im Psychomanteum aussetzten, begegnete dabei tatsächlich lieben Verstorbenen. Einige der Begegnungen waren so lebendig, dass die Teilnehmerinnen und Teilnehmer sicher waren, ihre Lieben seien ins Leben zurückgekehrt.

Eine solche Begegnung hatte ein amtlich zugelassener Wirtschaftsprüfer aus New York, der mit seiner verstorbenen Mutter Kontakt aufnahm:

Es besteht überhaupt kein Zweifel, dass die Person, die ich im Spiegel sah, meine Mutter war! Nur sah sie gesünder und glücklicher aus als an ihrem Lebensende. Ihre Lippen bewegten sich nicht, aber sie sprach mit mir. Ich konnte ihre Worte ganz klar hören. Sie sagte: »Es geht mir gut.« Dabei lächelte sie glücklich. Ich blieb so ruhig, wie ich konnte … Meine Hände kribbelten, und ich spürte, wie mein Herzschlag sich beschleunigte … Ich sagte: »Es ist gut, dich wiederzusehen.« Und sie antwortete: »Ja, es tut auch gut, dich zu sehen.« … Ich spürte, wie sie mich berührte, als wolle sie mir zeigen, dass es ihr an diesem neuen Ort gut ging. Und das war's. Danach verschwand sie einfach. Was ich sah und hörte, sagt mir, dass sie keine Schmerzen mehr hat, wie das in ihren letzten Tagen auf der Erde der Fall war … Das allein macht mein Leben viel stressfreier.[21]

Schilderungen von solchen realen Begegnungen im Psychomanteum bekam ich jede Woche zu hören. Manche Besucher erzählten von langen Gesprächen, andere wiederum berichteten, dass ihre Lieben aus dem Spiegel (in den ich sie blicken ließ) heraustraten und sich zu ihnen setzten. Manchmal erschien die Person ihnen auch nicht im Psychomanteum, sondern später, wenn die Patienten in ihr Hotelzimmer zurückgekehrt waren. Der Sohn einer Frau meldete sich im Hotelzimmer bei ihr, nahm ihre Hand und die beiden führten ein langes Gespräch. Dann umarmte der junge Mann sie leicht und, so sagte sie, war dann einfach fort. Die Komikerin Joan Rivers verließ nach einer offenen Diskussion mit ihrem verstorbenen Mann Edgar, der Selbstmord begangen hatte, weinend das Psychomanteum. Sie beschrieb unter Tränen ihre Erfahrung, wollte mir aber nicht sagen, was Edgar ihr mitgeteilt hatte. Nur dass sie jetzt von dem Schmerz wisse, der ihn in den Selbstmord getrieben habe.[22] Die Talk-Queen Oprah Winfrey hingegen war perplex und zweifelnd, als sie mit einem weiblichen Oberst der Luftwaffe im Ruhestand sprach, die erzählte, sie sei im Psychomanteum ihrer Mutter begegnet. Diese sei aus dem Spiegel herausgetreten und habe sich so nah zu ihr hingesetzt, dass sie ihre Gegenwart körperlich gespürt habe.[23]

Freunde baten mich immer wieder, eine versteckte Kamera im Psychomanteum anzubringen, aber natürlich lehnte ich das ab. Meine Verpflichtung zur Vertraulichkeit meinen Patienten gegenüber verbot so etwas einfach. Mit dem Resultat, dass alle Begegnungen mit den »wirklich« Verstorbenen den Charakter einer rein subjektiven Erfahrung behielten. Ich konnte mir diese Berichte anhören, aber hatte selbst keine derartige Erfahrung gemacht.

Das änderte sich erst, als eine Frau, die ihre verstorbene Tochter sehen wollte, ein Foto von drei Orbs (Lichtkugeln) machte, die ihr im hellen Tageslicht erschienen waren: Diese Lichtkugeln hätten die Essenz ihrer Tochter enthalten. Erst da sah ich das Psychomanteum anders und nahm es als Beweis für das Überleben der Seele.

Eine Seele in Aktion

Geteilte Sterbeerfahrungen machen deutlich, dass das Bewusstsein nicht nur eine chemische Reaktion des Gehirns ist, unabhängig vom Spirituellen. Diese geteilten Erlebnisse belegen, dass Nahtoderfahrungen nicht bloß darauf beruhen, dass das Gehirn nicht mehr mit Sauerstoff versorgt wird. Menschen, die am Sterbebett stehen, können dieselben transzendenten Erfahrungen machen wie die Sterbenden oder die, die mit dem Tod auf Tuchfühlung waren und zurückgekommen sind. Diese neue Entwicklung – bei der geteilte Erfahrungen gründlich untersucht werden – führt uns direkt an die Grenze zum Jenseits.

2
Grund 1: Außerkörperliche Erfahrungen

Wir müssen uns klarmachen, dass wir spirituelle Wesen mit Seelen sind, die in der spirituellen Welt leben, und gleichzeitig stoffliche Wesen mit Körpern und Gehirnen, die in der materiellen Welt existieren.

John C. Eccles

Viele Menschen, die eine außerkörperliche Erfahrung (AKE) gemacht haben, sind überzeugt, dass ihr Bewusstsein ihren Körper verlassen hat und sie dabei Dinge gesehen haben, die sie in ihrer Bewusstlosigkeit nicht hätten sehen können. Aus diesem Blickwinkel, der dem einer Kamera ähnelt, konnten sie irdische Ereignisse sehen und auch hören. Im Operationssaal schwebten sie über ihrem Körper und sahen, wie die Ärzte versuchten, sie wieder ins Leben zurückzuholen. Diesen Vorgang konnten sie später exakt beschreiben. Das Gefühl, den eigenen Körper zu verlassen, beschreiben gut fünfzig Prozent der Nahtoderfahrenden. Das legt nahe, dass tatsächlich Geist *und* Körper unabhängig voneinander existieren können.

Was ist eine AKE?

Um die Vielfalt der außerkörperlichen Erfahrungen zu verdeutlichen, mit der wir Forschenden zu tun haben, möchte ich Ihnen hier zunächst ein paar Beispiele präsentieren. Diese zeigen nicht nur, dass AKEs von unterschiedlichen Menschen unter den verschiedensten Bedingungen erlebt werden. Sie verlaufen auch unterschiedlich und haben eine unmittelbare psychische Auswirkung auf die Betroffenen ebenso wie auf die Menschen, die sie als geteilte Todeserfahrung (GTE) erleben.

Eine königliche AKE

Ein typisches Beispiel für eine AKE geschah 1984 König Hussein von Jordanien. Er nahm wegen einer Herzkrankheit blutverdünnende Medikamente ein und bekam prompt innere Blutungen. Er rief seine Ärzte, und bevor sie noch die Wirkungen des Blutverdünners rückgängig machen konnten, fiel König Hussein ins Koma und sein Herz hörte auf zu schlagen. Voller Entsetzen arbeiteten die Ärzte schneller und schneller. Königin Nur, die Gemahlin des Königs, schrieb später in ihr Tagebuch: »Mein Mann war in jeder Hinsicht tot.«[24]

Doch den Ärzten gelang es, sein Herz wieder zum Schlagen zu bringen. Einige Tage nach seinem Herzstillstand erklärte König Hussein, dass die Erfahrung tatsächlich schön gewesen sei. Die Königin berichtet, er habe Folgendes erzählt: »Ich hatte keine Schmerzen, keine Angst, keine Sorgen … Ich war ein freier Geist, der über meinem Körper schwebte. Es war wirklich eine angenehme Erfahrung.«[25]

Eine missglückte CT

Eine andere außerkörperliche Erfahrung geschah einer Frau namens Andrea während einer Computertomografie. Hier erzählt sie in ihren eigenen Worten, was ihr dabei widerfuhr. Ihre Schilderungen wurden später vom medizinischen Personal bestätigt:

> *Nachdem man mir das Kontrastmittel gespritzt hatte, fing ich plötzlich an, unkontrolliert zu niesen. Man machte die Aufnahme, und die Krankenschwester sagte mir, ich könne nun aufstehen. Zu diesem Zeitpunkt konnte ich nicht mehr sprechen oder atmen. Dann fiel ich in Ohnmacht und die Schwester rief laut nach dem Notfallteam. Als die Leute kamen, war ich vermutlich »tot«. Ich sah, wie sie hereinkamen und sich um irgendeine Person stellten. Das dachte ich zumindest damals. Ich wäre nie auf die Idee gekommen, dass ich das war. Ich war ganz ruhig, aber die Dame unter mir (ich) tat mir leid, denn das Notfallteam versuchte verzweifelt, ihr Herz wieder zum Schlagen anzuregen. Ich schaute zu, wie »ich« intubiert wurde und man Herzmassagen durchführte. Ich sah, wie man mir Katheter legte und alles andere, was um mein liegendes Ich vorging. 45 Minuten später fing mein Herz wieder an, von selbst zu schlagen, und es zog mich in meinen Körper zurück.*[26]

Manche Menschen verabschieden sich während einer Operation aus ihrem Körper und sehen genau, welche Instrumente benutzt werden. Sie können komplexe Verrichtungen beschreiben, die die Ärzte an Herz oder Gehirn vornehmen. Da die Narkose die Menschen ja jeglichen Bewusstseins berauben soll, sind Chirurginnen meist bass erstaunt, wenn ein Patient ihnen erzählt, was in der bewussten Welt vorging, während er angeblich bewusstlos war.

Von »gesund« zu »tot« und wieder zurück

Manchmal werden uns AKEs aus der Perspektive einer dritten Person berichtet, die die „Sterbende“ oder den »Sterbenden« als außerkörperliche Erscheinung sieht. Sie können sich vielleicht vorstellen, dass solche AKEs sehr, sehr selten sind. Die Nahtod- und Sterbeforschenden behandeln sie mit großem Respekt.

Ich stolperte rein zufällig über einen solchen Fall. Ich hielt in Italien einen Vortrag, an dessen Ende ein sehr ernsthafter Mann auf mich zutrat. Wie sich herausstellte, war er Chirurg und trug schon eine Weile ein Ereignis mit sich herum, das ihn erschüttert hatte. Der fragliche Vorfall hatte sich während einer Operation ereignet.

Der Chirurg nahm einen nicht lebensnotwendigen Eingriff an einem jungen Mann vor, der bei ausgezeichneter Gesundheit war. Diese Operation hatte er bereits unzählige Male durchgeführt. Es gab also keinen Grund anzunehmen, dass irgendetwas Schlimmes passieren würde. Und doch geschah genau das. Kurz nach Beginn der Operation erlitt der junge Mann einen Herzstillstand, den der Chirurg nicht rückgängig machen konnte. Zuerst verabreichte er ihm eine Herzmassage, und als das nicht funktionierte, holte er die Elektroden heraus, um das Herz mit Elektroschock anzuregen. Nichts. Das Herz des jungen Mannes sprach auch darauf nicht an. Den Chirurgen beschlich das Gefühl, dass der junge Mann es nicht schaffen würde. »Mein Gott, wie konnte das nur passieren?«, fragte er sich. »Und was sage ich bloß seiner Familie?«

Während er noch versuchte, seelisch mit der schrecklichen Situation fertigzuwerden, schwang plötzlich die Tür zum OP auf und eine Frau stürzte herein. Sie war so außer sich, dass er dachte, sie sei aus der angrenzenden Psychiatrie entkommen und wolle auf ihn losgehen.

Der Chirurg sagte, sie hätte gerufen: »Lassen Sie meinen Mann nicht sterben! Mein Mann ist nicht tot. Ich war draußen im Wartebereich, als mein Mann zu mir kam. Er sagte, Sie hielten ihn für tot! Und er meinte, ich solle hereinkommen und Ihnen sagen, dass das nicht so ist.«

Der Chirurg erzählte weiter, dass er sich nicht daran erinnere, wie er die Reanimation fortgesetzt habe. Er arbeitete einfach auf »Autopilot« und stimulierte das Herz des Betroffenen noch kraftvoller. Und tatsächlich fing es bald wieder zu schlagen an.

Nachdem man den jungen Mann ins Aufwachzimmer gebracht und er sein Bewusstsein wiedererlangt hatte, erzählte er dem Chirurgen, was aus seiner Sicht geschehen war: »Ich schwebte über meinem Körper und sah zu Ihnen hinunter. Mir war klar, dass Sie dachten, ich sei tot. Ich versuchte immer wieder, Ihnen zu sagen: ›Ich bin nicht tot. Ich bin nicht tot.‹ Aber Sie hörten mich nicht. Also bin ich raus ins Wartezimmer und habe meiner Frau gesagt, sie solle hereinkommen und Ihnen das sagen.«[27]

Häufig und stark

Die Geschichten, die ich Ihnen hier vorgestellt habe, sind vieles: unglaublich, hoffnungsfroh und faszinierend. Aber in erster Linie sind sie objektive Tatsachen, die nahelegen, dass die Seele den Körper verlassen und Botschaften überbringen kann. In diesem Fall sogar eine besonders kraftvolle: »Ich lebe noch.« Beweisbare AKE-Geschichten können viele Menschen, auch den skeptischsten Wissenschaftler, überzeugen, dass an der Vorstellung, die Seele lebe weiter, auch wenn der Körper tot ist, durchaus etwas dran ist.

Da Berichte über AKEs so wichtig sind, um die Lösung des Bewusstseins vom Körper zu erklären, möchte ich Ihnen hier noch ein paar weitere vorstellen, die eindeutig von objektiven AKEs erzählen. Sie verdeutlichen auch, warum sie für die Definition von »Bewusstsein« so bedeutsam sind. Einige stammen aus dem Archiv der Near-Death Experience Research Foundation (NDERF), einer Organisation, die sehr erfolgreich Berichte über Nahtoderfahrungen in aller Welt gesammelt hat. Die restlichen stammen aus meinem eigenen Archiv.

Zeuge der eigenen Kardioversion

Der folgende Fall wurde mir von Dr. Melvin Morse berichtet, der ebenfalls zu Nahtoderfahrungen forscht. Es geht dabei um einen siebenjährigen Jungen, der im Eingangsbereich eines Krankenhauses einen Herzstillstand erlitt. Der folgende Bericht basiert auf meinen Notizen, die ich während eines Interviews mit Morse gemacht habe:

Der Junge erinnerte sich, dass er in der Eingangshalle wartete und dann plötzlich das Gefühl hatte, urplötzlich abzusacken »wie wenn man im Auto über einen Hubbel fährt und einem danach der Magen hinuntersackt«. Er vernahm ein »Rauschen« in seinen Ohren und hörte, wie Leute redeten. Dann schwebte er zur Decke und sah auf seinen eigenen Körper hinab. Der Raum war schwach erleuchtet, sein Körper aber schien von einem weichen Licht umgeben. Er hörte eine Krankenschwester sagen: »Ich wünschte, wir müssten das nicht tun.« Er sah, wie sie versuchten, ihn mit Herzmassage und Mund-zu-Mund-Beatmung wiederzubeleben. Dann schaute er einer Krankenschwester zu, die »eine Art Fett auf dem Körper verrieb« und dann »dem Arzt zwei Kissen« gab. Der legte die Kissen auf den Körper des Kleinen und als er »auf den Knopf drückte, war [er] plötzlich wieder in [seinem] Körper und sah den Arzt an«.

Er nahm einen deutlichen Schmerz wahr, als der Strom durch seinen Körper floss, und erzählte, dass er später Albträume hatte, in denen er erneut den Schmerz dieser Maßnahme – der elektrischen Kardioversion – verspürte.

Die anwesenden Krankenschwestern erzählten, er hätte nach der Kardioversion die Augen aufgeschlagen und gesagt: »Das war echt komisch. Ich bin über meinem Körper geschwebt und dann hat mich etwas in mich zurückgesaugt.«[28]

Eine bestätigte AKE

Der folgende Fall wurde mir von Viola Horton berichtet, an der eine Notfalloperation vorgenommen wurde. Ihre Familie und der behandelnde Arzt bestätigten die Geschichte. Das war eine der ersten bestätigten AKEs, von denen ich hörte. Sie hat mich vollkommen davon überzeugt, dass das Bewusstsein sich vom Körper lösen und in ihn zurückkehren kann.

Viola jedenfalls konnte ihren Körper verlassen. Sie verließ auch den Operationssaal und bestätigte ihre AKE, indem sie genauestens beschrieb, was in anderen Teilen des Krankenhauses vor sich ging. Ihr Arzt berichtete, was Viola ihm erzählt hatte. Sie verließ ihren Körper und schwebte ins Wartezimmer. Dort sah sie, dass ihre Tochter zwei verschiedene Karomuster trug, die nicht zusammenpassten. Als Viola ihrer Familie von ihrer Erfahrung erzählte und davon, dass das Mädchen nicht zusammenpassende Kleidung trug (sie hatte sich schnell angezogen, um bei ihrer Mutter sein zu können), wussten alle, dass sie tatsächlich im Wartezimmer gewesen sein musste. Außerdem sah Viola ihren Schwager am Münzfernsprecher. Sie näherte sich ihm, um Kontakt zu ihm herzustellen. Dabei hörte sie sein Gespräch mit an.

»Nun, ich war gerade unterwegs, um Onkel Henry zu besuchen«, sagte er offensichtlich zu einem Geschäftspartner. »Aber jetzt sieht es aus, als würde meine Schwägerin sterben. Da bleibe ich lieber noch hier, vielleicht muss ich ja Sargträger sein.«

All das erzählte sie einige Tage später ihrem Arzt. Ihre Familie zweifelte an ihrer Geschichte, bis sie sich an ihren Schwager wandte und sagte: »Nächstes Mal, wenn ich sterbe, dann besuchst du lieber Henry. Ich komme schon zurecht.«

Sie hatten alle gehört, was der Schwager am Telefon gesagt hatte. Jeder war höchst erstaunt, der Schwager natürlich peinlich berührt, als es keinen Zweifel mehr gab, dass Viola alles gesehen und gehört hatte, was gesagt oder getan worden war.«[29]

Eine außerkörperliche Begegnung

In der folgenden Geschichte sind Bruder und Schwester in einer einzigartigen AKE verbunden. Die Geschwister lagen in verschiedenen Krankenhäusern im Sterben, er mit Herzproblemen, sie im diabetischen Koma. Mir wurde dieses Erlebnis, das ich schon in meinem Buch *Zusammen im Licht* vorgestellt habe, von einem anderen Bruder berichtet, der in Fort Dix in New Jersey Soldat war. Aber da diese Geschichte von so komplexer Natur ist, möchte ich sie Ihnen hier noch einmal präsentieren:

> *Ich verließ meinen Körper und schwebte in eine Ecke des Raumes, wo ich zusah, wie die Ärzte unter mir an meinem Körper arbeiteten.*
>
> *Plötzlich fand ich mich in einem Gespräch mit meiner Schwester wieder, die auch mit mir da oben war. Ich stand ihr wirklich sehr nahe, und wir hatten ein wunderbares Gespräch darüber, was da unter uns vorging, als sie plötzlich von mir fortging.*
>
> *Ich versuchte, ihr zu folgen, aber sie sagte, ich solle bleiben, wo ich bin. »Für dich ist es noch nicht an der Zeit«, meinte sie. »Du kannst nicht mit mir kommen, weil es für dich nicht Zeit ist.« Dann verschwand sie in der Ferne und tauchte in einen Tunnel ein, während ich allein zurückblieb.*
>
> *Als ich wieder erwachte, sagte ich dem Arzt, dass meine Schwester gestorben war. Er verneinte das, bat dann aber doch eine Krankenschwester, das zu überprüfen. Sie war tatsächlich tot, aber das wusste ich ja.*[30]

Ich hielt mich gerade in der Nähe von Fort Dix auf, als ich diese Geschichte hörte, und hatte ein wenig freie Zeit. Also besuchte ich den Arzt, der den Bruder versorgt hatte. Dieser bestätigte sie nicht nur, er erzählte mir auch, dass das Erlebnis seine Einstellung zum Beruf verändert habe. Er sagte, der Fall schien so verrückt, dass er sich normalerweise nicht die Mühe gemacht hätte, genauer nachzuforschen. Schließlich war er ein vielbeschäftigter Militärarzt mit vielen Patientinnen und Patienten und die Geschichte hörte sich eher nach Traum an als nach einem wirklichen Ereignis. Aber als sich herausstellte, dass die merkwürdige Vision seines Patienten stimmte, beschloss er, solchen Dingen nicht mehr mit Skepsis zu begegnen. Er gab sich selbst das Versprechen, jede Geschichte seiner Patienten anzuhören und sie aus einem anderen Blickwinkel zu betrachten.

Ich kann mich noch genau erinnern, was er sagte: »Es geschehen Dinge, die so nicht in den medizinischen Lehrbüchern vorkommen. Daher möchte ich die Gelegenheit ergreifen, aus ihnen zu lernen.«[31]

Die Forschenden

Berichte über außerkörperliche Erfahrungen gibt es seit Jahrtausenden. Man findet sie in den Bildwerken des alten Ägypten, die zeigen, wie das geistige Double der oder des Verstorbenen den Körper verlässt. Sehr viel später waren es die alten Griechen, die sich mit der AKE philosophisch auseinandersetzten. So wurde in vorsokratischer Zeit ein gewisser Hermotimos von Klazomenai bekannt dafür, dass er seinen Körper willentlich verlassen und in ferne Gebiete reisen konnte. Das machte Hermotimos zur Sensation unter Philosophen, denn sie nahmen dies als Beleg für die getrennte Existenz von Körper und Geist.

Die Vorstellung, dass der Geist sich vom Körper lösen konnte, eröffnete die klassische Diskussion des Leib-Seele-Problems, womit das Studium der Beziehung zwischen Körper und

Geist bezeichnet wird und die Frage, ob es einen Geist ohne Materie überhaupt geben kann.

Die moderne Wissenschaft und die AKE

In heutiger Zeit haben sich mehrere Forschende darum bemüht, wissenschaftliche Methoden auf das Studium der außerkörperlichen Erfahrung anzuwenden. Anfangs gehörte ich nicht dazu. Als ich *Leben nach dem Tod* schrieb, sagte ich klar und deutlich, dass dieses Buch kein wissenschaftliches Werk sei. Hier ging es einfach nur um Beobachtungen. Wenn man diese wissenschaftlich überprüfen wolle, müsse das jemand anderes machen.

Bald nachdem das Buch erschienen war, stellte sich der Kardiologe Dr. Michael Sabom dieser Herausforderung. Er saß nur zufällig im Publikum, als Sarah Kreutziger, eine Sozialarbeiterin in der Psychiatrie an der University of Florida in Gainesville, in ihrer Sonntagsschule einen Vortrag über mein Buch hielt. Alle Zuhörer waren tief beeindruckt – ausgenommen Sabom, der die Berichte über die Nahtoderfahrungen einfach nicht glaubte.

In der gleichen Woche telefonierte Kreutziger mit Sabom und erzählte ihm, dass der Pastor ihrer Kirche wünschte, sie solle ihren Vortrag noch einmal vor allen Gemeindemitgliedern halten. Sie fragte Sabom, ob er nicht mitkommen wolle.

Er stimmte zu, unter einer Bedingung: Er würde einige seiner Patienten, die er nach einem Herzanfall operiert hatte, befragen, ob sie während der Wiederbelebung eine Nahtoderfahrung gehabt hätten. Kreutziger war einverstanden. Auch sie würde einige ihrer Patientinnen fragen, ob sie je etwas erlebt hätten, was zu den NTE-Elementen passte, die ich in meinem Buch beschrieben hatte.

Aus dem Ganzen entwickelte sich die längerfristige »Kirchenstudie« (wie ich sie nannte). Sabom bestand darauf, dass er und

Kreutziger systematisch objektive Beobachtungen sammelten und diese vorurteilsfrei und konsequent auswerteten. Hier wurden also wissenschaftliche Methoden angewandt. Sabom fand nämlich (zu Recht), dass meine Methode des Sammelns, wie ich sie in *Leben nach dem Tod* präsentiert hatte, viel zu zufällig und unsystematisch war, um einer wissenschaftlich-medizinischen Überprüfung standzuhalten.

Die beiden Forschenden kamen überein, nur solche Patientinnen und Patienten zu befragen, die tatsächlich dem Tode nah gewesen waren – Menschen also, die von einer »Katastrophe« betroffen waren und ohne medizinischen Eingriff nicht überleben würden.

Die Nahtoderfahrung jeder Patientin und jedes Patienten wurde mit den Kriterien in meinem Buch verglichen. Dazu erfassten Kreutziger und Sabom den bildungsmäßigen, finanziellen, beruflichen und religiösen Hintergrund der Betroffenen, um auf dieser Grundlage den Inhalt der NTE zu analysieren.

Sabom interessierte sich dabei vorzugsweise für die außerkörperlichen Erfahrungen, von denen sehr viele meiner Befragten berichteten. Die Patientinnen und Patienten schilderten so viele visuelle Details, obwohl sie bewusstlos waren und sich eigentlich an gar nichts hätten erinnern sollen.

Das Duo führte seine Studie in mehreren Kirchengemeinden und Volkshochschulklassen durch. Kreutziger zog in dieser Zeit nach Louisiana, um ihren Doktor zu machen. Sabom wechselte an die medizinische Fakultät der Emory University und nahm zusätzlich eine Stelle als Arzt im Atlanta Veterans Administration Hospital an, wo er viele Nahtoderfahrende kennenlernte. Der Kontakt zu den Veteranen führte dazu, dass die Anzahl der Teilnehmenden an der Studie immer größer wurde.[32]

Sabom und ich gründeten in der Folge zusammen mit Kenneth Ring, Bruce Greyson und John Audette 1977 die International Association for Near-Death Studies (IANDS), die sich der Untersuchung von Nahtoderfahrungen widmete.

Sabom startete 1978 die Atlanta Study, eine Nahtodstudie, die sich vorzugsweise auf außerkörperliche Erfahrungen konzentrierte. Um zu beweisen, dass das Bewusstsein beim klinischen Tod (definiert als der Zeitpunkt, an dem ein Patient keine äußeren Lebenszeichen mehr zeigt und nicht oder noch nicht erfolgreich wiederbelebt wurde) den Körper tatsächlich verlassen hatte, verglich Sabom die Berichte der Patientinnen über das, was sie bei der AKE gesehen hatten, mit den Aufzeichnungen des medizinischen Personals, das über den Ablauf der Reanimation Protokoll führte. Da Sabom Kardiologe ist, stammte der größte Teil seiner Fallstudien von Menschen, die einen Herzstillstand erlitten hatten. Das war ein Vorteil, weil die meisten Menschen wohl der Aussage zustimmen würden, dass ein Patient, dessen Herz aufgehört hat zu schlagen, dem Tod nahe ist.[33]

Ich muss sagen, dass die Resultate von Sabom und Kreutziger für mich eine enorme Erleichterung waren. Die beiden ausgezeichneten Forschenden waren nicht nur mit wissenschaftlichen Methoden vertraut, sie waren auch bereit, ihre anfängliche Skepsis zu überwinden und sich auf die Ergebnisse der Studie einzulassen. Vor der Atlanta Studie misstraute Sabom meinen in *Leben nach dem Tod* geschilderten Fällen. Er war überzeugt, ich hätte mir diese Geschichten einfach ausgedacht. Kreutziger hingegen fand meine Folgerungen schlüssig. Doch während sie neue Fallstudien sammelten und analysierten, behielten beide Forschende ihre Meinungen für sich und gründeten ihre Aussagen auf die Resultate der Studie.

Dank ihrer akribischen Arbeit konnten Sabom und Kreutziger einige exzellente Fälle zusammentragen, zum Beispiel die vier bewiesenen außerkörperlichen Erfahrungen, die hier aufgeführt wurden. Fälle, in denen das Bewusstsein der Patienten sich tatsächlich vom Körper löste und sie trotzdem »sehen« und später beschreiben konnten, was das medizinische Team für sie getan hatte. Jeder dieser Fälle wurde von den Patientinnen in ihren eigenen Worten erzählt und dann vom medizinischen Personal bestätigt.

Bewusstloses Sehen

Nach einer kardiologischen Wiederbelebung schilderte ein Mann den gesamten Ablauf. »Und als ich ein paar Dinge erwähnte, die er [der Arzt] getan hatte, dachte er offensichtlich: ›Ja, das habe ich gemacht. Ich weiß, dass Sie bewusstlos waren, Sie müssen das also irgendwie gesehen haben.‹ Da gab es ein paar Dinge, an die ich mich jetzt nicht mehr erinnere, aber er hatte dabei das Gefühl, ich müsse das gesehen haben, weil ich sonst nicht hätte wissen können, dass er das wirklich gemacht hat.«[34]

Der Arzt sagte: »Unmöglich!«

Ein Patient berichtete seinem Arzt, was er bei der außerkörperlichen Erfahrung während seines Herzstillstands gesehen hatte:

> *Als Dr. B. mich [sah], meinte er, es wäre knapp gewesen. Ich sei gestorben und all das. Ich sagte ihm: »Dr. B., ich kann gar nicht tot gewesen sein. Ich weiß alles, was passiert ist.« Ich sagte ihm, dass er zuerst unter meine rechte Achselhöhle gegriffen habe, dann aber seine Meinung änderte und die Seite wechselte. Er sagte, das sei unmöglich, ich hätte das nie im Leben sehen können. Ich sei zu der Zeit klinisch tot gewesen. Er schüttelte nur den Kopf. Er konnte es einfach nicht verstehen. Und ich fragte: »Aber ich habe doch recht?« Er antwortete: »Ja, Sie haben recht!‹ Dann schüttelte er den Kopf und ging wieder.«*[35]

Die Nulllinie

Ein fünfzigjähriger Immobilienmakler beschreibt seinen Herzstillstand und die Nahtoderfahrung:

> *Dann kam der Schmerz in der Brust und ich wurde ohnmächtig. Eine ganze Weile lang konnte ich mich an gar nichts erinnern, aber plötzlich hing ich an der Decke und sah zu, wie man an meinem Körper arbeitete … [Die Krankenschwester] steckte da eine Nadel hinein und hängte mich an den Tropf … Alles war wie immer – das Nachtkästchen, der Stuhl, alles, was ich nur denken konnte … Es sah aus, als ob er [der Arzt] eine Hand auf meine Brust legte und wirklich stark drückte. Ich konnte sehen, wie das Bett auf und ab hüpfte … [Der Herzmonitor] lief gerade nicht. Das rote Licht blinkte und über den Monitor zog sich eine gerade Linie, die Nulllinie … Aber anscheinend hat das, was sie getan hatten, den Monitor wieder zum Laufen gebracht. Und plötzlich lag ich auch wieder in meinem Bett.*[36]

Perfekter Wiedereintritt

Ein Mann erinnert sich an seinen Herzanfall:

> *Ich konnte den Schmerz nicht mehr ertragen … Und dann brach ich zusammen. An diesem Punkt wurde alles dunkel … Nach einer Weile … saß ich irgendwo und konnte runterschauen. Mir war nie aufgefallen, dass der Boden aus schwarz-weißen Fliesen bestand. Das war das Erste, an was ich mich bewusst erinnerte … Ich erkannte mich, wie ich da unten lag, irgendwie einem Embryo ähnlich zusammengerollt. Zwei oder drei Leute hoben mich hoch und legten mich auf ein Tablett, eigentlich kein Tablett, sondern eine Krankentrage … Sie schnallten meine Beine fest und fingen an, mich zu bewegen. Als sie mich auf den Tisch legten, schlug [der Arzt] mich. Er schlug mich richtig heftig. Er zog mit der Faust weit über den Kopf aus und ließ sie mittig auf meine Brust donnern … Und dann drückten auch die anderen auf*

meine Brust … Sie schoben mir eine Röhre, so eine wie sie an Ölkannen dran ist, in den Mund … Nun nahm ich einen weiteren Tisch wahr, auf dem allerhand Zeug lag. Später merkte ich, dass das die Maschine war, mit der sie dich unter Strom setzen … Ich konnte mein rechtes Ohr sehen und diese Seite von meinem Gesicht, weil ich in die andere Richtung schaute … Ich konnte hören, wie die Leute redeten … Das Ding [der Monitor] war wie ein Oszillograf. Es zeigte immer wieder denselben Strich, wieder und wieder … Dann steckten sie eine Nadel in mich … Mit zwei Händen – ich fand das sehr ungewöhnlich … [schließlich nahmen sie diese] runden Dinger mit dem Griff daran … Eines legten sie hierher – ich glaube, es war größer als das andere – und das andere hierher [der Patient zeigt auf seiner Brust die Stellen] … Sie schalteten den Strom ein, und ich reagierte nicht … Mir kam irgendwie vor, dass ich die Wahl hatte: Ich könnte wieder in meinen Körper eintreten, sodass sie mich zurückbringen konnten, oder ich könnte weitergehen und sterben, wenn ich nicht ohnehin schon tot war … Ich wusste, dass ich in Sicherheit sein würde, ob mein Körper jetzt stürbe oder nicht … Dann schalteten sie den Strom ein zweites Mal ein … und schon war ich zurück in meinem Körper, einfach so.[37]

Als zusätzlichen Beweis für die Exaktheit der AKE-Wahrnehmung ließ Sabom die Patientinnen und Patienten ihre Herz-Lungen-Wiederbelebung beschreiben, die sie während des Herzstillstands erfuhren. Die Antworten der Patienten wurden mit denen von 25 »erfahrenen Herzpatienten« verglichen, die eine Wiederbelebung erlebt hatten, aber keine NTE oder AKE.[38] Die Studie kam zu dem Ergebnis, dass Patientinnen und Patienten mit einer NTE oder AKE sehr viel genauere Beschreibungen lieferten als solche, die keine AKE erlebt hatten. Das waren überzeugende Belege dafür, dass die AKEs tatsächlich ein genaueres Bild der Wirklichkeit lieferten.[39]

Weitere Studien

Eine andere AKE-Studie, die es wert ist, erwähnt zu werden, wurde 2006 von Dr. Penny Sartori veröffentlicht. Sie interviewte fünfzehn Personen mit Nahtoderfahrung, von denen acht während ihrer NTE ihren Körper verlassen hatten.[40] Sartori verglich diese Berichte mit denen von Nahtoderfahrenden, die keine AKE gehabt hatten. Sie stellte fest, dass die Befragten mit einer außerkörperlichen Erfahrung ihre Wiederbelebung sehr viel detailgenauer beschrieben als die zweite Gruppe.[41]

Im darauffolgenden Jahr wurde eine aufwendige Studie von Dr. Janice Holden veröffentlicht, die an der University of North Texas forscht. Sie hatte alle Berichte über Nahtoderfahrungen mit einer AKE untersucht, die bis zu diesem Jahr in wissenschaftlichen Artikeln oder Büchern erschienen waren.[42] 89 dieser Berichte schilderten das normale, irdische Alltagsleben, während vierzehn »nicht materielle, nicht physische Phänomene« beschrieben, die später verifiziert werden konnten.[43] Die Kriterien, die die Studie anlegte, waren so streng, dass jede AKE als »ungenau« eingestuft wurde, sobald sich auch nur eine Beobachtung als falsch erwies.[44] Trotz dieser strengen Ausschlusskriterien konnten 92 Prozent der AKE-Schilderungen als exakt gelten. Ein so hoher Wert, dass damit die Realität der AKEs bewiesen ist.[45]

Dr. Jeffrey Long, Mitgründer der Near-Death Experience Research Foundation (NDERF), veröffentlichte eine Studie über die Exaktheit von Beobachtungen während einer AKE im Rahmen einer Nahtoderfahrung.[46] Für diese Studie wurden 617 Nahtoderfahrungen untersucht, die nach einem weltweiten Aufruf auf der Webseite der Organisation gepostet worden waren.[47] Ganze 287 dieser Berichte beinhalteten außerkörperliche Erfahrungen, die so viele Informationen lieferten, dass man die dabei gemachten Beobachtungen auf ihre Zuverlässigkeit hin beurteilen konnte.[48] In 280 (97,6 Prozent) dieser Fälle beobachteten die Betroffenen wirklichkeitsgetreu, wie währenddessen das Leben im irdischen Bereich weiterlief.[49] Aus dieser Gruppe überprüften 65 Betroffene die Genauigkeit ihrer AKE-Beobachtungen persönlich, nachdem sie sich von der Begegnung mit dem Tod erholt hatten.[50] Kein Einziger musste dabei feststellen, dass seine Beobachtungen ungenau gewesen wären.[51]

Viele AKEs umfassten Beobachtungen, die in Bereichen weit jenseits der Alltagserfahrungen der Betroffenen angesiedelt waren. Long berichtete von einer solchen Erfahrung in dem preisgekrönten Artikel »Evidence for Survival of Consciousness in Near-Death Experiences: Decades of Science and New Insights«.[52] Darin beschreibt er den Fall einer Frau, die er nur beim Vornamen nennt: Kate. Man hatte sie per Vollnarkose in einen Tiefschlaf versetzt, bei dem das Bewusstsein für die Dauer der ganzen Operation vollkommen ausgeschaltet ist:

> *Ich war an der Decke und blickte auf die gerade stattfindende Operation hinunter. Ich hatte keine Angst. Der Chirurg bat um ein Instrument. Er bekam das falsche, also warf er es auf den Boden. Dann schwebte ich einen langen Tunnel hinunter, in dem es immer heller wurde. Ich hörte eine unglaublich schöne Musik und seitdem liebe ich Musik. Dann öffnete sich vor mir ein heller Raum mit Blumen, Bäumen und einem breiten Fluss, über den eine Brücke führte. Die Brücke schien aus verschlungenen Baumstämmen zu bestehen. Auf der anderen Seite stand meine Oma. Neben ihr stand eine Frau mit leuchtend blauen Augen, einem dunklen Muttermal neben dem Mund und einem Grübchen am Kinn. Ich hatte diese Frau noch nie gesehen. Als ich die Brücke betrat, sagte*

meine Großmutter, ich solle wieder zurückgehen, es sei für mich noch nicht Zeit. Aber sie sagte auch, dass ich am Ende wieder hierher zurückkommen würde. Ich war traurig, weil ich so gerne bei ihr sein wollte. Sie war immer für mich da gewesen, als ich ein Kind war. Dann spürte ich plötzlich ein starkes »Rauschen«. Und schon war ich zurück im irdischen Leben und wieder bei Bewusstsein. Meine Mutter, mit der ich mich noch nie gut verstanden hatte, saß neben meinem Bett und weinte. Sie sagte: »Wir hätten dich beinahe verloren. Du warst krank und hast einige Tage im Koma gelegen.« Ich antwortete: »Ich muss dir etwas erzählen.« Sie aber meinte: »Nein, ruhe dich erst mal aus.« Aber ich bestand darauf und erzählte ihr von meiner Erfahrung. Sie glaubte mir nicht, bis ich die Sache mit der Brücke erwähnte. Meine Oma war ihre Mutter. Ich beschrieb ihr auch die andere Frau, die bei Oma war, und meine Mutter sagte, das müsse ihre Großmutter gewesen sein, die lange vor meiner Geburt gestorben war. Als der Chirurg hereinkam, um mich zu sehen, sagte er mir, dass es mir wirklich sehr schlecht gegangen war und ich auf dem Operationstisch gestorben sei. Ich sagte, ich hätte ihm zugesehen, wie er das Instrument auf den Boden geworfen hatte. Und dann erzählte ich ihm die ganze Geschichte.[53]

»Kate hatte sicherlich nicht erwartet, dass der Chirurg ein Instrument auf den Boden fallen lassen würde«, schreibt Long in seinem Aufsatz. »Sie hatte auch nicht damit gerechnet, ihrer Urgroßmutter zu begegnen, die lange vor ihrer Geburt gestorben war.«[54]

Außerdem wurde Kate unter Vollnarkose operiert, was bedeutet, dass sie keinerlei bewusste Erfahrung hätte machen können, Punkt. Außerdem wäre sie fast an einem Herzstillstand gestorben. Sie konnte keine luzide, organisierte Erfahrung machen, vor allem nicht unter Vollnarkose. »Es wäre doppelt unwahrscheinlich, irgendwelche bewussten Erinnerungen an diesen Zeitraum zu haben«, meinte Long. »Und doch machen unzählige Menschen mit einer NTE in Vollnarkose eine außerkörperliche Erfahrung.«[55]

Die Verbindung zur universellen Weisheit

Viele, die im medizinischen Bereich tätig sind, glauben, Vollnarkose sei »der Schlaf der Toten«. Und dass Menschen unter Vollnarkose keine bewussten Erfahrungen machen können. Doch die Forschungsarbeiten von Long und anderen, die sich mit der außerkörperlichen Erfahrung beschäftigen, widersprechen dieser Vorstellung mit überzeugenden Belegen für eine Art »Superbewusstsein«, das von keiner Narkose beeinträchtigt wird. Dies ist ein wichtiger Punkt, wenn es um das Thema »Seele« geht.

Long sagt, die Seele sei »eine nicht physische Essenz, die nach dem körperlichen Tod weiterexistiert«.[56] Diese Essenz besteht aus Erinnerungen, der Persönlichkeit und dem Menschsein. Das ist eine verbreitete Definition der Seele. Aber Longs Definition greift weiter aus. Er geht davon aus, dass es da »ein Stück von uns« gibt, das mit spiritueller Weisheit verbunden ist, einer universellen Bibliothek spiritueller Informationen, die nur durch bestimmte Arten von Erfahrung zugänglich wird, zu denen die NTE gehört.[57] Andere Zugänge können Träume sein, plötzliche Einsichten (diese Aha-Momente), Déjà-vu-Erfahrungen oder Augenblicke der Verbundenheit, die über uns selbst hinausreichen. Sehr wenige Menschen nur können starke Bande zur universellen Weisheit aufbauen, auch wenn sie es mit Meditation oder tiefem Gebet versuchen. Aber Erfahrungen wie eine NTE können dieses Band knüpfen. Wenn dies geschieht, kann das zu außerkörperlichen Erfahrungen führen und den Zugang zu mystischen Erlebnissen, Gefühlen und Informationen ermöglichen, deren Existenz wir nicht einmal ahnten.

Solchen mystischen Erfahrungen gehen gewöhnlich Triggererlebnisse voraus, Ängste vielleicht oder ein Unfall beziehungsweise ein Herzanfall. Bei diesem Triggererlebnis öffnet sich das Universum. Manchmal wird dies von einer außerkörperlichen Erfahrung begleitet, bei der das Bewusstsein den Körper zu verlassen scheint und frei in Echtzeit herumschweift. Später können manche der Betroffenen Menschen, Orte und Dinge beschreiben, die sie vorher noch nie gesehen haben.

An diesem Punkt kommen Weisheit, Informationen und Einsichten ins Spiel, die über die irdische Existenz der Betreffenden hinausgehen. Manchmal werden sie sich eines höheren Wesens bewusst, das sie ohne die AKE nicht kennengelernt hätten. Oder um mit Long zu sprechen: Sie verstehen plötzlich Konzepte wie »Verbundenheit«, »Einheit« und »Einssein«, derer sie sich vor der AKE nicht bewusst waren. All das zusammen hat Long zu der Vermutung veranlasst, dass Nahtoderfahrungen zwei Ursachen haben: einesteils die irdische Nahtoderfahrung, anderenteils die göttliche Weisheit, mit der sich ein Gefühl überwältigend starker Liebe und Intelligenz einstellt, das manche Menschen als die Präsenz Gottes bezeichnen.[58]

Aussagen wie diese machen Long in der Gemeinde der Mediziner nicht unbedingt zum gern gesehenen Gast. Viele halten es für wissenschaftlich unredlich, Begriffe wie »Seele« oder »Nahtoderfahrung« mit »medizinischer Forschung« in eins zu setzen. Doch für Long ist das Bewusstsein – die Seele – jenes Unsichtbare, über das wir fast gar nichts wissen.[59] Es ist unsichtbar, und doch ist es für unseren Charakter verantwortlich, für unsere Persönlichkeit, unser Menschsein und unsere universelle Verbundenheit. Und es scheint getrennt vom stofflichen Körper zu existieren.

Was die Seele angeht, neige ich dazu, Long in vielen Dingen recht zu geben. Dennoch ist für mich »persönliche Identität«

eine Frage unserer narrativen Struktur und weniger eine so abstrakte Angelegenheit wie die Seele. Wenn ich mit neuen Umständen konfrontiert werde und eine bestimmte Entscheidung treffe, mir eine Meinung bilde oder emotional reagiere, dann baue ich all das ganz selbstverständlich in meine Lebensgeschichte ein, in mein Narrativ – das sind die Teile meiner persönlichen Identität. So wird das Konzept der Seele weniger abstrakt.

Long aber ist kein Mensch, der intellektuellen Debatten aus dem Weg geht. Er begegnet den Skeptikerinnen und Skeptikern mit Argumenten, die mit der Meinung, AKEs seien einfach nur Fantasiegebilde oder falsche Erinnerungen, aufräumen.

Skeptiker zuhauf

Skeptikerinnen gehen davon aus, dass AKE-Beobachtungen während einer Nahtoderfahrung nur geraten seien, dass sie fantastischen Träumen oder falschen Erinnerungen entspringen würden. Long meint dazu: »Diese Skepsis wird widerlegt von der durchgehenden Exaktheit der AKE-Beobachtungen, die man in vielen groß angelegten Studien feststellen kann. Dabei wurden Hunderte durch und durch realistischer AKE-Beobachtungen untersucht und später zu Dutzenden als exakt eingestuft.«[60]

Was Long hier sagt, ist richtig: Skeptiker kritisieren die AKE-Forschung mit derselben negativen Einstellung, mit der sie der Nahtodforschung begegnen. Sie wischen selbst die gründlichste AKE-Studie beiseite. Meiner Ansicht nach geht das auf tiefsitzende Ängste zurück. Die Skeptikerinnen fürchten, dass ihre traditionellen Überzeugungen von der Forschung widerlegt werden könnten, sodass sie ihr Weltbild verändern müssten.

Skeptiker glauben, dass es nur sehr wenige AKEs gibt und schon gar keine, die sich beweisen lassen. »Der Großteil der Fallberichte mit exakten AKE-Beobachtungen, ob früher veröffentlicht oder auf der NDERF-Webseite gepostet, widerlegt die Ansichten der Skeptiker«, erklärt Long. »Das zeigt sich besonders an über einem Dutzend Beispielen von Nahtoderfahrungen mit überprüften AKE-Beobachtungen ... Es ist wirklich selten, dass NDERF einen Nahtodbericht erhält, bei dem die AKE-Beobachtung als unrealistisch oder nicht stattgefunden habend beurteilt wird.«[61]

Skeptikerinnen gehen davon aus, dass AKEs »falsche Erinnerungen« seien, die zu Beginn und Ende der Nahtoderfahrung auftreten.[62] Wieder falsch, sagt Long. Der Großteil der Forschung deutet darauf hin, dass das bewusste Erleben während einer NTE in der Mitte bzw. durchgehend auftritt, auch wenn die betroffene Person bewusstlos ist. Das scheint auf den ersten Blick widersprüchlich, aber das gehört zu den Geheimnissen dieses Phänomens. »Während Nahtoderfahrungen kommt es zu maximaler Bewusstheit und Wachheit typischerweise dann, wenn der Körper bewusstlos ist«, schreibt Long.[63]

Ich stimme Long hierin zu. In all den Jahren, in denen ich NTEs studiert habe, gab es nur höchst selten einen Fall, in dem die betroffene Person nicht von kristallklarer Sicht und bewusster Aufmerksamkeit auf höchstem Niveau während dieser Erfahrung berichtet. Es ist kaum zu glauben, dass dem tatsächlich so ist, ist doch der Körper der betroffenen Person bewusstlos und sie hat die Augen geschlossen. Doch das gehört zu den Geheimnissen um die NTE – die Fähigkeit zum klaren »Mindsight« und einer tiefer gehenden Form der Bewusstheit, als die Betroffenen sie je erlebt haben.

»Mit Hunderten exakter AKE-Beobachtungen haben wir mittlerweile belastbare Belege dafür, dass das Bewusstsein während einer NTE vom stofflichen Körper getrennt auftreten kann, auch wenn dieser nicht bei Bewusstsein oder klinisch tot ist«, schreibt Long. »AKE-Beobachtungen, die während einer Nahtoderfahrung fern vom stofflichen Körper gemacht werden, sind genauso exakt wie die häufigen AKE-Beobachtungen in der Nähe des Körpers. Die Befunde aus den NTEs legen nahe, dass unser Bewusstsein nach dem körperlichen Tod weiterexistiert und das Leben danach Wirklichkeit ist.«[64]

Was verlässt den Körper?

Was also verlässt den Körper während der AKE? Ist es die Seele? Ja, sagt Long, es ist die Seele.[65] Um das brisante Thema »Seele« in der wissenschaftlichen Welt zu vermeiden, die die »Seele« gewöhnlich mit Religion verbindet, hat Long zwei Definitionen der Seele untersucht, die im *Encarta*-Lexikon angeführt werden.

- Zuerst die nicht religiöse Definition: »Der Komplex menschlicher Attribute, der sich als Bewusstsein, Denken, Fühlen und Willen zeigt und der als verschieden vom physischen Körper betrachtet wird.«
- Und die Definition, die religiöse Vorstellungen mitbemüht: »In manchen religiösen Systemen ist dies der spirituelle Teil eines menschlichen Wesens, der nach dem körperlichen Tod weiterexistiert.«

Durch Rückgriff auf diese beiden Definitionen von »Seele« vermieden Long und seine Kollegen den Vorwurf der »religiösen Voreingenommenheit«, der andernfalls gegen diese ansonsten so wichtige Forschung erhoben worden wäre. So gelangten sie zu fünf »politisch korrekten« Elementen, die definieren, was dieses »Es« ist, das während einer AKE den Körper verlässt.

1. **»Es« braucht den Körper nicht, um zu überleben.**
   Nahtoderfahrende berichten, dass sie den Körper hinter sich lassen und damit auch den Schmerz und das Leid, die mit ihm verbunden sind. Und doch bleiben sie sich ihrer selbst und der Welt rundherum bewusst.

2. **»Es« weiß, dass es von einem bestimmten Körper kommt.**
   Menschen, die ihren Körper verlassen, erkennen fast ausnahmslos den Körper, aus dem sie austreten. Fast immer nehmen sie sich Zeit, um ihre irdische Hülle genauer anzusehen. Viele Nahtoderfahrende beschreiben, wie sie auf den Körper »hinabschauen« und wissen, dass er in Gefahr ist. Häufig hat ein Arzt oder jemand anderer vom medizinischen Personal sie für tot oder dem Tod nahe erklärt. Oft heißt es, der Körper tue ihnen leid, aber er gilt ihnen auch nur als irdisches Gefäß für ihr wahres Selbst.
3. **»Es« umfasst die fünf Sinne.**
   Nahtoderlebende, die den Körper verlassen, sind sich bewusst, dass sie ihre fünf Sinne noch haben. Manchmal ist die Sinneserfahrung intensiviert. Viele berichten von kristallklarem Sehen, während andere ungewöhnlich gut hören.
4. **»Es« kann sich frei bewegen und scheint nicht an den Körper gebunden zu sein.**
   Obwohl Nahtoderlebende zu ihrem Körper zurückkehren, fühlen sie sich ihm nicht unbedingt verbunden, wenn sie ohne ihn unterwegs sind. Viele Menschen legen dabei weite Wege zurück und können bei der Rückkehr von Menschen, Orten oder Ereignissen erzählen, die sie dabei wahrgenommen haben.
5. **»Es« trägt die Betroffenen in eine andere Dimension.**
   Menschen, die eine außerkörperliche Erfahrung machen, durchschreiten häufig einen Tunnel, der sie in eine andere Welt führt, wo sie verstorbenen Verwandten oder Lichtwesen begegnen und Rückschau auf ihr Leben halten.[66]

Longs Forschung ist absolut untadelig. Was mir dabei aber fehlt, ist eine Aussage zu der enormen Anzahl von Menschen, die eine AKE erlebt haben. Etwa 35 Prozent der Menschen mit einer Nahtoderfahrung erleben eine AKE.[67] In manchen Studien ist die Anzahl noch höher. Und ein Bericht der IANDS zeigt, dass in Deutschland, Australien und den USA tatsächlich fünfzehn Prozent der Bevölkerung einmal eine NTE hatten.[68] Das heißt, wir haben es mit Abermillionen außerkörperlicher Erfahrungen zu tun. Deren Studium würde eine ganze Reihe von Fragen beantworten, die die Natur des Bewusstseins betreffen, die Fernwahrnehmung (Remote Viewing), Fernheilungen und andere Phänomene.

Eine groß angelegte, weltweite Studie würde uns nicht nur das Tor zu einer Vielzahl mystischer Erlebnisse aufstoßen, sondern uns auch zu einem besseren Verständnis der unsichtbaren Kräfte des Universums verhelfen, was die Natur unserer Sinne verändern könnte.

Die beste AKE, von der ich je gehört habe

Bevor wir uns nun einem anderen Thema zuwenden, möchte ich Ihnen noch von der besten AKE erzählen, von der mir je berichtet wurde. Und zwar nicht nur, weil sie einem Menschen widerfahren ist, den ich sehr respektiere, sondern auch, weil die Forschung seine Erfahrung als authentisch einschätzte.

Im Dezember 1943 meldete sich George Ritchie, später Psychiater und Autor von *Mein Leben nach dem Sterben*, zur Armee. Man schickte ihn nach Texas ins Camp Barkeley, wo er seine Grundausbildung durchlief. Dabei zog er sich eine Erkrankung der Atemwege zu, die sich kontinuierlich verschlimmerte und zu einer Lungenentzündung mit über 40 Grad Fieber entwickelte.

Ritchie erinnert sich, dass er sein Krankenhausbett verließ und auf seinen Körper hinunterblickte, der immer noch dort lag. Als das geschah, wusste er, dass etwas nicht stimmte. Er hatte vor einigen Jahren seinen Großvater sterben sehen, und sein eigenes blasses Gesicht sagte ihm nun, dass jetzt auch er auf die andere Seite gegangen war.

Und doch war er da, zwar nicht in seinem Körper, aber er konnte die ganze Umgebung sehen!

Ritchie ging auf den ersten Menschen zu, den er sah, einen Pfleger, der ein Tablett mit Instrumenten trug. Im Normalfall wäre er mit ihm zusammengestoßen, aber dieses Mal ging er durch den Körper des jungen Mannes hindurch, als wäre dieser gar nicht da.

»Niemand kann mich sehen. Niemand kann mich spüren. Niemand kann mich hören«, dachte er. Daraufhin beschloss er, Camp Barkeley und Texas zu verlassen und nach Richmond in Virginia zurückzukehren, um seine Mutter zu sehen.

Allein der Gedanke an Richmond löste eine unerwartete Kette von Ereignissen aus. Er hatte mit einem Mal das Gefühl, das Gelände des Krankenhauses zu verlassen und unterwegs nach Hause zu sein. Dann kam ihm ein anderer Gedanke: »Wenn niemand mich sehen, spüren oder hören kann, wie werden dann meine Leute zu Hause mit mir kommunizieren können?«

Ritchie beschloss, in einer kleinen Stadt südlich von Richmond haltzumachen. Als er auf die Straße hinuntersah, erblickte er ein Restaurant. Eben kam ein Mann heraus, und Ritchie versuchte, mit ihm zu reden. Erfolglos. Er berührte den Mann an der Wange, aber seine Hand ging durch den Kopf des Mannes hindurch, als wäre der gar nicht da.

Das Gefühl des Unsichtbarseins erschreckte Ritchie, vor allem, weil es so aussah, als sei er selbst nicht mehr da. Was würde passieren, wenn er nicht nach Camp Barkeley zurückkonnte? Würde er dann für immer ohne Körper sein und ohne Sinneseindrücke?

Wieder genügte allein der Gedanke, und er kam zurück nach Camp Barkeley und ins Krankenhaus, dorthin, wo er seinen Körper zuletzt gesehen hatte. Im Camp waren nur Männer, die alle gleich aussahen – sonnenverbrannt, schlank und mit kurz geschnittenen Haaren. Lauter Rekruten in der Ausbildung.

Er suchte in der Abteilung nach sich selbst. Dann entdeckte er einen Körper, der mit einem Leintuch bedeckt war, das man rundum eingesteckt hatte. Nur die Hand schaute hervor. Ritchies Absolventenring steckte daran. Er hatte sich wiedergefunden.

Er schaute auf seinen Körper hinunter und merkte, dass neben seinem Kopf ein kleines, helles Licht leuchtete, das immer strahlender wurde, bis es den ganzen Raum mit klarem Licht erfüllte. Dann vernahm er tief in sich eine Stimme, die sagte: »Steh auf, steh auf! Du bist in der Gegenwart des Sohn Gottes.«

Um ihn herum verschwand das Krankenhaus. Stattdessen sah er eine Rückschau auf alles, was er im Leben je getan hatte.

Die Stimme sprach weiter zu ihm, fragte, was er mit seinem Leben gemacht habe und vor allem was er getan hatte, um die Liebe in der Welt zu verstärken.

Der Körper unter einem Leintuch, das Bewusstsein im Gespräch mit Gott – das hätte für Ritchie leicht das Ende sein können, aber so war es nicht. Der Arzt stellte den Totenschein aus und befahl dem jungen Pfleger, Ritchies Körper für die Leichenhalle herzurichten. Als er das tat, bemerkte der junge Mann eine winzige Bewegung, die er sofort dem Arzt meldete. Dieser kehrte zu Ritchie zurück und erklärte ihn ein zweites Mal für tot. Aber wieder versicherte der Pfleger dem Arzt, er habe gesehen, wie Ritchie sich bewegt hätte. Er möge dem jungen Soldaten doch eine Adrenalininjektion ins Herz geben. Vermutlich weil er die ständigen Einmischungen satthatte, tat der Arzt das auch. Und Ritchie erwachte tatsächlich zu neuem Leben. In seiner Krankenakte steht schwarz auf weiß, dass er im Abstand von neun Minuten zwei Mal für tot erklärt worden war.

Der Beleg für die Erfahrung

Bis hierher klingt das nach einer guten Fantasygeschichte – oder einfach nach unglaublichem Glück. Doch erst die Ereignisse nach Ritchies Entlassung aus dem Krankenhaus belegen die Realität seiner Erfahrung. Ritchie saß im Bus nach Richmond, als dieser Vicksburg in Mississippi durchquerte.

»In der nächsten Straße rechts ist ein Restaurant«, entfuhr es ihm plötzlich.

»Woher willst du das wissen?«, fragte sein Bekannter.

Und da erzählte Ritchie von seiner Nahtoderfahrung in Camp Barkeley und seiner Reise ohne Körper. Der Bekannte beschloss, Ritchies Geschichte zu überprüfen.

Was befindet sich gleich um die Ecke? Und dahinter? Und dort drüben? Ritchie konnte alle Fragen seines Mitreisenden beantworten. Die korrekten Antworten machen Ritchies Erlebnis zu einer geteilten Todeserfahrung, denn sein Bewusstsein hatte sich damals völlig frei bewegen können und Ritchie konnte einem anderen Menschen genau berichten, was er gesehen hatte.[69]

Manche Leute konnten Ritchies Geschichte einfach nicht glauben. Wenn er von seiner Erfahrung erzählte, was er häufig tat, meistens vor einer Kirchengemeinde, gab es nicht wenige, die offen ihren Unglauben äußerten. Meist waren es Männer, die behaupteten, seine Geschichte sei erfunden, sei nie passiert oder Ritchie habe eine schwere Lungenentzündung zu einer Fantasterei aufgeblasen, die einem biblischen Gleichnis glich.

Vielleicht wäre ich auch skeptisch gewesen, wenn ich nicht, kurz nachdem ich sie gehört hatte, meinem Vater von Ritchies Geschichte erzählt hätte.

Als mein Vater, seines Zeichens Chirurg, den Namen George Ritchie vernahm, nickte er nur und sah mich nachdenklich an. »George Ritchie … ich erinnere mich noch gut an ihn und seine Geschichte aus meinen Tagen im Camp Barkeley.« Mein Vater hatte im Camp seine Ausbildung zum Sanitäter absolviert, gerade um die Zeit, als die Sache mit Ritchie passierte. Die Geschichte, so meinte er, sei sofort zur Legende geworden. Nimmt man dazu noch den Totenschein, der bei seinem ersten »Tod« vom behandelnden Arzt ausgestellt worden war, ist die Beweislage eindeutig.

Noch überzeugender war allerdings, wie sehr diese Erfahrung Ritchie verändert hatte. In Kapitel 4 geht es um das transformative Licht. Dort erfahren Sie mehr über die mentalen Veränderungen, die sich bei Menschen nach einem Nahtoderlebnis einstellen. Häufig verfügen diese Menschen über deutlich mehr übersinnliche Fähigkeiten als die »Normalbevölkerung«. Auf Ritchie traf dies in jedem Fall zu. Er empfing von da an häufig übersinnliche Botschaften. Er fand dies normal. Seiner Ansicht nach war das Gehirn ein Empfänger für Botschaften von der »Quelle«, was der erste Name war, den er dem höheren Wesen gab. Er war davon ohne Frage völlig überzeugt. Das Resultat war, dass er absolut immer das tat, was die Stimme in seinem Kopf ihm befahl.

Eine besonders bizarre Geschichte dazu ist die folgende: Ritchie war mit seiner Frau Margarite in Washington, als er einen zornigen Mann sah, der sie auf dem Bürgersteig überholte. Eine Stimme in seinem Kopf sagte ihm, dass der Mann jemanden töten wollte. Ritchie folgte dem jungen Mann und fragte ihn an der Straßenecke, ob er wirklich auf dem Weg sei, jemanden umzubringen. Der junge Mann war mehr als bass erstaunt und gestand, dass er tatsächlich jemanden töten wollte, der ihm Unrecht getan hatte. Margarite erzählte mir später, Ritchie habe mehrere Minuten lang auf den jungen Mann eingeredet. Als dieser sich beruhigt und seine Mordpläne aufgegeben hatte, setzten Ritchie und seine Frau ihren Weg fort.

Ritchie war über diese Dinge und viele andere nicht erstaunt. Er las viel über übersinnliche Kräfte, und je mehr er darüber las, umso religiöser wurde er. Zu guter Letzt kam er zu dem Schluss, dass es die Stimme Gottes war, die ihn leitete. Und er glaubte nicht, dass er der Einzige sei, dem solche Führung zuteilwurde. Wie er mir in vielen hundert Gesprächen sagte: »Als ich starb, bin ich der Quelle näher gekommen. So habe ich einen besseren Draht als die meisten Menschen. Aber wir sind alle mit Gott verbunden. Er gibt uns diese Kraft. Wir müssen diesen Gedanken nur zulassen und uns dafür öffnen.«[70]

Ich akzeptiere diese Erklärung. Viele Wissenschaftlerinnen und Wissenschaftler glauben, dass wir in einem intelligenten Universum leben, das von Bewusstsein durchzogen ist. Ich habe keinen Grund, dieser Auffassung zu widersprechen. Wenn Ritchie das glaubte und sich entschied, die Quelle »Gott« zu nennen, dann ist das für mich nicht schwieriger zu akzeptieren, als von der »Quelle« zu sprechen, um über ein von Intelligenz erfülltes Universum zu reden. Ob man es nun »Quelle« nennt oder »Gott«, die universelle Macht, über die wir da reden, transzendiert Namen, auch wenn sie zu Spekulationen über die Kräfte des Geistes einlädt und seine Fähigkeit, außerhalb des Körpers zu funktionieren.

Eine andere Energie

Dies bringt uns zu den Worten von Wilder Penfield, einem großartigen Neurochirurgen und Bewusstseinsforscher des 20. Jahrhunderts. Seine so gründlich erforschten Karten des Gehirns haben der Wissenschaft ein tieferes Verständnis vermittelt, wie das Gehirn Erinnerungen speichert.[71] Er gehörte zu den ersten Neurochirurgen, die epileptische Anfälle mit Elektrostimulation behandelten.[72] Und er fand den Sitz des Bewusstseins inmitten der Gehirnstruktur.[73]

Ja, Penfield war ein Genie. Und doch gestand er sich ein, dass er trotz all seiner chirurgischen und anatomischen Erfolge immer wieder von den Geheimnissen des Gehirns fasziniert war, vor allem der Verbindung zwischen Gehirn und Geist. In seiner Autobiografie *The Mystery of the Mind* schreibt er:

> *Es ist eine Überraschung, während dieser letzten Überprüfung aller Beweise und Belege, feststellen zu müssen, dass die dualistische Hypothese [das Getrenntsein von Geist und Gehirn] letztlich die vernünftigere von zwei möglichen Erklärungen ist […]. Die genaue Natur des Geistes ist ein Mysterium und die Quelle seiner Energie muss erst noch gefunden werden […].*[74]
>
> *Ob es so etwas wie die Kommunikation zwischen Mensch und Gott gibt und ob der Geist eines Menschen nach seinem Tod von einer äußeren Quelle Energie empfangen kann, das muss jeder für sich selbst entscheiden. Die Wissenschaft hat darauf keine Antworten.*[75]

An diesem Punkt verabschiedete Penfield sich aus der Debatte.

Warum AKEs auf ein Leben nach dem Tod hindeuten

Das Rätsel der außerkörperlichen Erfahrung hat die griechischen Denker schon um 600 vor unserer Zeitrechnung beschäftigt. Obwohl heute sehr viel mehr Forscher die AKE studieren, ist es meine bescheidene Ansicht, dass wir, seit Aristoteles im 4. Jahrhundert v. u. Z. darüber geschrieben hat, nur wenig reale Fortschritte erzielt haben.

Als Begründung dafür möchte ich die Möglichkeit offen lassen, dass die Prinzipien der Vernunft, wie wir sie heute kennen, nicht ausreichend sind, um die Beziehung zwischen Geist oder Seele und Körper zu verstehen und dass das Mysterium der Natur von uns als selbst-bewusste Wesen komplexer ist, als der rationale Geist verstehen kann.

In der Zwischenzeit ist die außerkörperliche Erfahrung häufig der erste Schritt hin zu einer bewussten Sphäre aus Liebe und Licht. Die Tatsache, dass so viele Menschen sich außerhalb ihres Körpers wiederfanden und trotzdem psychisch lebendiger sind als je zuvor, ist auf jeden Fall ermutigend. Und mehr als das: AKEs sind ein weiterer Grund, warum wir glauben dürfen, dass die Aussicht auf persönliches Weiterleben nach dem Tod durchaus eine Möglichkeit ist.

3
Grund 2: Präkognitive Ereignisse

Ich glaube, keine Seele muss allein den unsichtbaren Flug ins Paradies antreten.

Basil Wilberforce

Sir William Barrett, der berühmte Physiker, den wir zu Beginn dieses Buches vorgestellt haben, war einer der Ersten, die sich der Erforschung des Lebens nach dem Tod widmeten. Er war Professor für Physik im irischen Dublin und Gründungsmitglied der Society for Psychical Research (SPR). Es gibt so gut wie kein paranormales Phänomen, das er nicht gründlich untersucht hätte.

Und obwohl Barrett sich stets um Wissenschaftlichkeit bemühte, war er doch frustriert von der Reaktion der Öffentlichkeit auf seine Werke. Bei einer Rede vor der SPR im Jahr 1924, also ein Jahr vor seinem Tod, sagte Sir William: »Ich persönlich bin überzeugt, dass die Beweise, die wir bislang veröffentlicht haben, Folgendes klar belegen: 1) die Existenz einer spirituellen Welt, 2) das Überleben nach dem Tod und 3) hin und wieder Nachrichten von Menschen, die den Übergang hinter sich gebracht haben. Es ist jedoch kaum möglich, anderen Menschen, die keine derartigen Erfahrungen gemacht haben, eine hinreichende Vorstellung von der Stärke und der Masse der Beweise zu geben, die mich zu diesem Glauben bringen.«[76]

Ich verstehe Barrett. Es kann wirklich frustrierend sein, Menschen zu überzeugen, dass es Beweise für ein Leben nach dem

Tod gibt, wenn diese nicht selbst solche Erfahrungen gemacht haben. Ich habe das ebenfalls oft genug erlebt. Zu Beginn meiner Nachforschungen zur Nahtoderfahrung (NTE) gehörte ich selbst zu den Zweiflern, von denen Barrett spricht. Erst als ich selbst eine paranormale Erfahrung gemacht hatte – eine Präkognition, um genau zu sein –, gliederte ich mich in die Reihen der Glaubenden ein und schaute nie mehr zurück.

Was ist eine präkognitive Erfahrung?

Bevor wir fortfahren, möchte ich Ihnen meine Definition einer präkognitiven Todeserfahrung in Erinnerung rufen: Eine solche ist gegeben, wenn ein Mensch unerwartet den Tod eines anderen voraussieht, üblicherweise eines Freundes oder Verwandten. »Sehen« ist in diesem Fall ein »Wissen«. Es kommt zu uns in Träumen oder Visionen, die ein Vorauswissen paranormaler Art vermitteln. Eine – weswegen ich sie vorziehe – allgemeinere Definition ist, dass eine »präkognitive Erfahrung« einfach eine Art paranormales Vorauswissen ist. Unter letztere Formulierung fallen auch Erfahrungen, die der strengeren Definition gehorchen, wenn zum Beispiel ein Verstorbener im selben Raum zu sein scheint.

Parallele Träume

Meine eigene präkognitive Erfahrung fällt in die Anfangszeit meiner ersten Ehe und war einer der traurigsten und doch geheimnisvollsten Tage meines Lebens.

Besagte Präkognition stellte sich in zwei Träumen ein – den einen hatte ich und den anderen meine Frau. Sie war im siebten Monat schwanger und wir beide freuten uns auf das Kind. Daher waren diese Träume für uns so erschütternd.

In meinem Traum stand ich hinter einem Arzt und Geburtshelfer. Sein Kittel leuchtete weiß, sein blondes Haar war von ersten grauen Strähnen durchzogen. Ich konnte sein Gesicht nicht sehen, aber was er sah, machte ihm Angst: ein totes Kind, erwürgt von der Nabelschnur, die sich um seinen Hals gewickelt hatte. Und meine Frau hatte dieses Kind zur Welt gebracht. Ich sah ihr verzerrtes Gesicht, als sie davon entbunden wurde.

Dann wachte ich auf.

Ich setzte mich auf und sah meine Frau an. Sie hatte sich schon im Bett aufgerichtet und sah mich an. Tränen strömten über ihr Gesicht, als sie mir von dem Traum erzählte. Es war derselbe Traum wie meiner, nur dass sie dabei eine andere Perspektive einnahm – mir genau gegenüber. Sie sah den Arzt, dessen Gesicht von der Maske bedeckt war. Nur die traurigen Augen waren erkennbar. Und sie sah mich, der hinter dem Arzt stand. Auch ich trug eine Maske und hatte einen traurigen Gesichtsausdruck. Sie spürte keinen Schmerz bei der Geburt, aber sie sah, dass der Junge tot war.

In jener Nacht schliefen wir beide nicht mehr. Es war schon unvorstellbar, dass nur einer von uns einen solchen Traum hatte. Aber beide denselben Traum, nur aus einer jeweils anderen Perspektive, war unfassbar und ließ Schlimmes vermuten.

24 Stunden später geschah ebendieses Schlimmste. Wir verloren unser erstes Kind und erlebten dies weitgehend so, wie unser gemeinsamer Traum es angekündigt hatte.

Über die Jahre habe ich immer wieder von präkognitiven Erfahrungen gehört, aber nie von parallelen Träumen. Dieser parallele Traum veränderte die Art, wie ich meinen Beruf ausübte. Diese Präkognitionen durchbrachen die Mauer der Distanz, die die meisten Ärztinnen und Ärzte aufbauen, wenn sie mit ihren Patientinnen und Patienten sprechen. Ich wurde sehr viel mitfühlender und konnte mich deshalb viel besser auf die Bedürfnisse der Patienten konzentrieren, wenn sie mir von ihren zutiefst übersinnlichen Erlebnissen erzählten. Wie ein Herzchirurg, der selbst einen Bypass hat, oder eine Orthopädin, die sich schon mal einen Oberschenkelhalsbruch zugezogen hat, sah ich mein Spezialgebiet künftig mit anderen Augen: Augen, die nicht nur gesehen, sondern dies alles auch selbst erfahren hatten.

Ein Wissen in der Familie

Manche präkognitiven Erfahrungen sind eher ein »Wissen« als Träume, wie meine Frau und ich sie erlebt haben. Die folgende Geschichte wurde mir von einer jungen Frau in Oregon erzählt: Als sie sieben Jahre alt war, sollte sie den Tag mit ihrem Großvater Poppy verbringen, während ihre Mutter mit Großmutter Nana einkaufen ging. Bevor sie aus dem Auto stieg, fragte die Kleine ihre Mutter: »Und was soll ich tun, wenn Poppy hinfällt?« Sie erzählte mir später: »Irgendwie schien ich zu wissen, dass dieser Tag nicht so verlaufen würde wie die anderen – dass irgendetwas passieren würde.« Tagesüber passierte zwar nichts, aber später am Abend kam ein Anruf von Nana. Die Mutter des Mädchens setzte sich daraufhin sofort ins Auto und kam erst am nächsten Tag wieder nach Hause. Poppy hatte einen Herzanfall erlitten und war gestorben. Die Frau erzählte mir:

> *Ich habe mit meiner Mutter über diesen Tag gesprochen. Sie sagte, als ich sie gefragt hatte, was ich tun müsste, wenn Poppy hinfiel, wusste sie, was ich meinte. Und sie wusste, dass ich recht behalten würde – dass ihr Vater an dem Tag sterben würde. Meine Mutter wusste das, bevor sie mir den Hörer aus der Hand nahm, als Nana anrief, um uns zu sagen, dass man Poppy ins Krankenhaus gebracht hatte. Sie wusste, dass er tot war, auch als sie und Nana und die Onkel im Krankenhaus auf den Bescheid des behandelnden Arztes warteten.*[77]

Typen präkognitiver Erfahrungen

Präkognitive Erfahrungen sind ein allgemeiner Begriff dafür, dass eine Person Dinge ahnt, die noch nicht eingetreten sind oder von denen man ihr erst später berichten wird. Doch es gibt verschiedene Formen dieser Erfahrungen. Zum besseren Verständnis habe ich das Phänomen in sechs verschiedene Kategorien aufgeteilt. Diese sind nicht in Stein gemeißelt – andere Forscher werden eigene Kategorien präsentieren, was ich gut finde. Aber diese sechs Typen sind ein Anfang.

Typ 1: Die Vision ist nicht auf eine Person begrenzt

Das kann in einem Traum geschehen oder in einer wachen visuellen oder auditiven Erfahrung. Dieser Typ präkognitiven Erlebens ist besonders überzeugend, denn dass die Erfahrung es von mehreren Personen gemacht wird, beweist, dass tatsächlich eine Vision stattgefunden hat.

Ein Beispiel dafür liefern uns Herr de Guerin und seine Schwester Frau Elmslie, die beide von den Mitgliedern der Society for Psychical Research in England befragt wurden. Es ging darum, was die beiden – unabhängig voneinander – sahen, als ihre Schwester Fanny auf der anderen Seite der Welt starb.

Elmslie und de Guerin lebten im Mai 1854 in China, also Tausende von Kilometern von England entfernt: Elmslie in Kanton und de Guerin in Shanghai.

De Guerin beschreibt, wie er in einer warmen Nacht wach lag, als Folgendes geschah:

> *Ich wurde mir nach und nach bewusst, dass da etwas in meinem Zimmer war. Es sah aus wie ein dünner weißer Nebelschleier, eine Art milchiger Dampf, der am Fuße des Bettes erschien. Zuerst dachte ich, das sei ein Effekt des Mondlichts im Raum, und nahm keine Notiz davon. Nach einigen Minuten aber sah ich, dass der Nebel immer mehr*

meiner Schwester Fanny glich. Zuerst hatte sie ein trauriges Gesicht, dann aber lächelte sie lieb und nickte mit dem Kopf, als würde sie mich erkennen. Ich war so fasziniert von der Erscheinung, dass ich kein Wort herausbrachte. Ich hatte aber überhaupt keine Angst. Dann verschwand die Vision nach und nach, genauso wie sie gekommen war. Am nächsten Tag erfuhren wir, dass am gleichen Tag meine Schwester gestorben war – völlig unerwartet. Also hielt ich mein nächtliches Erlebnis schriftlich fest und ließ es meiner Schwester, Frau Elmslie, zukommen.[78]

Doch bevor der Brief Frau Elmslie hätte erreichen können, erhielt de Guerin einen Brief von ihr: »Darin beschrieb sie mir fast die gleiche Erscheinung, die sie in derselben Nacht gehabt hatte. Am Ende stand: ›Ich bin mir sicher, dass die liebe Fanny tot ist.‹«[79]

In einem späteren Brief schrieb Frau Elmslie an ihren Bruder: »Ich glaube nicht, dass ich wach war, als Fanny mir erschien, aber ich wachte auf der Stelle auf und sah sie genau so, wie du es beschrieben hast. Ich streckte meine Arme nach ihr aus und rief: ›Fanny! Fanny!‹ Sie lächelte mir zu, so als tue es ihr leid, dass sie fortmüsse. Und dann war sie plötzlich weg.«[80]

Die Geschwister wussten nach eigenen Aussagen nichts von einer Erkrankung Fannys, weshalb sie nie damit gerechnet hätten, dass sie sterben könnte. Später erfuhren sie, dass Fanny auf dem Sterbebett zu den Umstehenden von ihnen gesprochen hatte. De Guerin schrieb: »Sie starb in Jersey am 30. Mai 1854 zwischen zehn und elf Uhr abends.«[81]

Typ 2: Die Sterbenden nehmen es nicht wahr

Diese Wahrnehmungen werden manchmal nur von den Lebenden registriert, die sich um die Sterbenden kümmern. Eine meiner liebsten Geschichten ist die folgende. Es geht in ihr um zwei Schwestern, die eine dritte Schwester pflegten, die mit einer

Lungenentzündung im Sterben lag. Die beiden Schwestern waren am Bett der Kranken eingeschlafen, als sie plötzlich, wie die beiden erzählen, ein helles Licht über dem Bett sahen, in dem die Gesichter zweier verstorbener Brüder erschienen. Die beiden gesunden Schwestern beobachteten die Erscheinung, die langsam verblasste und dann ganz verschwand. Die kranke Schwester schlief währenddessen die ganze Zeit, starb jedoch nur wenige Stunden später.[82]

Nun noch eine weitere Fallstudie in den Worten eines Hospizpflegers, der den Tod eines ihm anvertrauten Mannes miterlebte:

> *Ein alter Mann lag in unserer Abteilung im Sterben. Der Sterbeprozess zog sich lange hin, bis in die frühen Morgenstunden. Irgendwann in dessen Verlauf tauchte eine Frau neben seinem Bett auf. Ich wusste sofort, dass es eine Geistererscheinung war und kein stofflicher Körper. Sie sagte nichts und sah den Mann nur an. Tatsächlich blieb sie einige Zeit da, möglicherweise mehrere Minuten. Anfangs war ich schockiert, aber dann verlor ich meine Furcht vor dem Geist. Das Ganze wirkte so natürlich. Schließlich verließ ich das Zimmer, weil ich das Gefühl hatte, vielleicht einen sehr privaten Moment zu stören. Ich wollte über das Erlebte mit einer erfahrenen Sozialarbeiterin aus unserem Haus sprechen, aber bevor ich noch etwas sagen konnte, meinte sie: »Ich habe sie auch gesehen. So etwas passiert eigentlich ziemlich oft.« Das hat mich schon überrascht.*[83]

Typ 3: Erscheinungen verstorbener Verwandter

Für diese Form habe ich ein ausgezeichnetes Beispiel. Die Person, die es mir berichtet hat, war an der GTE selbst beteiligt. Eine bettlägerige Frau verstarb nach langer Krankheit. Plötzlich erschien an ihrem Bett eine männliche Gestalt, die die Krankenschwester sehen konnte. Der Mann blickte auf den Körper der Frau hinab. Er sah aus, als sei er aus Fleisch und Blut. Die Krankenschwester dachte, es handle sich um einen Besucher. Kurze Zeit später verschwand die Erscheinung. Aufgrund der Beschreibung, die die Krankenschwester gab, waren sich die Angehörigen sicher, es könne nur der erste Ehemann der Frau gewesen sein, der schon vor längerer Zeit verstorben war.[84]

Typ 4: Erscheinungen nah und fern

Das folgende Erlebnis hatte mein Co-Autor Paul Perry, als seine Mutter starb. Er erzählt die Geschichte in seinen eigenen Worten:

> *Einige Minuten bevor meine Mutter in Scottsdale in Arizona verstarb, saß – wie sich später herausstellte – Dr. Vernon Neppe, damals Leiter der Neuropharmakologie an der medizinischen Fakultät der University of Washington in Seattle, gerade am Küchentisch und las die Sonntagszeitung. Plötzlich hörte er eine Stimme, die ihm befahl: »Rufe Paul Perry an.« Er ignorierte die Stimme, doch diese wiederholte den Befehl. Daraufhin rief er mich zu Hause an, obwohl wir schon mehrere Jahre nicht mehr miteinander gesprochen hatten.*
>
> *Neppe fragte, wieso er wohl diesen Befehl erhalten hatte. Ich hatte nicht die leiseste Ahnung. Tatsächlich war ich ziemlich erstaunt. Wir hatten mindestens fünf Jahre lang keinen Kontakt gehabt und so lange hatte ich auch nicht mehr an Neppe gedacht. Doch ich freute mich über den Anruf. Obwohl das Ganze unverständlich war, war es mir irgendwie eine Erleichterung, dass ein ausgewiesener Gehirnspezialist und Experte für Gerontologie tatsächlich die übersinnliche Botschaft erhalten hatte, er solle mich anrufen.*
>
> *Ich erzählte ihm, dass meine Mutter an den Folgen ihrer Demenz starb, und fragte, ob es irgendwelche neuen*

Behandlungsmethoden gebe. Neppe empfahl eine ganze Reihe, unter anderem eine Elektroschocktherapie, die er bei einer älteren Frau mit Demenzerkrankung mit einigem Erfolg angewandt hatte. Während wir uns noch unterhielten, ging bei mir ein anderer Anruf ein, den ich entgegennahm. Er kam von der Krankenschwester des Pflegeheims, die mir mitteilte, dass meine Mutter soeben verstorben sei.

Ich war traurig, dass der Anruf nicht früher gekommen war. Vielleicht hätte man ja noch etwas tun können, um meiner Mutter zu helfen. Andererseits machte es mir Mut, dass es überhaupt diesen Auftrag an Neppe gegeben hatte. Vielleicht war es das Universum, das für sie einen Notruf abgesetzt hatte.

Das Folgende ist ein ganz ähnlicher Fall, berichtet von den englischen Forschern Gurney, Myers und Podmore. Hier geht es um einen siebenjährigen Jungen, seine Tante und den Tod seines Vaters in Hongkong:

In der Nacht des 21. August 1869 zwischen acht und neun Uhr abends saß ich in meinem Zimmer im Haus meiner Mutter in Devonport, als mein Neffe, ein siebenjähriger Junge, der im Zimmer nebenan schlief, plötzlich zu mir hereinstürzte und ganz verängstigt rief: »Oh, Tante, ich habe gerade meinen Vater gesehen, der um mein Bett herumging.« »Unsinn«, antwortete ich. »Du musst geträumt haben.« Er aber sagte: »Nein, habe ich nicht.« Und er weigerte sich, in sein Zimmer zurückzukehren. Da ich ihn mit nichts dazu überreden konnte, durfte er in mein Bett schlüpfen. Zwischen zehn und elf Uhr abends ging ich dann selbst zu Bett. Etwa eine Stunde später richtete ich den Blick auf den Kamin und sah zu meinem Erstaunen ganz klar meinen Bruder, wie er in einem Sessel saß. Mir fiel sofort auf, wie unglaublich bleich sein Gesicht war. (Mein Neffe schlief zu dieser Zeit schon fest.) Ich war selbst so erschrocken, dass ich meinen Kopf unter den Kissen verbarg. Ich wusste ja, dass mein Bruder in Hongkong war. Bald darauf hörte ich, wie er mich ganz klar bei meinem Namen rief. Er wiederholte ihn drei Mal. Als ich wieder hinsah, war die Gestalt fort. Am nächsten Morgen erzählte ich meiner Mutter und meiner Schwester davon. Ich fand, ich sollte das aufschreiben, was ich auch tat. Die nächste Post aus China brachte uns die traurige Nachricht, dass mein Bruder am 21. August 1869 im Hafen von Hongkong gestorben war. Er war plötzlich gestorben [wegen der Hitze hatte er einen Schlaganfall erlitten].[85]

Typ 5: Präkognitive Visionen müssen nicht visuell sein

Ich kann dazu im Moment nicht mehr sagen, als dass es sich häufig um eine intuitive Erkenntnis handelt, ein »Wissen«, bei dem es für die betroffene Person keine Zweifel gibt, dass es der Wahrheit entspricht.

Das folgende Beispiel für diese Form der Präkognition stammt von einer Frau von den Philippinen und handelt vom übersinnlichen Austausch von Informationen:

Mein Ehemann José wurde von der Air Force der Philippinen zu einer Mission beordert. Ich blieb mit unseren drei kleinen Söhnen zu Hause. Es war schon spät, die Kinder waren schon zu Bett gegangen. Ich war noch wach und sah fern. Dabei nickte ich ein wenig ein. Plötzlich sagte ein Mann im Fernsehen, dass meinem Mann etwas passiert sei. Ich schreckte auf, aber das Programm, das im Fernseher lief, war keine Nachrichtensendung und der Mann war auch nicht zu sehen. Da wusste ich, dass meinem Mann tatsächlich etwas passiert sein musste. Später erfuhr ich, dass sein Flugzeug Hunderte von Kilometern fern von uns abgeschossen worden war. Er war von Aufständischen getötet worden.

Später hörte ich auch, dass seine Mutter, noch bevor irgendjemand vom Tod meines Mannes wusste, plötzlich anfing, über ihn zu reden, ohne dass jemand anderer ihn erwähnt hätte. (Sie lebte damals bei ihrer jüngsten Tochter in Amerika.) Meine Schwägerin suchte später einen Weg, um ihr beizubringen, dass ihr Sohn gestorben sei. Aber die Mutter redete plötzlich dauernd über José und darüber, dass er dies oder jenes gerne gemacht habe. So als wüsste sie bereits, dass sie sich an alle Kleinigkeiten aus dem Leben ihres Sohnes würde erinnern müssen.[86]

Typ 6: Es geht nicht immer um den Tod

Nicht alle präkognitiven Erfahrungen kündigen einen Todesfall an. Manche sagen auch das Leben vorher, wie die Geschichte von Olga Gearhardt und ihrem Schwiegersohn zeigt. Olga erzählte ihre Geschichte Dr. Melvin Morse und Paul Perry, als die beiden an ihrem Buch *Parting Visions* arbeiteten. Die beiden Autoren halten sie für eine der außergewöhnlichsten präkognitiven Erfahrungen, die ihnen je untergekommen ist. Und eine der positivsten.

1988 befiel ein Virus Olgas Herz und zerstörte einen Großteil des Muskels. Ihr Herz wurde so schwach, dass es nicht mehr richtig schlagen konnte. Die einzige Chance, die sie noch hatte, war eine Herztransplantation.

Man setzte Olga im Medical Center der University of California auf die Liste derer, die auf ein Spenderorgan warteten. Wenn Sie auf dieser Liste stehen, müssen Sie ständig im Kontakt mit dem Krankenhaus bleiben, in dem die Transplantation vorgenommen werden soll. Wird ein Spenderherz, das zu der Blutgruppe des Empfängers passt, gefunden, muss es innerhalb weniger Stunden nach dem Tod des Spenders oder der Spenderin eingesetzt werden, damit es funktionieren kann.

Die gesamte Familie wusste über Olgas Situation Bescheid. Sie alle hatten versprochen, während ihrer Operation ins Krankenhaus zu kommen, um sie moralisch zu unterstützen. Anfang 1989 kam der Anruf vom Krankenhaus. Man hatte ein passendes Herz gefunden. Als sie und ihr Mann ins Krankenhaus aufbrachen, setzten die Kinder eine Telefonkette in Gang, um Verwandte in drei verschiedenen Bundesstaaten davon zu unterrichten, dass die Transplantation jetzt vorgenommen werde. Innerhalb weniger Stunden füllten Olgas Angehörige das Wartezimmer des Krankenhauses.

Das einzige Familienmitglied, das fehlte, war Olgas Schwiegersohn. Obwohl er seine Schwiegermutter liebte, litt er doch unter einer schweren Krankenhausphobie und wollte lieber zu Hause auf die Neuigkeiten warten.

Spät am Abend wurde Olgas Brustkorb geöffnet und die Transplantation erfolgreich durchgeführt. Um zwei Uhr fünfzehn morgens stellten sich plötzlich Komplikationen ein. Das neue Herz schlug nicht richtig. Während das medizinische Personal noch alarmiert wurde, setzte der Herzschlag ganz aus. Es brauchte mehrere Stunden intensiver Bemühungen, bis das Herz seine Funktion korrekt übernehmen konnte. Der Familie im Wartezimmer hatte man nichts von den Komplikationen gesagt. Ohnehin schliefen die meisten. Gegen sechs Uhr morgens sagte man allen, dass die Operation ein Erfolg gewesen war, aber dass Olga beinahe gestorben wäre, als das neue Herz aussetzte.

Olgas Tochter rief sofort ihren Mann an, um ihm die gute Nachricht zu übermitteln. »Ich weiß, dass es ihr gut geht«, sagte er. »Sie hat es mir selbst gesagt.«

Er war tatsächlich um zwei Uhr fünfzehn aufgewacht und hatte seine Schwiegermutter am Fuß des Bettes gese-

hen. Es war, so sagte er, als stünde sie selbst da. Er dachte, dass man die Operation wieder verschoben hatte und sie stattdessen nun ihm und seiner Frau einen Besuch abstattete. Daher setzte er sich auf und fragte, wie es ihr gehe.

»Ich bin in Ordnung. Es wird alles gut gehen«, sagte sie. »Ihr müsst euch keine Sorgen machen.« Dann verschwand sie.

Die Vision erschreckte den Schwiegersohn nicht, aber er stand doch auf und schrieb auf, um welche Zeit sie ihm erschienen war und was sie genau gesagt hatte.

Als die Familie Olga endlich sehen durfte, redete sie über »den seltsamen Traum«, den sie während der Operation gehabt habe. Sie sagte, sie hätte ihren Körper verlassen und den Ärzten ein paar Minuten lang zugesehen, wie sie an ihr arbeiteten. Dann sei sie ins Wartezimmer gegangen, wo sie ihre Familie sah. Ein wenig frustriert, weil sie nicht mit ihnen kommunizieren konnte, beschloss sie, ins Haus ihrer Tochter zu reisen, das etwa fünfzig Kilometer entfernt lag. Dort nahm sie die Verbindung mit ihrem Schwiegersohn auf.

Sie erzählte ihren Verwandten, sie sei ganz sicher, am Fuß des Bettes von ihrem Schwiegersohn gestanden zu haben, um ihm zu sagen, dass alles gut gehen würde.[87]

Das ist eine ganz erstaunliche und gründlich untersuchte Geschichte. Ich hege keinerlei Zweifel, dass Olga und ihre Familie sie nicht erfunden oder ausgeschmückt haben. Da müsste schon jemand aus der Familie eine völlig andere Geschichte erzählen. Aber es gab keine solche Diskrepanz, egal, wer befragt wurde. Es gab auch keinerlei Grund, warum man eine solche Geschichte hätte erfinden sollen. Soweit es mich betrifft, ist die einzige Schlussfolgerung, die diese Geschichte zulässt, offensichtlich: Olga war an die Herz-Lungen-Maschine angeschlossen, weil ihr neues Herz nicht richtig funktionierte. Irgendwie verließ sie ihren Körper und konnte mit ihrem Schwiegersohn kommunizieren, der in fünfzig Kilometer Entfernung im Bett lag.

Eine Studie mit Träumenden

Der Fall von Olga und die Geschichten anderer Patientinnen und Patienten, die Morse studiert hatte, führten ihn zu der Frage: Wann ist ein Traum nur ein Traum und wann eine präkognitive Erfahrung?[88] Um diese Frage zu klären, bat man 200 Menschen, zwei Jahre lang jeden Traum aufzuschreiben, an den sie sich erinnerten. Morse und seine Assistenten stellten ihnen daraufhin drei einfache Fragen:

- Hatten Sie je eine lebhafte Vorahnung, dass einem Ihnen nahestehenden Menschen irgendetwas Schlimmes geschehen war oder geschehen würde, aber dann passierte gar nichts?
- Hatten Sie je ein Gefühl, einen Traum oder eine Vision, dass Ihr Kind oder Ihr Ehepartner bald sterben würde, was aber dann nicht geschah?
- Hatten Sie je den intuitiven Eindruck, dass etwas passieren würde, und dann geschah nichts dergleichen?[89]

Durch die Analyse von Träumen, die sich bewahrheiteten oder eben nicht, konnten Morse und sein Team verlässlich die Merkmale jener Träume feststellen, die auf tatsächliche Ereignisse vorauswiesen und nicht nur schlechte Träume waren. Dann durchleuchtete man diese traumähnlichen »Visionen«, um gemeinsame Elemente zu finden, die der präkognitiven Erfahrung eigen waren. Das Ergebnis war, dass visionäre Träume mindestens zwei der folgenden Eigenschaften aufweisen.

1. **Eine »wirkliche« oder »hyperreale« Qualität:** Übersinnliche Träume wirken wie ein absolut reales Erlebnis.

2. **Ein Anblick oder ein Geräusch überlagert die normale Wirklichkeit:** Ein Beispiel dafür liefert uns eine Frau, die einen sehr lebhaften Traum hatte, in dem ihr Vater urplötzlich starb, was nur sechs Tage später tatsächlich geschah. Als sie aus dem Traum erwachte, ging sie durch einen Nebelschleier, der vom Boden aufstieg und verschwand, als sie das Licht im Schlafzimmer einschaltete.
3. **Ein einzigartiges Gefühl im Traum, das keinem anderen bis dahin erlebten gleicht:** Die meisten Träume werden schnell vergessen, aber ein visionärer Traum ist so lebhaft, dass er im Gedächtnis bleibt.
4. **Ein mystisches weißes Licht oder ein spirituelles Lichtwesen:** Ein Lichterleben ist das wesentliche Kennzeichen einer sehr tiefgründigen Erfahrung. Es verändert den Menschen, der es erfährt. Angesichts dieser persönlichen Wandlung bezeichnen viele Menschen dieses Licht als »Gott«.[90]

Die Präkognitionsforschung stellte fest, dass viele visionäre Erfahrungen von zwei oder mehr Menschen gemacht werden. Ich nenne dies »Mind-Reach«. Damit meine ich, dass der Geist die Fähigkeit besitzt, Informationen zu senden und zu empfangen. Von einem solchen Austausch mentaler Energie kann man immer dann ausgehen (und viele Leute tun das), wenn sich ganz offensichtlich übersinnliche Vorgänge abspielen. Ein Beispiel hierfür ist zu wissen, dass ein lieber Mensch in Gefahr ist, obwohl man dies nicht mit seinen normalen Sinnen wahrnehmen kann. Für Momente wie diese ist die einzig logische Erklärung, dass der Geist zweier Menschen sich verbindet.

Könnte die Möglichkeit, dass der Geist zweier oder mehrerer Menschen sich über große Distanz verbindet, eine Erklärung für präkognitive Erfahrungen liefern? Ich weiß es nicht. Und das gilt auch für die Wissenschaftler und Philosophinnen, die sich mit dieser Frage seit Jahrtausenden beschäftigt haben. Tatsächlich findet diese »geistige Berührung« einfach statt. Wir alle haben das in der ein oder anderen Form schon erlebt. Manche nennen es Intuition, andere definieren es in psychologischen Studien als »die Fähigkeit, etwas unmittelbar zu begreifen, ohne dass das logische Denken eingreifen muss«.[91] Aber wissen wir denn, wie Intuition oder übersinnliche Ereignisse »funktionieren«? Bedauerlicherweise ist die Antwort hier immer noch Nein. Alles, was wir nach Jahrtausenden der Forschung vorweisen können, sind Spekulationen. Und genau das werde ich jetzt machen – Überlegungen anstellen.

Materialisten versus Dualisten

An diesem Punkt sollten wir uns die zwei wichtigsten Denkschulen ansehen, die sich mit dieser Frage beschäftigen. Keine von ihnen hat bewiesene Antworten und beide kämpfen voller Leidenschaft den Kampf der Spekulation.

Nur kurz zur Auffrischung unseres Gedächtnisses: Materialistinnen und Materialisten glauben, dass alles körperlich ist. Anders ausgedrückt gibt es für sie nur die Materie und ihre Bewegungen. Was sich nicht reproduzieren oder messen lässt, ist für sie nicht akzeptabel. Das gilt für alles, was mit Geist oder Seele zu tun hat. Das heißt: Sie akzeptieren, dass es in der grauen Substanz des Gehirns eine Stelle gibt, an der sich das Gefühl erwecken lässt, Gott zu begegnen. Sie glauben das, weil Neurochirurginnen und -chirurgen genau das mit ihren elektrischen Sonden bewerkstelligt haben. Sie würden dieses Gefühl nur nicht mit einem realen Gott verbinden.

Dualistinnen und Dualisten hingegen glauben, dass Körper und Geist jeweils eigenständig sind. Das bedeutet, dass der Geist unabhängig vom Gehirn existieren und möglicherweise sogar über weite Distanzen kommunizieren kann.

Wie ich bereits sagte, würde ich mich eher den Dualisten anschließen. Ich gehe davon aus, dass ein Großteil der Welt, in der wir leben, bislang unerklärt ist. Und ich wage zu behaupten, dass die meisten Wissenschaftlerinnen und Wissenschaftler das Gleiche denken, vor allem seit die Quantenmechanik in der Physik neue Regeln aufgestellt hat, die sowohl spirituell als auch wissenschaftlich erscheinen. Und obwohl wir diese Dinge weder sehen noch messen können, wissen wir, dass sie existieren und sich dem Nachweis durch übliche Messungen entziehen. Ich glaube, dass der Geist in Extremsituationen (von denen der Tod wohl das schlagendste Beispiel ist) sich vom Körper lösen und in der Nahtoderfahrung an andere Orte begeben kann. Warum also sollte für die menschliche Physiologie nicht dasselbe gelten wie für die Physik?

Obwohl Materialistinnen und Materialisten sagen, dass übersinnliche Kräfte nicht durchgängig im Labor reproduziert werden können, heißt das, dass es Zeitverschwendung wäre, übersinnliche Kommunikation oder andere Phänomene wie Intuition zu untersuchen, von denen wir wissen, dass sie statistisch gesehen existieren? Nein, keineswegs. Es heißt vielmehr, dass wir andere Untersuchungsmethoden finden müssen.

Als Carl Gustav Jung 1919 vor der Society for Psychical Research sprach, verteidigte er die Erforschung paranormaler Phänomene, weil sie seiner Ansicht nach recht häufig seien. Wir wissen nur nicht, warum und wie sie auftreten. Und weiter sagte er: »Ich werde nicht die angesagte Dummheit begehen, alles, was ich nicht erklären kann, als Betrug zu bezeichnen.«[92] Und dabei beließ er es.

Und genau das werde ich auch tun.

Isländische Studien

Diese Diskussion führt natürlich schnell zu den Studien über Erscheinungen, die mit präkognitiven Erfahrungen verbunden sind.

Die erste gründliche Studie derartiger Erscheinungen wurde 1880 von der Society of Psychic Research veröffentlicht. Die Autoren waren Edmund Gurney, Frederic W. H. Myers und Frank Podmore. Die Ergebnisse ihrer Untersuchungen zum Phänomen der Erscheinungen veröffentlichten sie in ihrem Buch *Phantasms of the Living*. Erst etwa hundert Jahre später versuchte Erlendur Haraldsson, die Studie der drei zu reproduzieren, indem er in seinem Heimatland Island eine eigene National Survey of Apparitions durchführte.

Erlendur (der seinen Nachnamen bald wegließ) entwickelte einen Fragebogen, den er an 902 Erwachsene verteilte. Darin wurde nach ihrer Einstellung gegenüber dem Übersinnlichen, Religiösen und anderen kulturellen Aspekten gefragt. Von den 902 Erwachsenen antworteten nur 127 und zeigten sich offen für ein Interview.[93] Eine der Fragen hatte persönliche Erfahrungen des Ausfüllenden zum Gegenstand: »Hatten Sie je das Gefühl, mit einem Menschen in Kontakt zu sein, der verstorben war?« Bemerkenswerterweise antworteten 41 Prozent der Befragten mit Ja.[94] Sie beantworteten auch die weiteren Fragen nach Verstorbenen: Waren sie Ihnen bekannt? Waren es Verwandte, Freunde oder Fremde? Wie alt waren sie und wie waren sie gestorben? Hatten Sie die charakteristischen Merkmale der Verstorbenen wahrgenommen?[95]

Erlendur war begeistert. Er stellte ein Forscherteam zusammen, das detailliertere Interviews mit freiwilligen Teilnehmerinnen und Teilnehmern aus der Region Reykjavík führte. Träume oder Erlebnisse, die mithilfe eines Mediums zustande gekommen waren, ließ die Studiengruppe unbeachtet, da Erlendur nur direkte persönliche Erfahrungen untersuchen wollte. Und seine Interviewten sollten bei den fraglichen Begegnungen auch im Wachzustand gewesen sein.

Von den 127 Interviewten erfüllten hundert die aufgestellten Kriterien für verifizierbare Erscheinungen. Erlendur fand das Resultat bemerkenswert, doch er brauchte mehr Teilnehmerinnen und Teilnehmer, um eine signifikante statistische Analyse erstellen zu können. Mindestens drei Mal so viele.[96]

Heraus kam die umfangreichste Studie von Erscheinungen verstorbener Menschen. Unter anderem offenbarte diese Studie, dass es verschiedene Typen von Erscheinungen gibt. 59 Prozent der Erscheinungen waren visueller (sichtbarer), 24 Prozent auditiver (hörbarer) und sieben Prozent taktiler (tastbarer) Natur. Fünf Prozent waren olfaktorisch (riechbar) und sechzehn Prozent der Befragten spürten eine Präsenz im Raum.[97]

Fast die Hälfte der Erscheinungen fand bei hellem Tageslicht statt, was die geläufige Vorstellung widerlegte, dass sie sich nur bei Dunkelheit einstellen würden. Ein Drittel der Erscheinungen ereignete sich, als die Wahrnehmenden arbeiteten oder in anderer Form beschäftigt waren. Also nicht, während sie müde waren und einnickten, wie viele Skeptikerinnen und Skeptiker meinen. Fast 75 Prozent der visuellen Erscheinungen wurden von den Betreffenden im Wachzustand erlebt.[98]

Erlendurs Nachforschungen brachten eine ganze Reihe interessanter Tatsachen ans Licht. Der Großteil derjenigen, die angaben, eine solche Erscheinung erlebt zu haben, hatten nur diese eine Begegnung. Und Menschen, die trauern oder eine tödliche Krankheit haben, sehen häufiger Erscheinungen von Verstorbenen.[99] Fast fünfzig Prozent der Witwen und Witwer machen eine solche halluzinatorische Erfahrung mit dem verstorbenen Ehepartner beziehungsweise der verstorbenen Ehepartnerin.[100] In nur elf von 73 Fällen befand sich der Betreffende im Stande der Trauer und erkannte die Erscheinung als einen lieben Verstorbenen. In dreizehn von 73 Fällen wusste der Mensch, der die Erscheinung wahrnahm, nicht, dass die Person zu dieser Zeit bereits verstorben war.[101]

Keine der von Erlendur befragten Personen hatte diese Erscheinungen mit ihrem Arzt oder Pfarrer besprochen, weil sie fürchteten, sich lächerlich zu machen. Erlendurs Forschungsarbeiten sind mittlerweile schon älter. Daher könnte man doch annehmen, dass die meisten Menschen über solche Erfahrungen nun eher sprechen würden, auch mit Ärztinnen oder Geistlichen. Schließlich geben auch Vertreterinnen und Vertreter dieser Berufsstände mittlerweile zu, dass ihnen solche Erscheinungen nicht fremd sind.

Wie Sie sich vielleicht schon gedacht haben, wurden von Erlendurs Studie mehrere Arten präkognitiver Erfahrungen erfasst. Ich werde hier einige anführen, um zu verdeutlichen, wie unterschiedlich diese ausfallen können.

Tod im Sanatorium

Eine Frau arbeitete im Sanatorium von Hveragerði in Island. Diese Frau lud einen Patienten namens Jakob ein, sie und ihren Mann zu besuchen, weil alle drei aus demselben Dorf stammten. Sie erinnerte sich: »Jakob stimmte zu und schien sich über die Einladung zu freuen. Ich sagte zu ihm: ›Versprichst du, dass du morgen kommst?‹ Und er antwortete: ›Ja, das verspreche ich.‹« Dann aber …

> *Während der Nacht erwachte ich und alle Kraft schien mich verlassen zu haben. Ich lag im Bett und konnte mich nicht bewegen. Plötzlich sah ich, wie sich die Schlafzimmertür öffnete. Jakob stand auf der Schwelle. Sein Gesicht war voller Blut. Ich schaute ihn lange an, brachte aber kein Wort heraus. Dann verschwand er (und schloss die Tür hinter sich).*
>
> *Da kehrte das Leben in mich zurück und ich rief meinen Mann. »Ich könnte schwören, dass im Sanatorium etwas passiert ist«, sagte ich. Gleich am Morgen rief ich dort an und fragte nach Jakob, ob auch alles in Ordnung sei mit ihm.*
>
> *»Nein«, sagte die Schwester. »Jakob hat sich in der Nacht umgebracht.«*[102]

Mehr Glück als er

Ein langjähriges Mitglied des isländischen Parlaments erinnerte sich an einen guten Freund namens K. K., den es während seiner Amtszeit kennengelernt hatte.

> *Eines schönen Wintertages ging ich hinaus, wie ich das immer nach dem Mittagessen machte, um den Schnee vom Stalldach zu schaufeln. Nachdem ich einige Schaufeln runtergeworfen hatte, hatte ich plötzlich das Gefühl, als stünde K. K. vor mir. Und er sagte etwas Seltsames: »Du hattest mehr Glück als ich.« Dann war er verschwunden.*
>
> *Am Abend wurde sein Tod im Radio bekannt gegeben. Ich überlegte, was seine Worte bedeuten sollten. Ich erfuhr, dass er an einem Herzanfall gestorben war. Man hatte ihn ins Krankenhaus von Reykjavík gebracht, wo er verstarb.*
>
> *Ich war vor einem Jahr selbst dort eingeliefert worden. Ich hatte damals auch einen Herzanfall gehabt. Aber sie konnten mich retten und ich durfte wieder nach Hause. Als ich seine Worte in diesen Zusammenhang setzte, verstand ich [was er mir sagen wollte].*[103]

Der Gast, der nie ankam

Der Wahrnehmende besucht seine Schwester auf einem entlegenen Bauernhof, auf dem beide aufgewachsen sind und wo seine Schwester immer noch lebt. Sie sitzen nach dem Mittagessen noch gemütlich am Tisch, als der Wahrnehmende plötzlich einen Mann am Fenster entdeckt. Der Wahrnehmende sieht sein Gesicht und seine Kleidung, erkennt ihn aber nicht sofort. Er sagt seiner Schwester, dass gleich ein Gast kommen werde. Als niemand an die Tür klopft, gehen die beiden hinaus und sehen sich um, aber es ist niemand da. Es gibt keine Bäume rund um den Hof, der Blick ist nach allen Richtungen frei. Und es ist sehr unwahrscheinlich, dass jemand so schnell wieder verschwinden könnte. Daraufhin beschreibt der Wahrnehmende seiner Schwester die Gestalt, und plötzlich erkennen beide ihn wieder: ein alter Freund, der in einem Dorf in einigen Kilometern Entfernung lebt. Später am gleichen Tag hören sie, dass dieser Mann in seinem Dorf um die Mittagszeit verstorben ist.[104]

Die verschwundene Großmutter

Meine Frau und ich hatten ein Mädchen, das ungefähr zwei Jahre lang bei uns lebte. Eines Nachts erwachte ich plötzlich aus tiefem Schlaf und sah eine Frau in einem dunklen Kostüm neben dem Bett stehen. Sie sagte zu mir: »Mein Name ist Margaret.« Dann verschwand sie durch die Tür. Ich sah auf die Uhr: Es war genau drei Uhr dreißig morgens.

Am nächsten Tag hörte ich, dass die Großmutter des Mädchens um ebendiese Zeit an einem Herzanfall gestorben war. Ihr Name war Margaret.[105]

Die große offene Frage

In den Aufzeichnungen seiner Fälle ist Erlendur der Hinweis wichtig, dass ungefähr ein Drittel davon durch eine zweite Person bezeugt ist. Das entspricht in etwa dem gleichen Prozentsatz, der sich auch in anderen Ländern zeigt.[106]

»Alles in allem«, fasste Erlendur seine Studie zusammen, »scheint es, dass die Menschen solche Erscheinungen unter den verschiedensten Umständen erleben. Aus den uns vorliegenden Berichten kann man schließen, dass es nicht wirklich von Bedeutung ist, unter welchen Umständen die Erscheinung auftrat oder wie der Wahrnehmende gestimmt war.«[107]

Ich respektiere Erlendur und alles, was er in seinen 89 Lebensjahren zum Thema »Erscheinungen« zusammengetragen hat. Doch in dieser Sammlung fehlt meiner Ansicht nach etwas. Denn sie lässt die wichtigste Frage aller paranormalen Forschung offen: Wie und warum kommt es überhaupt zu solchen Erscheinungen?

Ich sehe ein, dass ich von Erlendurs Forschungsarbeiten nicht erwarten sollte, dass sie Antworten auf diese Fragen liefern, denn niemand – nicht einmal die klügsten Köpfe – hat dieses Mysterium bisher klären können. Der berühmte Physiker Stephen Hawking erzählt in seinem Buch *Eine kurze Geschichte der Zeit* eine Anekdote, in der es um die Erklärung des Unerklärlichen geht:

> *Ein namhafter Wissenschaftler (man sagt, es sei Bertrand Russell gewesen) hielt einmal einen öffentlichen Vortrag über Astronomie. Er schilderte, wie die Erde um die Sonne und die Sonne ihrerseits um den Mittelpunkt einer riesigen Ansammlung von Sternen kreist, die wir unsere Galaxie nennen. Als der Vortrag beendet war, stand hinten im Saal eine kleine alte Dame auf und meinte: »Was Sie uns da erzählt haben, stimmt alles nicht. In Wirklichkeit ist die Welt eine flache Scheibe, die von einer Riesenschildkröte auf dem Rücken getragen wird.« Mit einem überlegenen Lächeln hielt der Wissenschaftler ihr entgegen: »Und worauf steht die Schildkröte?« »*Sehr *schlau, junger Mann«, parierte die alte Dame. »Ich werd's Ihnen sagen: Da stehen lauter Schildkröten aufeinander.«*[108]

Diese Geschichte zeigt, wo die Stolpersteine liegen, wenn man vor Publikum eine Antwort auf das Unerklärliche, auf die offene Frage sucht. Solche Erklärungen weisen nicht nach, wie das Universum existiert oder wieso es präkognitive Erfahrungen gibt.

So weit, so gut. Ich will bereitwilligst zugeben, dass ich keine Idee habe, wieso es zu präkognitiven Erfahrungen kommt. Nur passieren sie eben, und das so häufig, dass sie einen entscheidenden Beleg dafür liefern, dass es ein Leben nach dem Tod gibt, denn die sich anschließende Kommunikation wurde schließlich mehrfach bestätigt. Was dann genau dahintersteckt, kann von mir aus auch eine Pyramide von Schildkröten sein.

4
Grund 3: Das transformative Licht

Die Menschen waren mein Geschäft. Aus Menschen habe ich ein Geschäft gemacht. Meine Nächstenliebe, Barmherzigkeit? Bah. Alles war nur Geschäft.

Charles Dickens[109]

Die vermutlich berühmteste Nahtoderfahrung der Welt geschieht einem gewissen Ebenezer Scrooge, einem knickrigen, stets missgelaunten, mürrischen, selbstsüchtigen und allseits verhassten Geschäftsmann in der *Weihnachtsgeschichte* von Charles Dickens. Sie spielt im 19. Jahrhundert und ihr sind die diesem Kapitel voranstehenden Sätze entnommen. Scrooge verflucht darin seine Angestellten, weil sie an Heiligabend nicht arbeiten wollen. Und so trottet er heim in sein düsteres, ungemütliches Zuhause. Später am Abend erhält Scrooge Besuch vom Geist seines ebenso geizigen Geschäftspartners Marley, den seine Hartherzigkeit dazu verdammt hat, auf ewig die Erde zu durchstreifen, geschmiedet an schwere Ketten, an denen Kisten mit seinem angehäuften Vermögen hängen. Der Geist warnt Scrooge, dass ihn dasselbe Schicksal erwarte, wenn er seine abscheuliche Haltung seinen Mitmenschen gegenüber nicht ändere.

Doch Scrooge zweifelt an den Worten des Geistes, beschimpft seinen alten Freund und schleudert ihm entgegen, er sei vielleicht nur »ein Stück schlechtes Rindfleisch, ein alter Käse. Ein zu scharfer Löffel Senf, eine rohe Kartoffel. [...] Also, dieser Zahnstocher! Ich bräuchte den Zahnstocher jetzt nur verschlucken, um für den Rest des Lebens Bauchschmerzen zu haben. [...] Und deshalb sage ich – Schwindel. Alles Schwindel.«[110]

Um seinen Geschäftspartner zum Schweigen zu bringen und ihm zu beweisen, dass er wirklich ein Geist ist, rasselt Marley mit den Ketten und kündigt ihm den Besuch von drei Geistern an: die Geister der vergangenen Weihnacht, der gegenwärtigen und der zukünftigen.

Die drei Geister bescheren Scrooge eine Lebensrückschau, die ihn als den Menschen zeigen, der er war: »Einen Geizkragen. Einen Halsabschneider. [...] Er war hart und unerbittlich; heimtückisch, selbstzufrieden und dabei verschlossen wie eine Auster.«[111]

Dieser traurige Lebensrückblick hat auf Scrooge eine tiefe Wirkung, so stark, dass er am Weihnachtstag als neuer Mensch erwacht. Er wird ein gütiger, freundlicher Mensch, der das Gehalt seiner Angestellten erhöht, hohe Summen für wohltätige Zwecke spendet und vor allem für Klein Tim, den behinderten Sohn seines völlig überarbeiteten Mitarbeiters Bob Cratchit, zum netten Onkel wird.

Was Scrooge erlebt, enthält alle Elemente einer Nahtoderfahrung – vor allem das Element, das fast allen eigen ist: eine vollkommene Wandlung.

Diese Transformation tritt bei fast allen Nahtoderfahrungen (NTEs) auf, die mir je begegnet sind – und noch wichtiger ist, dass es sich dabei fast immer um eine positive Veränderung handelt. Ob der Nahtoderlebende nun ist wie Scrooge, dem nur seine eigene Meinung und sein Geld wichtig sind, oder wie jemand, der in einem wenig hilfreichen Muster feststeckt: Die Nahtoderfahrung ist ein transformatives Erlebnis. Und die darauffolgende Veränderung ist so deutlich erkennbar, dass daraus eine geteilte Todeserfahrung (GTE) wird.

Damit meine ich nun nicht, dass eine NTE die Betroffenen alles durch eine rosa Kitschbrille sehen lässt. Natürlich legen diese Menschen danach eine positivere Haltung an den Tag und man kommt besser mit ihnen aus (vor allem, wenn sie vorher von der eher unleidlichen Sorte waren). Aber die NTE führt auch zu mehr aktivem Engagement für die reale Welt. Nahtoderfahrende werden mit den problematischen Seiten ihres Lebens besser fertig, haben ihre Emotionen besser im Griff und können klarer denken – was ihnen neu ist.

Alle Wissenschaftlerinnen und Wissenschaftler, die mit Nahtoderfahrenden gesprochen haben und die ich daraufhin interviewt habe, kommen zu demselben Schluss: Menschen, die eine Nahtoderfahrung hatten, sind dadurch bessere Menschen geworden.

Das Krisenereignis

Obwohl man die Nahtoderfahrung in der Psychologie als Krisenereignis einstuft, hat sie im Gegensatz zu anderen Krisenerfahrungen keine negativen Auswirkungen. So kann eine belastende Erfahrung bei einem Kampfeinsatz dazu führen, dass die oder der Betroffene in jenem Erlebnis festsitzt »wie in einer Falle«, wie manche Militärpsychologinnen und -psychologen es nennen. Viele Veteraninnen und Veteranen mit einer posttraumatischen Belastungsstörung (PTBS) erleben die schrecklichen Szenen von Tod und Vernichtung noch Jahre später immer wieder neu. Sie haben Halluzinationen, bei denen sie den Pulvergeruch schmecken und sich wieder in der Hitze des Gefechts wähnen. Das ist eine negative Reaktion auf ein Krisenereignis.

Auch bei anderen traumatisierenden Ereignissen wie Überschwemmungen, Tornados, Bränden und Autounfällen kann es vorkommen, dass die Betroffenen diese Erfahrung nicht überwinden können. Dann sind diese Menschen ebenfalls emotional gefangen.

Eine Nahtoderfahrung gilt zwar als Krisenereignis – wie ein Autounfall oder eine Naturkatastrophe. Sie wird auch häufig durch eine Krise ausgelöst. Aber Nahtoderfahrende sind nicht emotional gefangen. Ihre Reaktion darauf ist vielmehr, dass sie ihr Leben zum Besseren wenden.

Eine meiner am meisten geschätzten Studien zur transformativen Kraft der Nahtoderfahrung stammt von Charles P. Flynn, Soziologe an der Miami University in Ohio. Er wertete Daten aus 21 Fragebögen aus, die Kenneth Ring, ein bekannter Nahtodforscher, erstellt hatte. Es wurde gefragt, welche Veränderungen sich im Leben der Nahtoderfahrenden einstellen können. Und Flynn zog eine höchst interessante Schlussfolgerung: »Die vorhandenen Belege zeigen nacheinander die folgenden Erfahrungen, in jeweils abnehmender Intensität: deutlich erhöhte Sorge um andere Menschen; weniger Angst vor dem Tod und ein starker Glaube an ein Leben nach dem Tod; stärkeres religiöses Empfinden sowie höheres Interesse an sowohl institutionellen wie nicht institutionellen Religionen und geringeres Streben nach materiellem Erfolg beziehungsweise nach Anerkennung von anderen.«[112]

Umfassendere und aktuellere Forschungsergebnisse bietet die *Transformation Study* des von Melvin Morse in Seattle geleiteten Teams von Wissenschaftlern. Ziel dieser Studie war, eine Antwort auf folgende einfache Frage zu finden: »Gibt es transformative Erlebnisse nach Nahtoderfahrungen, die sich dokumentieren lassen?«[113] Morse und sein Team unterzogen mehr als 400 Nahtoderfahrende einer Reihe von Tests, um ihre psychische und geistige Gesundheit zu bewerten. Die Probanden unterschieden sich deutlich sowohl nach sozialem Hintergrund wie nach Art der gemachten Erfahrungen. Morse und sein Team stießen auf eine ganze Reihe von Veränderungen bei den Menschen mit einer Nahtoderfahrung. Einige der erstaunlichsten Ergebnisse aus der *Transformation Study* sind folgende.

1. **Verringerung der Todesangst:** Nahtoderfahrende zeigen gut zur Hälfte weniger Angst vor dem Tod als Menschen, die keine NTE gemacht haben.
2. **Mehr Freude am Leben:** Nahtoderfahrende zeigen eher Züge von Typ-A-Individuen als Menschen, bei denen dies nicht der Fall war.
3. **Höhere Intelligenz:** Nahtoderfahrende haben nicht nur das Gefühl, klüger zu sein als vorher. Sie scheinen sich zu »höheren Wesen« entwickelt zu haben. Das gilt vor allem für Kinder, die eine Begegnung mit dem Tod und die zugehörige spirituelle Erfahrung reifer werden lässt.
4. **Zunahme übersinnlicher Fähigkeiten:** Im Durchschnitt hatten diejenigen, die zur NTE-Gruppe gehörten, vier Mal häufiger übersinnliche Erfahrungen als die Kontrollgruppe.[114]

Obwohl bei fast allen Nahtoderfahrenden eine Veränderung der Persönlichkeit festzustellen ist, wird diese Tatsache nicht als »außergewöhnlich« gewertet, sondern nur als Hinweis darauf, dass das »Außergewöhnliche« möglich ist. Für mich ist es mehr als das. Ich sehe darin einen Indikator, dass alle diese Erlebnisse die Möglichkeit eines sichtbaren und dauerhaften Wandels in sich bergen, der wiederum eine geteilte Erfahrung darstellt, die zwar weniger eindrücklich, aber dafür häufiger ist.

Vom Schlechten zum Besseren

Ob die NTE die Menschen nun klüger macht oder nicht, auf jeden Fall setzt mit ihr bei den Betroffenen ein enormes persönliches Wachstum ein. Und da dieses persönliche Wachstum eindeutig eine Veränderung zum Positiven bewirkt, zähle ich es zu den geteilten Todeserfahrungen.

Ein schlagendes Beispiel hierfür kenne ich aus meiner Praxis als Berater: Der Mann, den ich Nick nenne, war ein ausgemachter Betrüger. Seinen Angaben zufolge war er ein Krimineller, der schon alles gemacht hatte, von Zechprellerei bis hin zu Drogendeals. Seine kriminellen Aktivitäten hatten Nick ein schönes Leben ermöglicht. Er fuhr tolle Autos, war immer schick angezogen, hatte neue Häuser und keinerlei schlechtes Gewissen. Dann veränderte sich schlagartig sein ganzes Leben. An einem nebligen Morgen war er golfen, als sich plötzlich über ihm ein Gewitter zusammenbraute. Bevor er den Rasen verlassen und Schutz suchen konnte, traf Nick ein Blitz und »tötete« ihn. Er schwebte eine Weile über seinem Körper und spürte dann, wie er in einen dunklen Tunnel gezogen wurde, immer weiter auf ein Licht zu. Er kam auf einer Wiese heraus, wo er von Verwandten begrüßt wurde und anderen Leuten, die so hell strahlten »wie Campinglampen«.

Er begegnete einem Lichtwesen, das er zögerlich als »Gott« beschreibt. Dieses Wesen führte ihn durch eine Lebensrückschau. Er erlebte sein ganzes Leben nochmals und sah nicht nur sein Tun in 3-D-Optik, sondern konnte auch die Auswirkung seines Handelns auf andere sehen und fühlen.

Diese Erfahrung veränderte Nick. Während er sich später im Krankenhaus wieder erholte, wurde ihm bewusst, was er getan hatte. Bei dem Lichtwesen hatte er reine Liebe gespürt. Und er hatte das Gefühl, dass er, wenn er einst tatsächlich sterben würde, diesen Lebensrückblick wieder erleben würde und dass es sich nicht gut anfühlen würde, wenn er aus dem ersten nichts gelernt hätte.

Heute meint Nick: »Nun lebe ich mein Leben im Wissen, dass ich eines Tages eine zweite Lebensrückschau durchleben werde.«[115]

Von der Gier zur Güte

Eine andere Person, die durch eine NTE einen dramatischen Wandel durchlief, ist ein Mann, den ich hier Mark nennen möchte. Mark war sein Leben lang wie besessen vom Geldverdienen und seinem sozialen Status. Er hatte ein Medizintechnikunternehmen geführt und dabei immer auf hohe Verkäufe gesetzt, auf den schnellen Dollar. Die zugehörigen Serviceleistungen aber hatten ihn weniger interessiert.

In der Mitte seiner Vierziger hatte er dann einen schweren Herzanfall. Während dieser Erfahrung begegnete er seiner Großmutter und vielen anderen verstorbenen Verwandten, die ihm ihre reine Liebe schenkten.

Nachdem er wiederbelebt worden war, änderte sich seine Sicht aufs Leben grundlegend. Alles, was ihm bislang wichtig gewesen war, rückte in die zweite Reihe – weit hinter Familie, Freundschaften und Wissen.

Er erzählte mir, dass er »auf der anderen Seite« eine Vereinbarung mit einem Lichtwesen getroffen habe, dass er sich nicht mehr so sehr aufs Geld konzentrieren würde, sondern darauf, ein guter Mensch zu werden.

Ironischerweise brachte seine neue Haltung der Firma noch mehr Gewinne ein. »Ich bin ein netterer Mensch«, meinte er grinsend. »Die Menschen wollen einfach bei mir kaufen.«[116]

Forschende, die eine hohe Anzahl Nahtoderfahrender interviewt hatten, bestätigten die Nachwirkungen dieser Erlebnisse. Manchmal heißt es sogar, diese Menschen strahlten eine tiefe Gelassenheit aus. Als hätten sie einen Blick in die Zukunft getan und wüssten, dass alles gut gehen würde.

Formen persönlichen Wandels

Ich habe acht Formen persönlicher Veränderungen festgestellt, die sich nach einer Nahtoderfahrung einstellen können. Diese Veränderungen zeigen alle Nahtoderfahrenden, mit denen ich gesprochen habe. Und sie sind so offensichtlich, dass diese neue positive Haltung durchaus als Form einer GTE gelten kann.

Typ 1: Keine Angst vor dem Tod

Nach einem Nahtoderlebnis fürchten die Betroffenen den Tod nicht mehr. »Angst vor dem Tod« bedeutet für jeden Menschen etwas anderes. Manche stellen sich den Tod als massiven Schmerz vor. Andere machen sich Sorgen, wer sich um ihre Lieben kümmern wird, wenn sie nicht mehr da sind. Wieder andere fürchten das Ende des Bewusstseins. Menschen mit autoritärer Persönlichkeitsstruktur haben Angst vor dem Kontrollverlust, den der Tod mit sich bringt. Und viele fürchten die ewige Verdammnis, während andere Angst vor dem Unbekannten haben.

Wenn Nahtoderfahrende sagen, sie hätten ihre Angst vor dem Tod verloren, meinen sie meist: Sie haben keine Angst mehr, dass das Bewusstsein oder ihr Selbst mit dem Tod an ein Ende kommt. Was aber nicht bedeutet, dass die Betroffenen bald sterben möchten. Sie berichten vielmehr, dass die Erfahrung ihr Leben erfüllter und reicher macht, als es vorher war. Diejenigen, die ich persönlich kennengelernt habe, wollen eines mehr als alles andere: leben. Viele haben sogar den Eindruck, dass sie zum ersten Mal richtig leben. Oder wie eine betroffene Person sagte: »Nach meiner Erfahrung wurde mir klar, dass ich mein ganzes Leben Angst vor dem Tod gehabt hatte, und das hat mich daran gehindert, das Leben zu genießen.«[117]

Nahtoderfahrende, die die vorher beschriebene Lebensrückschau durchleben, erfahren auch, dass das Lichtwesen sie liebt und versorgt. Sie erkennen, dass dieses Wesen sie nicht verurteilt, sondern möchte, dass sie zu besseren Menschen werden. Das hilft ihnen, ihre Angst überwinden und sich darauf zu konzentrieren, liebende Menschen zu werden.

Das Lichtwesen, dem viele Menschen während einer Nahtoderfahrung begegnen, befiehlt ihnen nicht, dass sie sich ändern müssen. Aber nachdem ich Hunderte solcher Geschichten gehört habe, bin ich der Auffassung, dass die Menschen sich bereitwillig ändern, weil sie einfach in der Gegenwart des reinen Guten sind. Und das bewirkt, dass sie sich radikal verändern wollen.

Ein Nahtoderfahrender, mit dem ich sprach, war Geistlicher, und zwar von der Pech- und Schwefelfraktion. Er predigte seiner Gemeinde immer wieder, dass sie, glaubten sie nicht an eine bestimmte Form der Bibelauslegung, zum ewigen Höllenfeuer verdammt wären.

Als er durch seine NTE ging, sagte ihm das Lichtwesen seinen Worten zufolge, er solle seiner Gemeinde nicht mehr diese Art von Predigt halten. Wenn er von »Höllenfeuer und Verdammnis« rede, so das Wesen, dann mache er seiner Gemeinde das Leben zur Hölle. Als er als Prediger ans Pult zurückkehrte, verbreitete er eine neue Botschaft: die der Liebe und nicht der Angst.[118]

Die meisten Nahtoderfahrenden, die ich kennengelernt habe, sind seelisch gesünder als vor ihrem Erlebnis. Sie haben zum Beispiel keine Angst mehr vor Kontrollverlust. Sie wollen ihr Leben nicht mehr unter dem Diktat der Angst führen, weil sie nun wissen, dass es ein Leben nach dem Tod gibt. Und trotz ihres Vertrauens auf das Jenseits haben sie es keineswegs eilig, »abzukassieren« und ihr jetziges Leben so schnell wie möglich hinter sich zu lassen. Oder wie ein Nahtoderfahrender mir sagte: »Das bringt dich keineswegs dazu, loszurennen und dich vor einen Lastwagen zu werfen, um wieder ›dorthin‹ zu kommen. Ich habe trotz allem einen starken Überlebensinstinkt.«[119]

Typ 2: Die Bedeutung der Liebe verstehen

»Hast du gelernt zu lieben?«, ist eine Frage, die man fast allen Nahtoderfahrenden stellt, die auf die andere Seite gelangt sind. Und nach ihrer Rückkehr sagen fast alle, dass Liebe das Wichtigste im Leben sei. Viele Betroffene meinen sogar, sie sei der eigentliche Grund unseres Hierseins, das Markenzeichen von Glück und Erfüllung, neben dem andere Werte verblassten.

Wie Sie sich vielleicht vorstellen können, verändert diese Erkenntnis die Werte der Betroffenen radikal. Wenn sie engstirnig waren, sehen sie mit einem Mal jeden Menschen als geliebtes Wesen an. War materieller Reichtum bislang ihr höchstes Ziel, triumphiert darüber nun die brüderliche Liebe. Auf die ein oder andere Weise habe ich immer wieder gehört: »Diese Erfahrung begleitet dich jede Stunde, jeden Tag. Sie ist meinem Geist wie eingeimpft. Wenn ich auf jemanden wütend werde oder niedergeschlagen bin, dann erinnert mich meine Todeserfahrung daran, dass die Welt schön ist und jeder darin seine Aufgabe hat.«

Typ 3: Ein Gefühl universeller Verbundenheit

Nahtoderfahrende kehren aus ihrem Erleben mit dem Gefühl zurück, dass alles im Universum verbunden ist. Auch wenn es ihnen schwerfällt, dieses Gefühl zu definieren, so zeigen die meisten von ihnen doch eine ganz neue Achtung vor Natur und Umwelt.

Eine sehr schöne Beschreibung dieses Gefühls stammt von einem Versicherungsvertreter aus Georgia, der im Alter von 62 Jahren während eines Herzstillstands eine Nahtoderfahrung hatte: »Das Erste, was ich sah, als ich im Krankenhaus wieder erwachte, war eine Blüte. Sie war so schön, dass ich zu weinen begann. Ob Sie es glauben oder nicht: Ich hatte noch nie eine Blüte richtig angesehen, bevor ich vom Tod zurückkehrte ... Heute sehe ich einen Wald oder eine Blume oder einen Vogel an und sage mir: ›Das bin ich. Das ist ein Teil von mir.‹«[120]

Obwohl die Veränderungen, die ich Ihnen hier vorstelle, schon recht extrem erscheinen, werden Sie später noch von überraschenderen Erlebnissen erfahren: in Kapitel 5, wo es um Spontanheilungen geht.

Typ 4: Die Liebe zum Lernen

Nahtoderfahrende haben vielfach eine ganz neue Achtung vor Wissen. Manche meinen, das liege an ihrer Lebensrückschau. Das Lichtwesen habe ihnen gesagt, dass sie auch nach ihrem

Tod immer weiterlernen und dass Wissen etwas ist, das man mit sich nehmen kann. Andere wiederum schildern, dass im Leben nach dem Tod eine ganze Sphäre nur der leidenschaftlichen Ansammlung von Wissen diene.

Eine Frau beschrieb diesen Bereich im Jenseits als eine riesige Universität, an der die Menschen miteinander tiefe Gespräche über die Welt um sie herum führten. Ein Mann meinte, es sei ein Bewusstseinszustand, in dem einem alles, was man wissen wolle, zur Verfügung stünde. Wenn man etwas lernen möchte, dann erscheine es und »es ist da, damit du es lernen kannst«.[121] Er sagte, es sei fast so gewesen, als würde die Information in Bündeln von Gedanken vermittelt.

Und das könnten alle möglichen Informationen sein. Wenn ich zum Beispiel wissen wollte, wie es ist, Präsident der Vereinigten Staaten zu sein, dann würde ich mir diese Erfahrung nur wünschen müssen und schon stünde sie für mich bereit. Die beste Beschreibung, die ich dazu hörte, war, dass man zu einer Art Google würde.

Obwohl die meisten Nahtoderfahrenden berichten, dass Informationen sozusagen in ihr System downgeloadet wurden, erzählen sie auch, dass diese Information mit dem Erwachen wieder verschwindet: »Ich wusste einfach alles auf der Welt, aber ich konnte nicht alles mitnehmen.« Manche Menschen aber kehren mit einem Teil dieses Wissens zurück und das hat meistens mit Kunst zu tun. Ein Nahtoderfahrender, der danach zum erfolgreichen Künstler wurde, ist Moe Hunter aus Birmingham in England. Vor dem Jahr 2004 arbeitete er bei Burger King und zeigte kein Interesse an Kunst oder irgendwelche künstlerischen Fähigkeiten. Das änderte sich, als er eine tödliche Form bakterieller Gehirnhautentzündung bekam, der eine Tuberkulose im Gehirn folgte.

Diese Kombination verläuft gewöhnlich tödlich und Hunter wäre fast daran gestorben. Er lag mehr als einen Monat im Koma und sein Herz setzte aus. Nicht lange danach bildeten sich infolge der Infektion Flüssigkeitsansammlungen im Gehirn. Man musste ihm einen Stent legen, um die Flüssigkeit abzuleiten und den Druck vom Gehirn zu nehmen.

Moe Hunter genas schließlich und war danach ein neuer Mensch – buchstäblich. Vor dem Koma »konnte ich weder zeichnen noch kreativ schreiben oder all die Dinge machen, die ich seitdem getan habe«, erzählte er der örtlichen Zeitung. Nun macht Hunter all das und noch mehr. Aus Recyclingmaterial baut er Objekte der Popkultur nach wie Star-Wars- und Marvel-Figuren. Und auf der britischen Comic Con gehört er zu den bekannten Künstlern.[122]

Hunters Geschichte ist außergewöhnlich. Doch der kurze Kontakt mit neuem Wissen, den die meisten Nahtoderfahrenden erleben, verändert häufig ihr ganzes Leben. Es ist durchaus möglich, dass selbst ein kurzfristiger Zugang zu universellem Wissen bei den NTE-Erlebenden einen dauerhaften Wissensdurst auslöst, sobald sie in ihren Körper zurückkehren. Nicht selten ergreifen sie dann einen anderen Beruf oder machen eine neue Ausbildung.

Typ 5: Ein neues Gefühl der Kontrolle

Menschen, die eine NTE hatten, werden gewöhnlich sehr sensibel, was die unmittelbaren und langfristigen Folgen ihres Handelns angeht. Der dramatische Lebensrückblick aus der Perspektive einer dritten Person ermöglicht ihnen, ihr Leben objektiv zu beurteilen.

Nahtoderfahrende erzählen mir, dass sie in der Lebensrückschau ihr Leben wie auf einem Bildschirm verfolgen konnten. Häufig erhalten sie dabei Einblick in die Emotionen aller Beteiligten. Sie sehen, wie scheinbar unzusammenhängende Ereignisse doch aufeinander bezogen sind, und können ihr »richtiges« oder »falsches« Handeln kristallklar erkennen. Diese Erfahrung machte ihnen klar, dass sie am Ende ihres Lebens jede ihrer Handlungen aktiv und passiv wiedererleben werden.

Mir ist noch niemand begegnet, der angesichts dieser Erfahrung nicht vorsichtiger wird, was sein Handeln angeht. Dieses Verantwortungsbewusstsein ist durch und durch positiv und hat nichts mit Zwanghaftigkeit und Schuldgefühlen gemein.

Eine Frau, die an ihrem 23. Geburtstag eine Nahtoderfahrung machte, erzählte mir kurz nach ihrem Uni-Abschluss Folgendes:

> *Das Wichtigste, was diese Erfahrung mir gezeigt hat, ist, dass ich für alles, was ich tue, selbst verantwortlich bin. Als ich da mein Leben vor mir ablaufen sah, gab es keine Entschuldigungen oder Rechtfertigungen mehr. Und nicht nur das. Ich erkannte, dass Verantwortung nichts Schlechtes ist und dass ich mich nicht davor drücken oder meine Fehler auf andere Menschen abwälzen kann. Es ist schon komisch, aber meine Fehler sind mir richtig ans Herz gewachsen. Eben weil sie meine sind und ich verflixt noch mal aus ihnen lernen werde, koste es, was es wolle …*
>
> *Es ist an jedem Tag meines Lebens eine echte Herausforderung: zu wissen, dass ich, wenn ich sterbe, jede einzelne Handlung noch einmal sehen werde. Und dass ich die Auswirkungen spüren werde, die mein Tun auf andere hat. Da wird man schon nachdenklich. Aber ich habe keine Angst davor. Ich genieße es sogar.*[123]

Natürlich ist nicht jeder Mensch so begeistert, wenn er an seine bevorstehende Lebensrückschau denkt. Ich habe auch mit Menschen gesprochen, denen diese Aussicht Angst macht. Einige dieser Menschen haben als Kinder Missbrauch erfahren oder haben selbst Kinder missbraucht. Bei meinen Besuchen im Gefängnis habe ich mit Mördern und anderen Verbrecherinnen gesprochen, die kreidebleich wurden bei der Vorstellung, sie müssten die Fehler, die sie ins Gefängnis brachten, erneut durchleben.

Ich erinnere die Menschen, die Angst vor der Rückschau auf ihr Leben haben, immer daran, dass jedes Leben, wie gut es auch sei, dunkle Flecken hat, die schwer auszuhalten sein können.

Doch eine Lebensrückschau beinhaltet etwas, das diese schmerzhaften Erinnerungen erträglich macht. Jeder Mensch, der sie erlebt hat und mit dem ich gesprochen habe, erzählt von einem Lichtwesen, das ihnen dabei beisteht. Dieses Lichtwesen ist ein gütiger Ratgeber, der Verständnis für Verfehlungen hat und den Menschen trotzdem seine Liebe schenkt.

Nach ihrem Lebensrückblick fühlen die Nahtoderfahrenden sich geliebt und verstanden. Es ist dieses Gefühl der Liebe, das am Ende bleibt und einen sichtbaren Wandel bewirkt. Dieser erkennbare Aspekt der Lebensrückschau macht sie zu einer objektiv positiven Erfahrung, die auch von Außenstehenden beobachtet werden kann.

Typ 6: Konzentration auf die kleinen Freuden

Ein »Gefühl der Dringlichkeit« – das erwähnen viele Nahtoderfahrende. Meist geht es dabei um die Kürze und Zerbrechlichkeit des Lebens. Oder um das Leben in einer Welt, in der einige wenige Menschen eine enorme Zerstörungsmacht in Händen halten. Doch neben diesen »großen« Fragen geht es auch häufig um die »kleinen Freuden« im Leben – den Hund zu streicheln oder einen langen Spaziergang zu machen, die Schönheit der Natur zu betrachten oder eine köstliche Mahlzeit zu genießen. Darin steckt eine klare Botschaft: Unsere Reaktion auf all diese kleinen Dinge können wir kontrollieren – und sie erfüllt uns mit tiefer Wertschätzung für das Leben. So gelingt es, das Leben voll auszukosten.

Wie diese kleinen Dinge in der Lebensrückschau auftreten, zeigt die Geschichte einer Frau, die sich an den Moment erinnerte, als sie ein kleines Mädchen fand, das sich im Kaufhaus verlaufen hatte. Das Mädchen weinte. Die Frau setzte sie auf einen Verkaufstisch und sprach mit ihr, bis ihre Mutter sie wiedergefunden hatte.

Sicher, keine weltbewegende Angelegenheit. Aber gerade diese Dinge, die man tut, ohne groß nachzudenken, stellen sich im Lebensrückblick immer als wichtig heraus.

Offensichtlich fragt das Lichtwesen häufig: »Was war in deinem Herzen, während dies geschah?« Als wollte das Lichtwesen sagen, dass diese einfachen Akte der Güte, die aus ganzem Herzen kommen, die wichtigsten sind, weil sie vollkommen ehrlich sind.

Typ 7: Eine stärker entwickelte Spiritualität

Eine Nahtoderfahrung führt fast immer zu spiritueller Neugier. Daher fangen viele Nahtodbetroffene an, die spirituellen Lehren der großen religiösen Denker zu studieren. Das soll nun nicht heißen, dass sie zu tragenden Säulen der örtlichen Kirche werden. Ganz im Gegenteil, viele lösen sich von den Dogmen der organisierten Religion.

Ein prägnanter und nachdenklich machender Bericht über eine solche Erfahrung stammt von einem Mann, der vor seiner NTE im Priesterseminar studiert hatte.

> *Mein Arzt sagte mir, ich sei während der Operation »gestorben«. Ich entgegnete, ich sei vielmehr erst lebendig geworden. Ich sah in dieser Vision, was für ein verklemmter Arsch ich war mit all der Theologie. Ich sah auf jeden herunter, der nicht zu meiner Glaubensgemeinschaft gehörte oder nicht die gleichen theologischen Ansichten teilte wie ich.*
>
> *Viele Menschen werden ziemlich erstaunt sein, wenn sie entdecken, dass das, was in unseren Herzen ist, wichtiger ist als der Inhalt unseres Kopfes.*[124]

Typ 8: Der Wiedereintritt in die »wirkliche« Welt

Die Wiederanpassung an die profane Welt nenne ich das »Wiedereintrittssyndrom«. Und warum sollten NTE-Betroffene keine Schwierigkeiten haben, sich wieder auf die normale Welt einzustellen? Fast zu sterben und einen Blick in ein spirituelles Paradies zu erhaschen, nur um dann wieder ins »wirkliche Leben« zurückzukehren, das würde von jedem Menschen eine Anpassungsleistung fordern.

Vor über 2000 Jahren hat Platon dieses Syndrom in *Der Staat* beschrieben. In diesem Text lädt er uns ein, uns eine unterirdische Welt vorzustellen, in die die Menschen seit ihrer Geburt verbannt sind. Sie blicken auf die Wand einer Höhle und erkennen nur die Schatten von Objekten, die sich vor dem flackernden Feuer hinter ihnen bewegen.

Nehmen wir mal an, so Platon, einer dieser Gefangenen würde von seinen Fesseln befreit und könnte die Höhle verlassen. Er würde unsere Welt und ihre Schönheit kennenlernen. Wenn er dann zurück müsste in die Schattenwelt, würde man ihn auslachen, wenn er von seinen Erlebnissen draußen berichtete. Schließlich haben seine Leidensgenossen die Höhle ja noch nie verlassen. Anders ausgedrückt, er hätte danach Schwierigkeiten, mit den Dogmen seiner alten, restriktiveren Welt zurechtzukommen.[125]

Mit ebendiesen Problemen habe ich in meiner Praxis als Psychiater zu tun. Ich helfe Menschen, die unübliche spirituelle Erfahrungen hatten, diese in ihr Leben zu integrieren.

So wollen viele zum Beispiel nicht hören, was Nahtoderfahrende zu berichten haben. Das verstört sie nur, und manchmal denken sie sogar, dass die betreffende Person den Verstand verloren hat. Doch aus der Sicht der Nahtoderfahrenden ist etwas unglaublich Wichtiges passiert. Etwas, das ihr Leben verändert hat, und trotzdem schenkt ihnen niemand verständnisvoll Gehör. Dabei bräuchten sie nur einfach eine Person, die mit diesen Dingen Erfahrung hat und ihnen zuhört.

Erstaunlicherweise erhalten Menschen mit Nahtoderfahrung wenig Unterstützung vom Partner beziehungsweise von der Partnerin oder der Familie, wenn es darum geht, dieses Erlebnis zu verarbeiten. Die nicht zu übersehenden Veränderungen in der Persönlichkeit der Betroffenen verursachen nicht selten Spannungen innerhalb der Familie. Schließlich ist es beinahe so, als sei man plötzlich mit einem anderen Menschen verheiratet oder habe jemand anderen als Vater beziehungsweise Mutter.

Auf einer Konferenz habe ich folgende Geschichte gehört:

Als ich »zurückkam«, konnte niemand mit mir etwas anfangen. Als ich den Herzanfall bekam, war ich ein von Zorn Getriebener. Wenn etwas nicht nach meinem Kopf ging, konnte ich damit nicht leben. Und zwar sowohl zu Hause als auch in der Arbeit. Falls meine Frau nicht pünktlich fertig wurde, wenn wir irgendwo hinmussten, bekam ich einen Wutanfall und vermieste ihr auf die ein oder andere Weise den ganzen restlichen Abend.

Warum sie sich das gefallen ließ, weiß ich auch nicht. Ich glaube, sie hat sich mit der Zeit einfach damit abgefunden. Nach meiner NTE kam sie mit meiner nun entspannten Haltung überhaupt nicht zurande. Ich schrie sie nicht mehr an. Ich drängelte sie und auch andere Leute nicht mehr. Plötzlich kam ich mit jedem Menschen aus und diese Verwandlung konnte sie kaum ertragen. Es brauchte viel Geduld von meiner Seite, damit unsere Ehe nicht auseinanderging. Sie sagte immer wieder: »Seit deinem Herzanfall bist du so anders geworden.« Ich glaube, was sie eigentlich sagen wollte, war: »Du bist verrückt geworden.«[126]

Wie man einen Nahtoderfahrenden unterstützen kann

In den 1990er-Jahren veranstaltete ich in Seattle eine Konferenz über den Umgang mit Menschen, die eine NTE gemacht hatten. Die Konferenz war öffentlich, es kamen aber auch viele Angehörige medizinischer Berufe. Auch Melvin Morse und Paul Perry waren unter den Teilnehmenden. Während einer Podiumsdiskussion erarbeiteten wir gemeinsam Leitlinien, wie man mit den Veränderungen umgehen kann, die eine NTE automatisch mit sich bringt. Die folgenden Verhaltensregeln sollen Betroffenen helfen, eine NTE zu verarbeiten und schätzen zu lernen.

1. **Lassen Sie die Betroffenen offen über ihre Erfahrungen reden.**
   Hören Sie mitfühlend zu, und lassen Sie die Person so viel darüber sprechen, wie sie möchte. Nutzen Sie die Situation nicht, um über Ihre eigenen Sorgen und Bedenken über das Leben nach dem Tod zu sprechen oder Ihre persönlichen Theorien darüber darzulegen. Der oder die Nahtodbetroffene hat eine äußerst intensive Erfahrung gemacht. Er oder sie braucht jemanden, der ihn oder sie erzählen lässt, wie alles wirklich war.
2. **Machen Sie den Betroffenen klar, dass sie mit dieser Erfahrung nicht allein sind.**
   Sagen Sie der Person, dass diese Erfahrungen vergleichsweise häufig vorkommen und dass viele der Betroffenen durch sie gewachsen sind.
3. **Sagen Sie den Betroffenen, worum es bei dieser Erfahrung geht.**
   Obwohl Millionen Menschen schon eine NTE gemacht haben, wissen nur wenige, worum es sich dabei wirklich handelt. Sollte das auf die Person in Ihrem Leben zutreffen, können Sie ihr sagen, dass sie eine Nahtoderfahrung gehabt hat. Schon dass es dafür einen klinischen Begriff gibt, wird

die Nahtoderfahrenden in die Lage versetzen, dieses ebenso unerwartete wie erschütternde Erlebnis zu verarbeiten.

4. **Holen Sie die Familie mit ins Boot.**
   Die meisten NTEs bringen massive Veränderungen mit sich. Das kann für die Familie schwierig sein, auch wenn die Veränderung an sich positiv ausfällt. So können Eltern, die vor der NTE knallharte Typ-A-Persönlichkeiten waren, plötzlich zu sanftmütigen Typ-B-Menschen werden. Wenn man daran gewöhnt war, dass besagte Person fordernd und angespannt war, fällt die Umstellung nicht leicht. Daher sollte die ganze Familie an diesem Gespräch teilnehmen, damit alle Beteiligten die emotionalen Aspekte dieses Erlebens verstehen können.
5. **Lassen Sie die Betroffenen ich mit anderen Nahtoderfahrenden treffen.**
   Ich persönlich finde es gut, wenn Menschen, die gerade eine NTE hatten, mit anderen reden, die schon früher eine Nahtoderfahrung gemacht haben. Solche Gruppensitzungen gehören zu den erstaunlichsten Gesprächsgruppen, die ich je geleitet habe. Als hätte man eine gemeinsame Reise in ein anderes Land gemacht und würde die anderen über die persönlichen Erfahrungen ins Bild setzen. Es ist immer gut, wenn ein Arzt oder eine Ärztin die entscheidenden Punkte erklärt. Eine solche Gruppe sollte etwa vier Personen umfassen, die sich dann über die spannenden wie auch die problematischen Aspekte ihrer NTE austauschen können.
6. **Bringen Sie Nahtoderfahrende und ihre Partnerinnen bzw. Partner mit anderen Paaren zusammen, von denen ein Partner beziehungsweise eine Partnerin eine NTE hatte.**
   Um Stress vorzubeugen, bringe ich in einer solchen Gruppe manchmal Nahtoderfahrende und deren Partner beziehungsweise Partnerinnen zusammen, damit sie über die Auswirkungen der NTE auf ihre Familie sprechen können. Dann stellen sie fest, dass andere Paare vor den gleichen

Herausforderungen stehen und mit diesem neuen Menschen zurechtkommen müssen, der die oder der Betroffene durch ihre oder seine NTE geworden ist.

7. **Empfehlen Sie Betroffenen Lektüre über die Nahtoderfahrung.**
Das ist sozusagen eine »Bibliotherapie«. Da Nahtoderfahrende einen spirituellen Wandel erfahren, sind meiner Ansicht nach gute Bücher über das Thema für sie eine Möglichkeit, die Vielfalt dieser Erfahrung zu begreifen und sich in aller Ruhe über das von ihnen Erlebte Gedanken zu machen.[127]

Erkennbare Veränderungen

Wenn es um Veränderungen der Person geht, scheinen sich bisher alle Studien nur mit Veränderungen nach einer Nahtoderfahrung zu beschäftigen, nicht jedoch mit solchen infolge einer geteilten Todeserfahrung (GTE). Mittlerweile halte ich es aber für sinnvoll, diese erkennbaren Veränderungen auch als Teil einer GTE zu betrachten, da diese ja viele NTE-Elemente enthält. Erst wenn wir diese Elemente und ihre Auswirkung auf die Betroffenen verstehen, können wir auch begreifen, wieso sich ihr Blick auf Leben und Tod so sehr verändert.

Auf längere Sicht

Ein Beispiel dafür findet sich in einem Fallbericht, den Melvin Morse aufgenommen hat. Nennen wir die Betroffene einfach Darla. Sie lebte in den 1950ern im Mittleren Westen der Vereinigten Staaten. Sie stand vor einer eigentlich simplen Operation, nämlich der Entfernung der Rachenmandeln. Doch gab es damals dort, wo sie lebte, kein Krankenhaus, in das sie gehen wollte. Stattdessen ließ sie den Eingriff in einer Arztpraxis vornehmen, wo sie mit Äther betäubt und dann auf dem Untersuchungstisch operiert werden sollte. Allerdings verwendete der Arzt zu viel Äther und Darlas Herz stand plötzlich still.

Darla erlebte daraufhin einiges, was wir mittlerweile als häufige Elemente einer Nahtoderfahrung kennen: ein dunkler Tunnel, Angezogensein von einem Licht, ein Gefühl tiefen Friedens. Sie wäre am liebsten dortgeblieben, dann aber dachte sie an ihre Familie, die sicher sehr traurig wäre. Also kehrte sie zurück, hatte aber einen ganz neuen Blick auf das Leben:

> *Als ich ins Leben zurückkehrte, wusste ich, dass ich im Himmel gewesen war. Von da an wurde für mich alles anders. Ich nahm alles viel lockerer als meine Schwestern. Sie regten sich immer über alles Mögliche auf, zum Beispiel, ob sie Dates hatten oder nicht. Mich interessierte das überhaupt nicht.*
>
> *Ich glaube, der Unterschied war, wie ich die Zeit sah. Das hatte sich nach meinem Erlebnis stark verändert. Mir war klar geworden, dass die Zeit, wie wir sie auf der Uhr sehen, nicht die eigentliche Zeit ist. Was wir für eine lange Zeit halten, ist in Wirklichkeit nur ein Sekundenbruchteil. Dieses Denken ließ mich weniger materialistisch werden.*[128]

Ein neuer Pachtvertrag

Und noch ein Fall aus Morses Klassiker *Closer to the Light*, in dem er die Objektivität der transformativen Wirkung der NTE unterstreicht. Es geht dabei um ein sechzehnjähriges Mädchen namens Annie, das unter starken Depressionen litt. Annies Mutter hatte sich das Leben genommen. Ein paar Jahre später wollte Annie es ihrer Mutter gleichtun. Und zwar auf dieselbe Weise wie ihre Mutter: »Ich nahm eine Handvoll Barbiturate und schluckte sie mit massenhaft Wodka runter.«[129] Dankenswerterweise bedeuten Tabletten nicht immer ein unmittelbares Todesurteil. Und Annie hatte sie auch während einer Party genommen. Die übrigen Partygäste brauchten zwar einige Zeit, um zu begreifen, was mit Annie los war, reagierten aber dann doch:

Ein paar Leute verfielen in Panik. Zwei Jungen trugen mich ins Badezimmer, eine meiner Freundinnen steckte mir die Finger in den Hals, damit ich mich in die Badewanne erbrach. Niemand wollte die Polizei holen, also beschlossen sie, mich wach zu halten und mich unter die Dusche zu stellen. Sie drehten das Wasser auf und redeten immer weiter mit mir.

Es dauerte eine Weile, bis ich begriff, dass ich meinen Körper verlassen hatte und zur Decke schwebte. Ich war nicht allein. Da war noch jemand anderer, ein Schutzengel oder so etwas. Wir bestanden beide aus Licht. Ich fühlte mich dreidimensional und ich schien aus etwas zu bestehen, das nicht fest war. Eher wie Gelatine.

Ich weiß noch, dass ich Liebe und Frieden empfand. So als wäre ich all der Anspannung und Frustration in meinem Leben entkommen. Irgendwie war es, als würde mich ein Licht umhüllen. Es war ein wunderbares Gefühl.

In diesem Moment war ich meinem Schutzengel sehr nahe. Ich konnte meinen Körper nicht mehr sehen oder überhaupt irgendetwas auf der Erde. Ich war einfach nur bei meinem Engel. Er redete nicht, aber kommunizierte trotzdem mit mir. Er zeigte mir die Schönheit meines Körpers und die aller Körper. Es hieß, mein Körper sei ein Geschenk und ich solle auf ihn aufpassen, nicht ihn umbringen. Nachdem ich das gehört hatte, schämte ich mich für das, was ich getan hatte und [hoffte], dass ich weiterleben könnte. Ich begann, das Licht um Leben anzuflehen. Das Gefühl der Liebe, das ich daraufhin verspürte, war stärker als alles, was ich bis dahin gekannt hatte. Sogar stärker als die Liebe zu meinen Kindern.[130]

Was Sie bis jetzt über Annie erfahren haben, ist keine geteilte Todeserfahrung. Es gibt keine Möglichkeit, objektiv zu belegen, dass der »Schutzengel«, dem sie begegnete, wirklich existierte oder dass sie und der Engel wirklich aus Licht bestanden. Weil niemand außer ihr diesem Wesen begegnete und niemand außer ihr die außerkörperliche Erfahrung machte, kann man höchstens belegen, dass diese in ihrem Geist existiert.

Nach Annies Nahtoderfahrung allerdings stellte sich eine objektive, geteilte Todeserfahrung ein. Die GTE bestand darin, dass Annie danach ein anderer Mensch war. Sie wurde verändert von dem, was sie gesehen hatte, und das bewirkte einen dauerhaften Wandel in ihrem Leben, den auch *andere* bemerkten.

Die objektive Erfahrung kam, als Annie ihrem Freund (der sie betrog, was der letzte Anlass war, der sie zu ihrem Selbstmordversuch getrieben hatte) sagte, dass er sich verziehen solle. Sie hörte auf zu trinken und Drogen zu nehmen. Das Resultat war, dass sie neue Freunde fand und die Schule beziehungsweise das Leben ernster nahm. Sie dachte nicht länger nur an den Selbstmord ihrer Mutter. Und wenn sie merkte, dass sie wieder drohte, in ihr altes Partyleben mit Alkohol und Drogen abzudriften, erinnerte sie sich an den Rat, den der Engel ihr gegeben hatte: dass das Leben eine Reihe von Prüfungen ist, die man durchaus be- und überstehen kann.

»Unmittelbar nach der Erfahrung hatte ich das Gefühl, im Leben eine Aufgabe zu haben, so als sei ich geboren worden, um etwas Bestimmtes zu vollbringen«, erzählte Annie Dr. Morse. »Diese Erfahrung schenkte mir eine innere Energie, die mich seitdem nie mehr verlassen hat.«[131]

Warum das transformative Licht auf ein Leben nach dem Tod hinweist

Der Lauf, den die Dinge für Darla und Annie nahmen, erinnert stark an Ebenezer Scrooge, den Superstar in Sachen Wandlung, vom Beginn dieses Kapitels. Er nahm seine NTE ernst und gründete darauf sein weiteres Leben. Bald, so Dickens, »wanderte er weiter durch die belebten Straßen, streichelte Kindern die Köpfe, plauderte mit Bettlern und lugte neugierig in Kellerküchen. Nie hätte er sich träumen lassen, dass ein Spaziergang – ja, dass überhaupt etwas ihm solche Freude machen konnte.«[132]

Ich habe immer geglaubt, auch schon als Kind, dass uns manche Teile von uns selbst verborgen sind. Der Prozess, mich selbst kennenzulernen, kam mir immer so vor, als würde ich Schicht um Schicht des Unbekannten abtragen und mich für die geheimen und unerwarteten Bereiche in meinem Innern öffnen. Die persönlichen Metamorphosen, von denen Menschen mit Nahtoderfahrungen berichten, können für alle, die davon erfahren, zur Inspiration werden. Diese Transformationen sind eine Brücke, die uns mit einer Sphäre jenseits der physischen Existenz verbindet, denn um zu diesem Bereich zu gelangen, müssen wir alle uns wandeln. Und dies ist für mich ein weiterer Beleg dafür, dass es sich dabei um eine Sphäre nach dem Tod handelt.

Wie jemand über das Leben nach dem Tod denkt, hängt weitgehend davon ab, in welcher Lebensphase die Person sich befindet: Ist sie schon älter und denkt schon deshalb darüber nach, was bald sein könnte? Oder ist etwas passiert, das diese Frage nahelegt? Platon hat ebenfalls beobachtet, dass Menschen über den Tod nachzudenken beginnen, wenn sie selbst oder ein lieber Mensch an der Schwelle des Todes stehen, was nur logisch ist.[133] Ich persönlich habe nur wenige Menschen kennengelernt, die sich aus reiner Neugier für das Leben nach dem Tod interessieren. Daher: Ja, ich denke, dass die Art und Weise, wie wir über das Leben nach dem Tod denken, eine starke Entwicklungskomponente enthält.

Eine weitere interessante Tatsache, die mir aufgefallen ist, ist zweifellos diese: Je älter Menschen werden, desto wahrscheinlicher ist es, dass sie ein Gespür für einen anderen Existenzbereich entwickeln. Das kann durch Nahtoderfahrungen geschehen (was wir beschrieben haben), aber auch durch mystische Erlebnisse, bei denen die Menschen ebenso in eine andere Sphäre der Wirklichkeit übergehen wie bei den hier ebenfalls beschriebenen außerkörperlichen Erfahrungen. Diese Erfahrungen wirken normalerweise derart real, dass die gewöhnliche Welt daneben beinahe unwirklich erscheint.

Mir scheint, dass es mit den Jahren immer natürlicher wird, die Existenz einer jenseitigen Welt zu »fühlen«.

Und doch ist all diesen Erfahrungen gemein, dass selbst die klügsten und wortgewaltigsten Menschen über sie sagen, sie fänden keine Worte, um sie zu beschreiben. Das wiederum lässt mich annehmen, dass diese Erfahrungen nicht nur uns selbst verwandeln, sondern auch unsere Sprache.

5
Grund 4: Die Klarsicht am Lebensende

Die Medizin steht nun vor der Aufgabe, ihr Tätigkeitsfeld zu erweitern … Ärzte müssen sich notwendigerweise mit Philosophie auseinandersetzen.

Dana Farnsworth

In meiner medizinischen Laufbahn habe ich viele Patientinnen und Patienten erlebt, die vom Tod wiederauferstanden sind. Das trifft wohl auf jeden Arzt und jede Ärztin zu. Dr. Michael Nahm definierte als Erster die »terminale Luzidität« (TL) als einen höchst lebendigen Zustand, der sich kurz vor dem Tod einstellt, auch wenn manchmal kaum noch andere Lebenszeichen wie Gehirnwellen zu erkennen sind. Nachdem dieser Zustand einen Namen und eine Definition erhalten hatte, entwickelte er sich zu einem wichtigen Teil der Bewusstseinsforschung. Im Rahmen einer TL können Außenstehende beobachten, wie die Lebenskraft eines Menschen verlischt, nur um dann wieder zurückzukehren. Dies macht sie zur geteilten Todeserfahrung.

Ein Funke Leben

Ein Patient auf dem Sterbebett kommt aus heiterem Himmel wieder zu Bewusstsein und beweist eine erstaunliche Klarheit. Er begrüßt die an seinem Bett Sitzenden mit einem Winken oder ein paar ruhigen Worten. Er setzt sich vielleicht im Bett auf und redet mit den Angehörigen. Manche stehen sogar auf und gehen im Raum umher, während sie mit den verblüfften Familienmitgliedern sprechen. Diese denken natürlich, ihr todkranker Angehöriger hat es trotz aller Erwartungen doch geschafft und kommt nun bald nach Hause. Das ist die terminale Luzidität.

Doch der Betroffene kommt leider nicht wieder nach Hause. Tatsächlich steigt er üblicherweise wieder in sein Bett und stirbt wenige Stunden später. Zurück bleiben die Anwesenden, die sich fragen, wie einem so kranken Menschen ein derartiges kurzes Comeback möglich ist.

Ein kurzer Blick

Einer der Extremfälle von terminaler Luzidität ist jener von Anna Katharina Ehmer, einer 26-jährigen Deutschen, die Anfang des 20. Jahrhunderts lebte. Nachdem sie als Kind eine schwere Gehirnhautentzündung gehabt und davon dauerhafte Schäden davongetragen hatte, lebte sie in einer Nervenheilanstalt. Eine ihrer Pflegerinnen meinte, Käthe, wie man sie nannte, hätte »zu den Patienten mit den schwersten geistigen Einschränkungen gehört, die je in diesem Institut gelebt haben«. Sie habe nie gesprochen und »wir haben nie gesehen, dass sie sich auch nur im Geringsten für ihre Umgebung interessiert hat«.[134]

Und doch war Käthe an ihrem Todestag, dem 1. März 1922, geistig vollkommen klar. Direktor Friedrich Happich wurde »von einem unserer Ärzte, der sowohl als Arzt wie auch als Psychiater hohes Ansehen genießt«,[135] in Käthes Zimmer gerufen. Käthe äußerte sich sprachlich ganz klar und vernünftig.

Sie sang sogar ein Kirchenlied aus dem 19. Jahrhundert. Happich schrieb:

> *Käthe, die nie auch nur ein einziges Wort gesprochen hatte, sang [...] sich im Sterben selbst Lieder vor. Vor allem sang sie immer wieder: »Wo findet die Seele ihr Heim, ihren Frieden? Frieden, Frieden, himmlischer Frieden!« Eine halbe Stunde lang. Ihr Gesicht, das bis dahin immer starr gewirkt hatte, war vollkommen verwandelt und vom Geist erfüllt. Dann starb sie ganz ruhig. Ich, die Krankenschwester, die sie versorgte, und der Arzt, wir alle hatten Tränen in den Augen.*[136]

Und andere sagten zu Käthes Tod:

> *Uns erschien das wie ein Wunder. Noch größer allerdings war das Wunder, dass Käthe, die bis dahin nie auch nur ein Wort geäußert hatte, plötzlich den Text des Liedes klar und verständlich sang. Dr. W. [Wittneben] sagte immer wieder: »Aus medizinischer Sicht stehe ich hier vor einem Mysterium. Käthe hatte so viele schwere Hirnhautentzündungen, dass sie anatomische Veränderungen im Gewebe des Kortex verursachten. Es ist völlig unverständlich, wie die sterbende Frau mit einem Mal so klar und verständlich singen konnte.«*[137]

Innerhalb kurzer Zeit war die plötzlich erwachte – und nicht nur erwachte, sondern auch verwandelte – Anna Katharina Ehmer tot.

Happich und Wittneben waren von Ehrfurcht über das Geschehen erfüllt. Zu jener Zeit waren die Nazis in Deutschland im Aufstieg begriffen, zu deren Programm es gehörte, alle geistig und seelisch erkrankten Menschen in Deutschland zu töten. Ein Plan, gegen den Happich und Wittneben protestierten. Sie wussten, dass auch geistig kranke Menschen immer noch eine Persönlichkeit und daher ein Recht, zu leben, haben. Um Beweise für ihre Behauptung beizubringen, durchforsteten Happich und Wittneben die medizinische Fachliteratur nach Fällen von terminaler Luzidität und suchten nach Zeugen, die sie bestätigen konnten. Einer dieser Fallberichte, die man zur Verteidigung geistig erkrankter Menschen ins Feld führte, war der eines zwanzigjährigen Mannes, der seit vierzehn Jahren in einer Nervenklinik lebte und »mentale Defizite« hatte. Und doch fing auch er plötzlich zu singen an. Er verkündete, er würde bald »in den Himmel gehen«. Dann stimmte er ein Lied an und starb.[138]

Happichs Tochter verfasste eine Biografie ihres Vaters. Sie erinnerte sich noch gut an seinen Kampf gegen die Euthanasie mental Erkrankter und an die Rede, die er 1932 vor der Arbeitsgruppe für Fragen der Eugenik gehalten hatte:

> *Ich habe viele praktisch vernichtende Erfahrungen gemacht, einige davon zusammen mit dem Chefarzt unserer Institution, Dr. Wittneben. Diese Erfahrungen haben mir gezeigt, dass selbst der Unglücklichste […] ein verborgenes Innenleben hat, das genauso wertvoll ist wie das meine. Nur dass die zerstörte Oberfläche diese Person daran hindert, das nach außen zu zeigen. Gerade in den letzten Stunden vor dem Tod fallen alle krankhaften Erscheinungen weg und offenbaren bei den Betroffenen ein inneres Leben von solcher Schönheit, dass wir nur fassungslos davorstehen können, bis ins Mark erschüttert. Für jemanden, der solche Ereignisse mitangesehen hat, ist damit die Frage der gesetzlich kontrollierten Euthanasie vom Tisch.*[139]

Wittnebens Einschätzung von Käthe und anderen Fällen terminaler Luzidität stützte die Meinung seines Kollegen. »Wer je etwas Derartiges erlebt hat, […] weiß, dass wir irdischen Menschen das

Leib-Seele-Problem nicht lösen können. Und er weiß, dass wir eine besondere Verantwortung für die Seelen der geistig Kranken haben, die an ihren zerbrechlichen Körper gebunden sind.«[140]

Definiert und anerkannt

Zu Käthes Lebzeiten passte ihre TL-Geschichte in keine bekannte Erfahrungskategorie. In anderen Fällen erlaubt die medizinische Terminologie eine klare Diagnose und Abgrenzung – zum Beispiel einer Erkältung von einer Grippeerkrankung –, doch für das Phänomen der terminalen Luzidität fehlten Name und Beschreibung. Manchmal sprach man vom »Aufflackern vor dem Tod«, eine Beschreibung, die tatsächlich im Jahr 2009 für die TL gebraucht wurde.[141] In Osteuropa kategorisierte man sie als »Irresein«.[142] In Italien sprach man gar von »Besessenheit durch Dämonen«.[143]

In den Anfangstagen meiner medizinischen Laufbahn nannte man die TL eine »fey«-Erfahrung, was so viel heißt wie die Erfahrung eines Menschen, der »todgeweiht« ist. Doch diese »Entrückungserfahrungen« wurden meines Wissens nie erforscht. Nach damaliger medizinischer Lehrmeinung galten sie als der letzte Adrenalinschub, der vor dem Tod erfolgte. Der ärztlichen Gemeinschaft war nicht klar, dass diese Episoden komplex waren und mit Fragen zusammenhingen, denen die Medizinerzunft lieber aus dem Weg ging, wie zum Beispiel, ob die Seele den Tod des Leibes überlebt. Ich fand schnell heraus, dass fast jeder, der schon mal auf einer Intensivstation gearbeitet hatte, solche Erfahrungen kannte. Auf Nachfragen räumten einige von ihnen sogar ein, sie hätten beobachtet, wie die Sterbenden »ein Licht umgab«, bevor diese ungewöhnliche Klarheit aufgetreten sei.

Die Einstellung zu diesem unglaublichen und doch recht häufigen Phänomen änderte sich erst, als Wissenschaftler wie Michael Nahm neue Informationen dazu veröffentlichten. Nahm forschte 2009 am Institut für Grenzgebiete der Psychologie und Psychohygiene in Freiburg. Als er die staubigen Archivboxen mit alten medizinischen Akten durchsuchte, stieß er auf den Fall Käthe. Nahms Arbeit stellte einen Durchbruch dar. Er gab dem Phänomen einen Namen (»terminale Geistesklarheit«) und definiert es als »das (Wieder-)Auftreten von normalen oder unüblich gesteigerten geistigen Fähigkeiten bei verwirrten, bewusstlosen oder geistig erkrankten Patienten kurz vor dem Tod, zu dem eine bemerkenswerte Stimmungsverbesserung und spirituelle Berührtheit gehört sowie die Fähigkeit, in einer vormals unüblichen vergeistigten und freudig erregten Weise zu sprechen«.[144] Es hat sich gezeigt, dass die Untersuchung des Phänomens wichtig ist. Mittlerweile sind daraus weitere Forschungsgebiete hervorgegangen, zum Beispiel Untersuchungen zur »paradoxen Geistesklarheit«, wobei der Begriff »terminal« vermutlich durch diese positiver klingende Bezeichnung ersetzt wurde.[145] Für unsere Zwecke allerdings werden wir den Begriff »terminale Luzidität« beibehalten, der sich in der Forschung mittlerweile durchgesetzt hat.

Nahms Studie von 2009 untersucht zwar Menschen mit neurologischen Erkrankungen, doch tritt TL, unabhängig vom vorherigen Geisteszustand, auch bei anderen Personen auf, die dem Tode nah sind. Es ist nur klarer, auf den Unterschied zwischen »Sterbeprozess« und »Luzidität« hinzuweisen und es als objektiven Beleg einer TL-Erfahrung zu werten, wenn sie bei Menschen beobachtet wird, von denen man eben keine Geistesklarheit mehr erwartet.

Wie die Nahtoderfahrung (NTE) kann auch die TL mittlerweile eindeutig definiert werden, sodass sie sich ins medizinische Universum einfügt, vor allem als Teil einer geteilten Todeserfahrung (GTE). Im Falle einer TL könnte es unter Umständen sogar vorkommen, dass die beobachtete Person keine Gehirnwellen mehr aufweist und doch für einen kurzen Moment ihre geistigen

Fähigkeiten zurückerlangt. Zeuge dieses Phänomens zu sein, ist eine GTE. Manche Menschen erleben dies, als kehre die Seele in die Sterbenden zurück und hauche ihnen neues Leben ein.

Nahm hat die TL in vier Phasen aufgeteilt, die ich hier kurz vorstellen möchte.

1. **Anfang:** Der Patient oder die Patientin hat anscheinend seine oder ihre kognitiven Fähigkeiten so weit eingebüßt, dass es höchst unwahrscheinlich sein dürfte, dass er oder sie seine beziehungsweise ihre geistigen Fähigkeiten zurückerlangt.
2. **Rückkehr des Bewusstseins:** Die betroffene Person beginnt spontan und aus sich selbst heraus, mit dem medizinischen Personal oder mit Freunden und Angehörigen zu kommunizieren.
3. **Bedeutsame Kommunikation:** Es kommt zu einer bedeutsamen Interaktion, bei der die betroffene Person wieder ihr altes Ich zeigt – und sich an Menschen, Orte und Ereignisse erinnert –, was aufgrund des Krankheitsverlaufs für unmöglich gehalten worden war.
4. **Der Abschied und der Beginn des Sterbeprozesses:** Nach diesen Momenten der geistigen Klarheit verabschiedet sich der oder die Betroffene. Das kann nach ein paar Minuten oder ein paar Tagen der Fall sein.[146]

Bewusstsein toppt Gehirnwellen

Neurologinnen und Neurologen fragen sich, wie ein Gehirn ohne aktive Neuronen funktionieren soll. Und wo die Neugier hingeht, da folgt schließlich auch das Geld nach. Manche Ärztinnen und Ärzte nehmen an, dass zwischen der TL und anderen Geheimnissen des Gehirns eine Verbindung besteht. Selbst das National Institute on Aging (NIA), Teil der National Institutes of Health in den USA, finanziert mittlerweile Studien, die

Aufschluss geben sollen, wie eine TL ausgelöst wird. Dahinter steht die Hoffnung, auf diesem Weg Behandlungsmöglichkeiten für neurologische Erkrankungen wie Demenz und Alzheimer zu finden.[147]

Wieder andere Gehirnforschende – die Sonderfälle dieser Forschungsrichtung – stellen sich weitere Fragen: Ist die TL ein Zeichen, dass das Bewusstsein in einen toten oder sterbenden Körper zurückkehren kann? Kann es ein Bewusstsein ohne funktionierendes Gehirn geben? Denn wenn TL bei Gehirnen auftritt, die man nicht mehr als funktional betrachtet, warum kann dann das Bewusstsein dorthin zurückkehren? Hängt das Bewusstsein in Wirklichkeit gar nicht von einer funktionierenden grauen Substanz ab? Hatte der französische Philosoph René Descartes recht, als er das Bewusstsein mit dem Satz definierte: »Ich denke, also bin ich«?[148] Und wenn dem so ist, was ist das Bewusstsein dann? Braucht es ein funktionierendes Gehirn für seine Existenz? Oder ist die TL der lange gesuchte Beweis für die Existenz der Seele? Und wenn ja: Was ist die Natur der Seele? Und warum zeigt sie sich, wenn wir sterben?

Im Laufe der Jahrhunderte haben Pflegende immer wieder die Erfahrung gemacht, dass das Bewusstsein möglicherweise kein voll funktionales Gehirn braucht. Möglicherweise ist es so, dass etwas von außerhalb des Gehirns das Ruder übernimmt und einer Person, die schon längere Zeit keine bewusste Geistestätigkeit mehr zeigte, für kurze Zeit ihre Bewusstheit zurückgibt. Dazu möchte ich Ihnen ein paar Beispiele aus jüngerer Zeit nennen.

Welches Gehirngewebe?

Diesen Fall hat im Jahr 2007 der amerikanische Chirurg Scott Haig erlebt. Es geht um einen Mann, der Lungenkrebs hatte. Der Tumor hatte im Gehirn schon Metastasen gebildet. Eine Untersuchung kurz vor seinem Tod zeigte, dass er nur noch einen sehr kleinen Anteil funktionierendes Gehirngewebe besaß. Der Tumor hatte das Gewebe nicht nur verdrängt, er hatte es weitgehend zerstört. In den zwei Wochen vor seinem Tod verlor der Mann sukzessive seine Bewegungsfähigkeit. Seine sprachlichen Äußerungen wurden unklar und unzusammenhängend. Am Ende konnte er weder sprechen noch sich bewegen. Und doch erlangte er, wie seine Frau und eine Krankenschwester berichten, unmittelbar vor seinem Tod noch einmal das Bewusstsein. Er erwachte aus seinem komaähnlichen Zustand und redete fünf Minuten lang ganz normal mit den anwesenden Angehörigen. Er verabschiedete sich von ihnen, berührte sie und lächelte dabei. Dann fiel er wieder ins Koma und starb innerhalb der nächsten Stunde.[149]

Schreckliche Kriegsgeschichten

Ein weiteres Beispiel stammt vom Vater meines Co-Autors Paul Perry, der im Zweiten Weltkrieg für die Vereinigten Staaten gekämpft hatte. Im Alter erlitt er einen Schlaganfall, der sein Sprachzentrum lahmlegte, sodass er sich sprachlich nicht mehr zusammenhängend äußern konnte und dement wurde. In den folgenden Monaten kamen mehrere kleine Schlaganfälle dazu, sodass seine Äußerungen keinen Sinn mehr ergaben. Kurz bevor es mit ihm zu Ende ging, öffnete er plötzlich die Augen und redete mit seiner Frau und mit Paul, die sich im Raum miteinander unterhielten. Paul schrieb auf, was sein Vater sagte:

»Ich habe keine Angst, zu sterben«, meinte er. »Als ich im Krieg war, dachte ich öfter, dass ich jetzt sterben werde. Eines Nachts wurde ich in einem kleinen Steinhaus angeschossen, in das ich mich mit einem Priester gerettet hatte! Kugeln pfiffen an uns vorbei. Ich hatte solche Angst, dass ich dachte, mein Herz würde gleich stehen bleiben, weil es so heftig pochte.«

Auf dem Sterbebett erzählte der Veteran mehrere grässliche Kriegsgeschichten. Einmal hatte er eine Handgranate in den gegnerischen Schützengraben geworfen, die dann nicht explodierte.

»Als das geschah, verließ ich meinen Körper«, erzählte er Paul. »Und ich glaube, dass ich ihn wirklich zurückließ. Ich war plötzlich dort, wo die Handgranaten hergestellt wurden, und sah jemanden am Montageband, der in meine keinen Zünder eingebaut hatte.«

Paul und die Frau seines Vaters waren total verblüfft, dass der Vater überhaupt die Augen öffnen konnte, von Reden ganz zu schweigen. Er redete noch eine Weile weiter, dann sagte er noch einmal: »Ich habe keine Angst, zu sterben. Ich hätte im Krieg sterben können. Die ganze Zeit danach war ein Geschenk für mich.« Dann schlief Pauls Vater wieder ein und starb noch in derselben Nacht.

Dieser Bericht ist gleich in mehrfacher Hinsicht bemerkenswert. Der Veteran erhielt seine Sprechfähigkeit uneingeschränkt zurück. Obwohl er sich wochenlang nicht zusammenhängend hatte äußern können, sprach er plötzlich so klar, als hätte er nie einen Schlaganfall erlitten. Außerdem hatten der große und die vielen kleinen Schlaganfälle dazu geführt, dass er nicht mehr gehen und seine linke Hand nicht bewegen konnte. Kurz vor seinem Tod aber konnte er die Hand plötzlich wieder nutzen und sogar aufstehen. Einmal führte er in einem solchen Moment vor, wie er sich bei den Kämpfen verhalten hatte. Dieses Wiederaufflammen der motorischen und sprachlichen Fertigkeiten schien unmöglich, und zwar nicht nur der Familie, sondern auch dem behandelnden Arzt, der dies eine »Lazarus-Erfahrung« nannte.[150]

Materialisten versus Dualisten – Neuauflage

Im 19. Jahrhundert wandten sich mehrere Philosophen und Ärzte von der materialistischen Wissenschaft ab, die ihrer Ansicht nach das ganze wissenschaftliche Paradigma beherrschte. Sie beschäftigten sich vielmehr mit der »Nachtseite der Natur«[151], die auch in viktorianischer Zeit bekannt war: übernatürliche Phänomene wie Geister und Todeserfahrungen. Vor dem 19. Jahrhundert gehörten zu dieser Gruppe intellektuelle Schwergewichte wie Descartes, Nicolas Malebranche, Baruch de Spinoza und Gottfried Leibniz. Sie alle hatten versucht, philosophische Fragen mit wissenschaftlichen Methoden, ja sogar mit mathematischen Gleichungen zu lösen. Diese Dualisten – vor allem Spinoza – hingen zwei Prinzipien an: dass das menschliche Bewusstsein wissenschaftlich nicht erklärt werden kann und dass eine Seele unabhängig vom Gehirn aktiv sein kann, auch wenn beides im Leben gewöhnlich synchron arbeitet. Diese Vorstellung bezeichnet man heute als »Parallelismus«. Die Idee dahinter beruhte hauptsächlich auf Beobachtungen, die die Menschen in der Stunde des Todes machten. Beobachtungen, die man heute als terminale Luzidität bezeichnen würde. Einige der beteiligten Ärzte waren so fasziniert von den Todeserfahrungen, deren Zeuge sie wurden, dass sie fortfuhren, solche Erlebnisse zu sammeln, und dadurch zu neuen Schlussfolgerungen über Geist, Körper und Seele gelangten.[152]

Nahm beschreibt eingehend die Fragen, vor denen beide Denkschulen standen – die Materialisten (die glauben, dass alles Biologische durch Biochemie erklärt werden kann) und die Dualisten (die denken, dass Körper und Geist unabhängig voneinander funktionieren können).

> *Ich glaube, wenn man alles zusammen betrachtet, wirkt der [Tod] eher wie ein Übergang. […] Die Frage ist: Kann das biochemisch erklärt werden? Ich hege daran so meine Zweifel. Also ja, ich halte den Tod für einen Übergang, ganz egal, wie man ihn ansonsten betrachten mag […] Das Leben nach dem Tod wird, wenn es so etwas gibt, sehr komplex und schwer zu verstehen sein. Die Frage ist: Was ist die Seele, wenn sie denn existiert? Gibt es sie als individuelles Geschöpf? Oder ist sie fähig, sich im großen*

ganzen Was-auch-immer aufzulösen? Kann sie sich dem Großen Bewusstsein anschließen, das im Hintergrund der Wirklichkeit jedes Seins existiert? Kann sie zurückkehren und wiedergeboren werden?[153]

Man könnte meinen, dass die Vertreterinnen und Vertreter dieser beiden Lager – die Materialisten und die Dualisten – nicht miteinander auskommen, aber viele tun das doch. Das National Institute on Aging (NIA) hat mittlerweile ein Forschungsprogramm aufgelegt zum Thema »Terminale Luzidität bei Patienten mit Demenz oder anderen Erkrankungen, die zu kognitivem Abbau führen«. Man diskutiert mittlerweile aktiv die Mechanismen und die Bedeutung der terminalen (oder paradoxen) Luzidität. Ein Thema, für das die Forschenden sowohl materialistische als auch mystische Erklärungsansätze vorbringen. Zu weiteren Forschungsarbeiten meint das NIA, dass sie »unser derzeitiges Verständnis der Natur der Persönlichkeit und des Bewusstseins erweitern [...] und auch mehr therapeutische Ansätze für Patienten ermöglichen werden, die unter diesem Abbau leiden. Und sie werden dem Pflegepersonal sinnvolle Handreichungen geben. Hoffentlich werden sie auch zu weiteren Studien führen.«[154]

Das ist eine absolut revolutionäre Aussage. Die terminale Luzidität ist nicht nur ein belastbarerer Beweis, dass Geist und Körper unabhängig voneinander agieren können. Sie fügt sich auch ein in die immer größer werdende Zahl von Belegen dafür, dass unser Bewusstsein den körperlichen Tod überleben kann.

Ein sprachliches Wunder

Die folgenden Fallberichte wurden im 19. Jahrhundert von dem Arzt Gotthilf Heinrich von Schubert gesammelt, dessen Forschungen über die Seele beide Ansätze vereinten. In dem geschilderten Fall geht es um eine kranke Frau, bei der die TL vier Wochen vor ihrem Tod auftrat:

> *Vier Wochen vor ihrem Tod erwachte sie endlich aus dem schrecklichen Traum, den sie zwanzig Jahre lang geträumt hatte. Doch die Menschen, die sie vor ihrem [abgeklungenen] Wahnsinn gekannt hatten, erkannten sie im letzten Stadium der Transformation kaum wieder – so gesteigert, erhöht und geadelt waren all ihre Kräfte und Empfindungen ihrer mentalen Natur, so veredelt auch ihre Aussprache. Sie sprach unglaublich klar und voll innerer Stärke über Dinge, die der Mensch in seinem gewöhnlichen Seinszustand meist nur oberflächlich begreift. Ihre Geschichte machte Furore. Belesene und Unbelesene, Gebildete und Ungebildete drängten sich um dieses Krankenbett, das auf diese Weise geadelt worden war. Alle mussten sich eingestehen, dass selbst wenn sie während ihrer Krankheit von den gelehrtesten und klügsten Menschen unterrichtet worden wäre, ihr Geist nicht wohlgebildeter hätte sein können, ihr Wissen nicht substanzieller und erhabener, als es jetzt war, wo sie aus einer langen und tiefgreifenden Gefangenschaft aller Kräfte erwachte.*[155]

Ein anderer von Schuberts Berichten schreibt der TL eine fast schon mystische Heilkraft zu. Ein taubstummer Mann erlangte kurz vor seinem Tod die Fähigkeit, normal zu hören und sich sprachlich zu äußern. Hier eine gekürzte Version dieses Falles, die ich dem Forschungsbericht von Michael Nahm entnommen habe:

> *Der taubstumme Mann wurde in einer Sonderschule für taubstumme Menschen erzogen, konnte aber aufgrund eines »organischen Defekts« [den Schubert nicht benennt] nie verständlich sprechen. Und doch »im Hochgefühl der*

letzten Stunden« konnte er sich zum ersten Mal in seinem Leben sprachlich verständlich ausdrücken.

Ein kranker alter Mann hatte 28 Jahre lang »geschwächt und stumm« in seinem Bett gelegen. Am letzten Tag seines Lebens kehrten plötzlich sein Bewusstsein und seine Sprachfähigkeit zurück, nachdem er einen freudvollen Traum gehabt hatte, in dem ihm man das Ende seines Leidens verkündet hatte.[156]

Da Schubert Arzt und Philosoph war und sich mit dem Studium der Seele beschäftigte, gehen Nahm und ich davon aus, dass es eine verborgene »innere Person« gibt – möglicherweise die Seele –, die sich im Tod zeigt und vollkommen verschieden von der »äußeren Person« mit ihrem bewussten Ich ist.[157]

Die Geschichte geht weiter

Nachdem der französische Arzt Alexandre Brierre de Boismont mehrere TL-Fälle untersucht hatte, verfasste er eine exzellente Beschreibung dieses Phänomens: »Bei manchen Krankheiten erlangen die Sinne beim Nahen des Todes eine außergewöhnliche Schärfe. Dann erstaunt der Kranke die Umstehenden mit einer Erhebung seines Denkens und einer unvermittelten Klarheit seines Geistes, der oft viele Jahre verdüstert gewesen war.«[158]

Der Amerikaner Benjamin Rush, der als erster amerikanischer Autor über psychische Krankheiten geschrieben hat, hatte ebenfalls Erfahrungen mit der TL gemacht. Er ging davon aus, dass »viele dem Irrsinn verfallene Menschen in den letzten Tagen oder Stunden ihres Lebens ihre Vernunft mehr oder weniger wiedererlangen«.[159]

Andrew Marshal ging sogar noch weiter. Der britische Arzt untersuchte und veröffentlichte mehrere TL-Fälle bei psychisch

Erkrankten. In einem seiner Fallberichte schreibt er über einen gewalttätigen Ex-Lieutenant der Royal Navy: »Die Natur seines Irrsinns war extremer Zorn, verbunden mit dem Verlust des Gedächtnisses. [...] Sein Gedächtnis ließ ihn so sehr im Stich, dass er sogar einen Teil seines Namens vergaß. [...] Am Tag vor seinem Tod aber war er ausgesprochen rational. Er verlangte nach einem Priester und schien später den Gottesdienst im Gebetbuch zu verfolgen; schließlich sagte er, er hoffe, Gott würde seiner Seele gnädig sein.«[160]

Positive Transformation

Zeuge einer TL zu werden, ist eine starke emotionale Erfahrung, die die fünf Sinne eines Menschen aufrüttelt, wie sie Aristoteles vor so langer Zeit beschrieben hat.[161] Es ist nur logisch, dass diese Energie auch andere Sinne schärft. Seit Aristoteles hat die Wissenschaft noch weitere Sinnesvermögen entdeckt: den Gleichgewichtssinn sowie Sensorien für Schmerz, Temperaturdifferenzen und Richtung. In jüngeren Jahren gehen die meisten Wissenschaftlerinnen und Wissenschaftler davon aus, dass es noch zwei weitere Sinne gibt: für die Wahrnehmung chemischer Stoffe (Chemorezeption) und für Lichtwahrnehmung (Photorezeption).[162]

Nach der Beschäftigung mit so außergewöhnlichen Erfahrungen wie der terminalen Luzidität, der Nahtoderfahrung und der geteilten Todeserfahrung glaube ich, dass das wissenschaftliche Studium der Sinneserfahrung noch am Anfang steht. So sagt der große Neurochirurg und Bewusstseinsforscher Dr. Wilder Penfield: »Das Gehirn hat den Geist noch nicht voll erklärt.«[163] Vor dem Hintergrund dieses Zitats glaube ich, dass wir künftig möglicherweise Sinnesvermögen entdecken werden, die »übersinnliche« oder »paranormale« Erfahrungen ermöglichen und dann als normal gelten werden. Und vielleicht werden diese Sinne nicht bei der Untersuchung unserer grauen Gehirnsubstanz entdeckt, sondern bei der Erforschung jener unsichtbaren Dinge, die den Inhalt unseres Geistes bilden.

Die Ereignisse rund um eine TL können Beobachtende schockieren und verwirren. Häufig stellen sie dann ihren persönlichen Glauben infrage, vor allem, wenn sie zuvor an eine klare Trennung von Leben und Tod geglaubt haben. Terminale Luzidität eröffnet uns eine ganze Reihe von Erklärungsmöglichkeiten, über die noch kaum jemand nachgedacht hat. Die aufregendste ist sicherlich die Vorstellung, dass das Bewusstsein kein funktionierendes Gehirn braucht, um zu überleben. Wenn das der Fall ist, ist dies dann der Beweis, dass unser Geist jenseits unseres körperlichen Selbst existieren kann? Was bedeutet es, wenn Tote nicht wirklich tot sind? Ist dies ein Beweis für das Leben nach dem Tod? Wer tatsächlich zum Zeugen oder zur Zeugin eines so außergewöhnlichen Ereignisses wird, wird sich diese Fragen stellen.

Angesichts meiner eigenen Fallstudien und meiner Gespräche mit anderen Forschenden auf diesem Gebiet kann ich mit gutem Grund davon ausgehen, dass der überwiegende Teil dieser Augenzeuginnen und Augenzeugen eine positive Verwandlung durchläuft. Auslöser dieser Transformation sind bestimmte Faktoren, die ich nun auflisten möchte.

Den Tod akzeptieren und das Leben genießen

Die TL macht deutlich, dass es in unseren Leben unbekannte und kaum genutzte Kräfte gibt. Von diesen Kräften machen wir im Alltag selten Gebrauch, doch leben sie auf unter Belastungen, wie der Tod und die Nahtoderfahrung sie darstellen. Die TL führt uns vor Augen, wie unser eigener Tod aussehen wird, und hilft uns so, das Leben in all seiner Fülle zu genießen. Je mehr wir erkennen, dass beim Sterben etwas Unbekanntes und doch Starkes und Gutes geschieht, desto entspannter können wir unserem eigenen Ableben entgegensehen. Mit dieser Einsicht haben wir weniger Angst vor dem Tod und mehr Lust aufs Leben. Nachfolgend das Beispiel eines Mannes, der Zeuge einer TL wurde:

Mein Sohn und seine Frau kümmerten sich um Jane, seine Schwiegermutter, die durch eine Alzheimererkrankung schnell verfiel. Es war Thanksgiving und obwohl die Frau bettlägerig war, wollten sie sie mit der ganzen Familie am Esstisch haben. Man rückte also ihr Bett heran und drehte ihren gebrechlichen Körper zum Tisch. Es war ein trauriger Anblick. Sie schien gar nicht zu wissen, wo sie war oder was um sie herum vorging.

Jeder tat, was er an diesem Feiertag immer machte. Jane aber schien nichts von alledem mitzubekommen. Gegen Ende der Mahlzeit änderte sich das plötzlich. Sie hatte schon seit mehreren Monaten nicht mehr gesprochen, aber plötzlich war sie vollkommen wach und klar. Sie setzte sich im Bett auf und wollte etwas zu essen haben. Sie sagte allen, wie schrecklich hungrig sie sei. Dann fing sie ganz normale Gespräche an und fragte ihre Enkel nach der Schule und ihrer Teilhabe am gesellschaftlichen Leben.

Es war, als sei die Uhr unvermittelt um fünf Jahre zurückgedreht worden. Jane war wieder so wie früher.

Spät am nächsten Abend verfiel sie wieder in Schlaf und wir konnten sie nicht mehr wecken. Wir dachten, dass sie nun wieder bei uns wäre, aber das war nicht der Fall. Sie starb noch in der Nacht, was uns ein Rätsel war.[164]

Eine neue Art von Gesprächen

Eine TL mitzuerleben, bricht das Eis und lässt die Hinterbliebenen nicht selten auf völlig neue Weise über Tod und Spiritualität sprechen. Wenn Ärztinnen, Ärzte und Pflegepersonal sich offen und weniger kritisch über spirituelle Erfahrungen äußern, werden sich unsere Institutionen vermutlich verändern. Von sterbenden Patientinnen und Patienten gefragt, wie der Tod wohl sein wird, wissen die behandelnden Ärzte häufig nicht, was sie darauf antworten sollen. »Wie ist der Tod?« Das gehört zu den wenigen Fragen, auf die Ärztinnen und Ärzte ihren Patienten die Antwort schuldig bleiben. Normalerweise kennen sie diese Antwort nicht, weil sie in ihrer Ausbildung darüber nichts erfahren haben. Das wird sich meiner Meinung nach ändern. Schon heute wird das medizinische Personal psychologisch und kommunikativ geschult, wie man mit Menschen in Krisensituationen sinnvoll umgeht und wie man Sterbenden und ihren Familien mehr Informationen über den Tod geben kann.

Dazu fällt mir das Beispiel eines Mannes ein, mit dem ich auf einer Konferenz über Bewusstsein in Portland, Oregon, gesprochen habe. Seit seinen Teenagerjahren war er bekennender Atheist, da ihm der starre Dogmatismus der Kirche zuwider war, in die seine Eltern ihn schickten. Das änderte sich, als sein Vater starb.

An dessen letztem Lebenstag berichtete die Krankenschwester dem behandelnden Arzt, das »Stethoskop schweige«, was bedeutet, dass sie keinen Herzschlag mehr hören konnte. Daraufhin ging der Arzt selbst ins Krankenzimmer, um Brust und Rücken des Patienten abzuhören. Auch er konnte kein Lebenszeichen mehr feststellen. Doch der Totgeglaubte erwachte urplötzlich wieder zum Leben. »Er sah uns an«, erinnerte sich der Sohn. »Seine Augen waren weit offen, während er in die Ferne blickte. Dann sagte er: ›Ich liebe dich.‹«

Der Sohn berichtete weiter von einer kurzen, aber völlig klaren Unterhaltung mit seinem Vater, der in deutlich verständlichen Worten sagte, wie sehr er seine Familie liebe. Dann ergriff er die Hand seines Sohnes, schloss die Augen und wenige Minuten später war er tot.

»Danach hat sich meine ganze Einstellung verändert«, sagte der Mann zu mir. »Ich hatte immer noch das Gefühl, dass Religionen nur menschengemachte Dogmen sind, denen ich nicht folgen wollte. Aber es war trotzdem offensichtlich, dass hier etwas Unbegreifliches vorging. Etwas Spirituelles. Und auf ihre Art muss Spiritualität ja auch nicht von der Religion bestimmt werden. Ich kann gar nicht aufhören, den Leuten zu erzählen, was passierte, als mein Vater nicht starb. Und ich fühlte mich von meiner Schwester auch nicht länger gedrängt, dem ›göttlichen Gesetz‹ einer Kirche zu folgen. Ich halte es einfach so, dass ich an mein eigenes Dogma glaube. Für mich ist das einzige göttliche Gesetz, was mein Vater zuletzt sagte: ›Ich liebe dich.‹«[165]

Eine heilsame Erfahrung

Eine TL kann sich auch als heilsam erweisen, vor allem dort, wo es um dysfunktionale Familien geht. Erfahrungen am Ende des Lebens, wie die TL eine ist, geben uns die Chance, in der Familie »alles wieder ins Lot zu bringen«. So berichten Zeuginnen und Zeugen zum Beispiel immer wieder, dass ein Elternteil, der es ein Leben lang nicht vermochte, den Kindern seine Liebe zu zeigen, plötzlich sagt: »Ich liebe dich.« Offene Diskussionen über alte Verfehlungen sind häufig die letzten Themen zwischen den Sterbenden und den Lebenden. Diese Last-Minute-Gespräche haben der TL den Ruf beschert, eine heilsame Erfahrung zu sein.

Dies kann unter anderem mein Co-Autor Paul Perry bestätigen, der Zeuge einer solchen versöhnlich wirkenden TL wurde. Paul besuchte seinen Sohn, der sich bei einem Motorradunfall das Bein gebrochen hatte, im Krankenhaus. Bei seinem ersten Besuch sah er, wie mehrere Krankenschwestern einen Mann im Rollstuhl in ein Zimmer schoben, das dem seines Sohnes gegenüberlag. Der Mann schlief, als man ihn verlegte, und eine der Schwestern erzählte Paul, er leide an Demenz und würde wohl sehr bald sterben.

Bei seinem zweiten Besuch sah Paul nach, wie es dem Mann ging. Er bekam Sauerstoff und lag da, ohne sich zu bewegen.

Mehrere Verwandte kamen zu Besuch und versuchten, ein Gespräch anzufangen. Da der Mann nicht reagierte, gingen sie bald wieder.

Am dritten Tag aber war etwas anders. Als Paul in jenes Krankenzimmer schaute, bemerkte er sechs Familienmitglieder, die auf Stühlen rund ums Bett saßen. Der Mann aber hatte sich aufgesetzt und redete nacheinander mit jedem einzelnen Angehörigen, als sei er auf einer Bühne, und erzählte ihnen von seinen Erinnerungen an sie. Es musste wohl die ein oder andere witzige Geschichte dabei gewesen sein, denn gelegentlich lachten die Leute.

Paul konnte nicht hören, was der Mann sagte, aber sein erster Gedanke war, dass der Mann vielleicht gerade von seiner Demenz geheilt worden war. Als Paul das Krankenhaus verließ, wurde im Zimmer gegenüber gelacht und geweint und sich umarmt. Die Anwesenden sagten dem Mann, wie sehr sie ihn liebten und sich freuten, dass es ihm nun besser ging.

Am vierten Tag war das Zimmer leer, als Paul ankam. Der Mann war mitten in der Nacht gestorben, berichtete ihm eine Krankenschwester.

Bevor Paul das Krankenhaus wieder verließ, begegneten ihm einige der Angehörigen des Mannes, die seine Sachen abholten. Sie sagten etwas, womit Paul nicht gerechnet hatte. Der Mann, den Paul im Bett gesehen hatte, war für jeden der Anwesenden der Onkel gewesen, den sie am wenigsten mochten. Er war immer missmutig und egozentrisch gewesen. Daher war sein Verhalten an seinem letzten Tag für die Anwesenden ein regelrechter Schock gewesen.

»Ich glaube, er kam noch mal zurück, um uns zu zeigen, wie witzig und nett er sein konnte«, sagte einer der Angehörigen. »Es war sein Geschenk an uns, dass er uns noch einmal Liebe und Aufmerksamkeit schenkte, bevor er von uns ging.«

Beobachtbare Wunder

Die Geschichte, die Paul mir erzählte, war ein beobachtbares Wunder. Ein Ereignis, dessen Zeuge oder Zeugin man sein kann, ohne dass es für das Geschehen eine Erklärung gibt.

Peter Fenwick hat in seiner beruflichen Laufbahn unzählige solcher Erfahrungen auf dem Sterbebett analysiert. In einem Kommentar zur terminalen Luzidität schreibt Fenwick: »Nach dem derzeitigen Stand der Wissenschaft ist es schwierig, einen Gehirnmechanismus auszumachen, der diese wunderbaren spirituellen Erfahrungen untermauern und erklären könnte.«[166] Und weiter: »Doch da wir mittlerweile auf die postmoderne Wissenschaft zugehen, lässt sich sagen: Aufgrund der Erkenntnis, dass die Neurowissenschaft immer noch keine Erklärung für das Bewusstsein (die subjektive Erfahrung) hat, sollten wir auf jeden Fall transzendente Phänomene um den Zeitpunkt des Todes herum untersuchen.«[167]

Terminale Luzidität aus der Ferne

Eine TL kann sich auch wie eine präkognitive Erfahrung, aus der Präsenz der oder des Sterbenden heraus, einstellen. Nachfolgend der Bericht einer Person, die in Washington lebte, während sich ihre 91-jährige kränkelnde Mutter in Illinois befand.

> *Ich schlief, es war noch sehr früh am Morgen. Jene Zeit, in der man lebhafte Träume hat, an die man sich so gut wie nie erinnert oder nur für ein paar Sekunden, bevor sie für immer entschwunden sind. Ich schlief jedenfalls friedlich, als ich mich plötzlich am Flughafen sah. Ich schaute durch eines der riesigen Fenster, durch die man Flugzeuge starten und landen sieht.*

Ich erblickte meine Mutter, die mitten auf der Treppe zu einem kleinen Passagierflugzeug stand, das zwischen benachbarten Städten hin- und herfliegt. Sie sah mich mit strahlendem Lächeln an, völlig entspannt und schmerzfrei. Es war ganz klar, dass sie zu einem wunderbaren Ort unterwegs war. Sie war in ihre üblichen Farben gekleidet, obwohl ich die Kleidungsstücke nicht kannte. Sie hatte ihre Handtasche dabei, aber keinen Koffer. Wo immer sie hinwollte, sie würde wohl nicht zurückkommen.

Ich stand da, auf der anderen Seite des Fensters, und konnte sie nicht erreichen oder mit ihr kommunizieren.

Zuerst dachte ich, sie stünde so, dass ihr die Sonne direkt ins Gesicht schien. Später merkte ich, dass sie ein inneres Strahlen an sich hatte, das sie irgendwie veränderte. Es war meine Mutter, aber ich spürte einen Geist in ihr, der irgendwie losgelöst war …

Ich erwachte, erschrocken von dem, was ich gerade gesehen hatte. Und ich stand vor einem Rätsel. Ich hatte noch nie von meiner Mutter geträumt oder von anderen Leuten. Später sollte ich erfahren, dass meine Mutter an jenem Tag ins Krankenhaus gekommen war und ein paar Tage später starb. Sie verabschiedete sich von mir, weil sie wusste, ich würde nicht rechtzeitig zu Hause sein, um mit ihr noch mal zu reden.[168]

Als ich diese GT-Erlebende fragte, wie sie diese präkognitive Fern-TL und ihre Nachwirkung beschreiben würde, meinte sie, sie hätte gewusst, dass ihre Mutter »voller Freude war, was für sie kein normales Lebensgefühl war. Freudige Erwartung, dass sie an einen wunderbaren Ort kommen und irgendwie schon beim Besteigen des Flugzeugs verwandelt würde, was offensichtlich eine Metapher war. […] Sie verabschiedete sich und sagte mir, dass sie endlich diesen ewig kranken Körper loswerden würde.«[169]

Für diese Frau, die eine geteilte Todeserfahrung machte, war der Traum zunächst verwirrend. Aber sie hatte das Gefühl, der Traum sei eine Widerspiegelung des physischen und mentalen Zustandes ihrer Mutter und eine Botschaft an die Tochter gewesen, die ihre Mutter genau so habe vermitteln wollen. »Ich kam nicht auf die Idee, dass dies eine Vorahnung war oder sie sich von mir verabschieden wollte, bis meine Schwester später am Tag anrief und sagte, Mutter sei wegen Herzproblemen ins Krankenhaus gekommen. Doch auch da wusste ich noch nicht, dass sie sterben würde. Das kam erst ein paar Tage später.«

Schließlich meinte die GT-Erlebende noch: »Es war tröstlich zu wissen, dass sie immer noch existierte und ich sie wiedersehen könnte. Das ist das Einzige, was mich bisher von einem Leben nach dem Tod überzeugt hat.«[170]

Das heimliche Wirken der TL

Wie funktioniert die TL aber nun? Wir wissen es nicht. Allerdings gibt es eine Menge wissenschaftlicher Spekulationen darüber, wie diese und andere Phänomene zustande kommen. Eine Theorie ist, dass die Filtermechanismen des Gehirns, die jeden Tag Millionen Bits von Sinnesinformationen aussieben, sich im Tod öffnen, wodurch aus dem kümmerlichen Rinnsal von Informationen eine wahre Flut wird, die unser Bewusstsein überschwemmt und unsere Sinne überlastet. Der Neurophysiologe John Eccles fasste diesen Sachverhalt prägnant zusammen: »Der weitaus größte Teil der Gehirnaktivität [...] gelangt überhaupt nicht ins Bewusstsein.«[171]

Wie gesagt: Angesichts solch außerordentlicher Ereignisse, wie sie bei geteilten Todeserfahrungen auftreten, glaube ich, dass die wissenschaftlichen Bemühungen um das Verständnis des Bewusstseins noch ganz am Anfang stehen. Wenn wir es besser begreifen, werden viele sogenannte »übersinnliche Erfahrungen« als vollkommen normal gelten. Und diese neuen Erkenntnisse werden nicht durch die Erforschung der grauen Substanz in unserem Gehirn gewonnen werden, sondern wenn wir das Unsichtbare in unserem Geist untersuchen.

Eine TL-Erfahrung machen

Fallberichte über terminale Luzidität erzählen nur eine Seite der Geschichte, nämlich die Perspektive eines Menschen, der einen anderen plötzlich luzide werden sieht. Das sind natürlich genauso faszinierende Geschichten wie jede andere Rückkehr ins Leben.

Was aber ist mit dem Menschen, der solch eine Erfahrung *macht*? Wie ist es, das eigene Bewusstsein zurückzuerlangen und aus der Dunkelheit des Todes zurück ins Licht der Luzidität zu gelangen? Was sehen und denken diese Menschen, wenn plötzlich ihr klarer Geist zurückkehrt? Haben sie das Gefühl, »ihren Körper verlassen« zu haben? Hatten sie ein bewusstes Selbstgefühl, wie sie es hatten, bevor die Krankheit oder die Verletzung auftrat? Und wie fühlt sich das Denken an, wo viele TL-Patienten doch trotz fehlender Gehirnwellen luzide sind? Woher kommen diese Gedanken, wenn sie nicht aus dem eigenen Gehirn stammen?

Diese Fragen lassen sich auch mit gründlichen medizinischen Studien nicht beantworten, weil sich das Phänomen kaum richtig untersuchen lässt. Dr. Craig Blinderman, Direktor der Palliativmedizin für Erwachsene an der medizinischen Fakultät der Columbia University, wies 2018 in einem Artikel für die *New York Times* auf die Schwierigkeit hin, »sterbende Menschen in dem Moment zu erwischen, in dem sie zurückkommen«.[172] Die meisten Sterbenden, die eine TL erfahren, haben anderes im Sinn – zum Beispiel ihre Liebe für ihre Angehörigen auszudrücken – als die Beschreibung eben dieser terminalen Luzidität.

Einige Fälle aber haben es in die medizinische Fachliteratur geschafft und erlauben Einblick in die innere Welt von TL-Patientinnen und -Patienten. In einer solchen Fallstudie beschreiben Natasha A. Tassell-Matamua und Kate Steadman, beide bekannte Wissenschaftlerinnen aus Neuseeland, eine Episode terminaler Luzidität im Zusammenhang mit einer Nahtoderfahrung.

Darin geht es um den Tod einer 31-jährigen Frau, die unter dem Kürzel KT bekannt wurde. Sie starb 1985 an Brustkrebs. Die TL wurde von ihrem Mann berichtet. Enge Freunde und Angehörige hatten sich am späten Morgen um das Bett von KT versammelt, die auf ihr Ende zuging.

> *Und dann sah man ungefähr um ein Uhr dreißig mittags, dass sie hinzuwelken schien. […] KT lag auf der Couch und sie war die Friedlichste von uns. Sie ließ uns daran teilhaben [was mit ihr geschah]. Sie sagte, sie würde durch einen Tunnel ins Licht gehen. Sie war sehr friedvoll dabei. Immer wieder sagte sie, dass sie durch das Licht hindurchgehe, das so vollkommen friedlich war. Und dann schien sie zu sterben. Aber ungefähr eine halbe Minute später wachte sie noch mal auf und sagte: »Es gibt einen Himmel. Ich war dort, und es ist wunderschön.« Dann tat sie ihren letzten Atemzug.*[173]

Die Wissenschaftlerinnen befragten den Ehemann, was er über den Sterbeprozess seiner Frau denke, vor allem unter dem Gesichtspunkt, dass sie bereits tot zu sein schien, aber noch einmal zurückkam, mit ihren Angehörigen redete, um daraufhin tatsächlich zu sterben. Er meinte, er und KT hätten sich immer wieder darüber unterhalten, wie wohl der Himmel sein würde. Er hatte sie sogar gebeten, ihm irgendwie mitzuteilen, wie der Himmel sei, sobald sie dort sei. Und dann fügte er noch an: »Ich würde sagen, dass ihr Lebensfaden oder ihr Bewusstseinsfaden noch nicht vollkommen gerissen war, als sie anfangs in den Tunnel ging. Ich glaube, bevor sie vollkommen getrennt war … vollkommen getrennt von uns, kam sie zurück, noch bevor der Kontakt abgerissen war.«[174]

Die Forscherinnen erwähnten ebenfalls, welch profunde Veränderung der Ehemann durchlief, nachdem er die Ereignisse rund um den Tod seiner Frau miterlebt hatte. In seinen Worten:

> *Seit KT gestorben ist, […] richtet sich mein ganzes Leben nach der Seele aus. Und so lebe ich bis zu einem gewissen Grad mein Dasein. Ich bin keine vollkommene Seele. Da sind Unvollkommenheiten in mir. Aber wenn ich sie nicht in diesem Leben beseitige, kann ich sie hoffentlich im nächsten ablegen. […]*
>
> *Ich hatte durchaus meine wilden Zeiten. Nun habe ich ganz im Gegenteil die mentalen Lehren der Seele angenommen. […] Ich studiere jeden Morgen. […] Unter anderem esoterische Psychologie. Es ist wunderbar. Es geht darum, wie man als Seele wächst. Und um die Persönlichkeit, die absolut verschieden von der Seele ist.*[175]

Was mich an diesem Aufsatz am meisten interessierte, war die Verbindung zwischen Nahtoderfahrung und terminaler Luzidität. Die Frau hatte eine NTE, starb und kehrte in einer TL-Erfahrung zurück, wie das viele Menschen auch in meinen Studien taten.

NTEs können einer TL vorausgehen

Die Vorstellung, dass eine Nahtoderfahrung der terminalen Luzidität vorausgehen kann, widerspricht der Annahme, dass die TL den Beginn der NTE bezeichnet, nicht ihr Ende. Als ich mich um Klärung dieser Frage bemühte, stieß ich auf ähnliche Fälle wie den von KT. Karlis Osis und Erlendur Haraldsson haben 50 000 Erlebnisse, die um den Zeitpunkt des Todes herum auftraten, gesammelt und viele davon in ihr Buch *Der Tod, ein neuer Anfang* aufgenommen. Sie stießen dabei auf mehrere Beispiele für terminale Luzidität, die sich aus einer NTE heraus ergibt.[176] In einem Fall ging es um einen Mann in Indien, der für tot erklärt wurde und das Bewusstsein wiedererlangte. »Er sagte, dass er in den Himmel eingegangen wäre. ›Gott schickte mich zurück.‹ Angeblich habe er weiterleben sollen, da sein Leben noch nicht vollendet sei. Aber er starb zwei Minuten später.«[177] Die Tatsache, dass er »im Himmel war« und eine göttliche Botschaft erhielt, wie das auf viele Nahtoderfahrende zutrifft, sagt mir, dass seine NTE eingesetzt hatte, bevor er geistig wieder klar wurde und den Ärzten, die ihn gerade für tot erklärt hatten, diese Botschaft mitteilen konnte.

Ein anderer bekannter Fall ist der des Erfinders Thomas Alva Edison, der aufgrund seiner Diabeteserkrankung im Sterben lag. Er erwachte völlig luzide aus dem Koma und sagte: »Es ist so schön dort.«[178] Einige Stunden später starb er, was zeigt, dass die TL das Ende des Lebens ankündigen kann und nicht den Beginn der Nahtoderfahrung.

Beweise, die sich untersuchen lassen

Unter dem Strich geht es immer um die Beweisbarkeit: Gibt es genug Belege dafür, dass es sich wirklich um terminale Luzidität handelt? Das ist eine berechtigte Frage, die auch viele der

Augenzeuginnen und -zeugen stellen. Meine Antwort darauf ist einfach: *Bei der terminalen Luzidität handelt es sich um ein Ereignis, das beobachtbar ist.*

Anders als andere transzendente Erfahrungen können wir hier sehen und mitverfolgen, was abläuft. Wir können zuschauen, wie Patientinnen und Patienten aus dem Koma erwachen, manchmal so, als wäre es einfach nur ein ganz normaler Tag. Wir hören, wie sie sich sprachlich ganz klar äußern, obwohl sie das mitunter schon seit Jahren nicht mehr gemacht haben. Wir spüren die (verfehlte) Freude, weil sie scheinbar einer unbesiegbaren Krankheit ein Schnippchen geschlagen haben. Und wir erleben die tiefe Trauer, wenn die geheimnisvoll aufflackernde Lebendigkeit schließlich in die finale Bewusstlosigkeit führt und nicht zur Wiederauferstehung. Die terminale Geistesklarheit ist objektiv und beobachtbar, was sie unter den transzendenten Erfahrungen einzigartig macht.

Da sie beobachtbar ist, lässt die TL sich gut studieren. Das ist vor allem vor dem Hintergrund des materialistischen Denkens bedeutsam, das vermutlich der an der Erforschung der DNA beteiligte Francis Crick am besten zusammengefasst hat: »›Sie‹, Ihre Freuden und Leiden, Ihre Erinnerungen, Ihre Ziele, Ihr Sinn für Ihre eigene Identität und Willensfreiheit – bei alledem handelt es sich in Wirklichkeit nur um das Verhalten einer riesigen Ansammlung von Nervenzellen und dazugehörigen Molekülen.«[179]

Die terminale Luzidität ist ein Schlag ins Gesicht des materialistischen Denkens. Sie ist ein objektiver Beleg dafür, dass Geist und Körper getrennt arbeiten. Dadurch offenbart uns die TL ein großes Mysterium, das zu einer Neudefinition des Bewusstseins führen wird. Wer den Sterbeprozess studiert, kann gar nicht anders, als an einer rein materialistischen Welt zu zweifeln.

Wie Sie sich vielleicht vorstellen können, lösen diese paranormalen Ereignisse bei denen, die sie miterleben, starke emotionale Reaktionen aus. Meist denken sie dann, Zeugen und Zeuginnen von etwas geworden zu sein, das die Naturgesetze infrage stellt. Natürlich ist dies für den einen oder die andere auch erschreckend. Doch angesichts der Umstände fassen sie sich gewöhnlich wieder und sehen die TL als das Sahnehäubchen – ein weiteres Abenteuer in einem Leben, das ihnen nun als gewaltiges und schönes Geheimnis erscheint.

6

Grund 5: Der Musenkuss, Spontanheilungen und neue Fähigkeiten

Unsere Gattung ist die einzige mit Schöpferkraft begabte, und sie besitzt nur ein einziges Werkzeug für diese Kraft: den individuellen Geist und Verstand des Menschen.

John Steinbeck[180]

Viele Geschichten von Nahtoderfahrungen (NTE) führen zu positiven Veränderungen im Leben. Manche Menschen erlangen dabei neue Fähigkeiten. Andere wechseln ihren Beruf oder überwinden eine Angst, die sie massiv einschränkte. Und wieder andere erfahren lebenslange Unterstützung durch engelsgleiche Musen, die sie während ihrer NTE kennengelernt haben. Da diese Veränderungen immer von anderen Menschen registriert werden, handelt es sich dabei um geteilte Todeserfahrungen (GTE), die uns daran glauben lassen, dass es ein Leben nach dem Tod gibt.

Warum es zu diesen spontanen Verbesserungen kommt, ist nicht bekannt. Manche Forschende gehen davon aus, dass das Gehirn sich bei der NTE verändert, schließlich wissen wir mittlerweile, dass es so etwas wie »Neuroplastizität« gibt: die Neuorganisation neuronaler Verbindungen im Gehirn, die sich häufig nach Ereignissen wie einem Schlaganfall oder Unfall einstellt. Die neuronale Plastizität ist die Fähigkeit des Gehirns, seine Neuronen neu zu organisieren oder zu verschalten, um traumatisch bedingte Schäden zu kompensieren.[181]

Dennoch dürfte die Ursache für diese spontanen Verbesserungen im Leben kaum in der Neuroplastizität unseres Gehirns zu suchen sein. Denn eine »Neuverkabelung« des Gehirns nach einem neurologischen Schaden setzt massive Rehamaßnahmen voraus. Und auch dann bleiben Auswirkungen der ursprünglichen Schädigung zurück. Ich und eine immer größer werdende Anzahl von Forschenden denken daher, dass hinter solchen Veränderungen mehr steckt.

Der Musenkuss

Falls Sie sich nicht mehr an Ihren Unterricht in Alter Geschichte erinnern, möchte ich – weil diese Information für unsere Diskussion von GTEs wichtig ist – Ihr Gedächtnis ein wenig auffrischen: Die Musen im alten Griechenland waren neun Göttinnen, die für Kunst und Wissenschaft zuständig waren. Klio war die Göttin der Geschichtsschreibung, Urania die Schutzgöttin der Astronomie, Erato war für die Dichtung verantwortlich, Terpsichore für den Tanz und so weiter.

Viele NTEs und GTEs beinhalten eine Begegnung mit den Musen, die wir heute Schutzengel nennen. Manchmal nehmen sie auch die Gestalt von Vorfahren oder verstorbenen Lieben an. Dann wieder hören wir von einem Lichtwesen, das Liebe ausstrahlt und die Nahtoderfahrenden in ihrem neuen Beruf oder ihrer künstlerischen Tätigkeit inspiriert. Diese Wesen sind vielleicht nicht immer sichtbar, aber sie sprechen zu den Nahtoderfahrenden durch innere Botschaften. So machen sie ihre Präsenz fühlbar. Ich weiß, dass sich das völlig unwissenschaftlich anhört, daher möchte ich Ihnen einige Beispiele liefern.

Vor allem das zweite handelt von einem wirklich unglaublichen Erlebnis.

Die Geister aus Pattons Vergangenheit

General George Patton war einer der prominentesten Generäle der US-amerikanischen Militärgeschichte und überzeugt davon, dass es paranormale Phänomene gab. Auf dem Schlachtfeld hatte er häufige Besuche seines verstorbenen Vaters. Sein Neffe Fred Ayer verfasste Pattons Biografie *Before the Colors Fade*. Darin erzählt Patton beispielsweise: »Vater kam immer abends in mein Zelt und setzte sich, um mit mir zu reden. Er versicherte mir, dass ich mich am kommenden Tag auf dem Schlachtfeld gut halten und als tapfer erweisen würde. Und er war genauso wirklich wie damals in seinem Arbeitszimmer in ›Lake Vineyard‹«.[182]

Patton berichtet von Erlebnissen, bei denen die Geister seiner Vergangenheit ihn bei seinem Aufstieg zu höheren Kommandoebenen begleiteten:

> *Einmal gerieten wir in Frankreich in deutsches Feuer, vor allem von schnellen Maschinengewehren. Ich lag flach auf dem Bauch und hatte körperliche und geistige Todesangst. Ich traute mich kaum, den Kopf zu heben. Aber schließlich tat ich es doch und erkannte eine rötlich leuchtende Wolkenbank im Abendsonnenlicht. Und dann sah ich – vollkommen klar – ihre Köpfe, den Kopf meines Großvaters und seiner Brüder. Ihre Lippen bewegten sich nicht. Sie sagten mir nichts. Aber sie sahen mich an, weniger erzürnt als unglücklich. Ich konnte in ihren Augen lesen, die sagten: »Georgie, Georgie, du bist eine Enttäuschung für uns, so wie du dich da versteckst. Vergiss nicht: Viele Pattons wurden getötet, aber nicht einer war ein Feigling.«*
>
> *Also stand ich auf, packte mein Gewehr und erteilte Befehle. Und danach waren Colonel George und die an-*

deren immer noch da, aber jetzt lächelten sie. Natürlich haben wir diese Schlacht gewonnen.[183]

Ich glaube nicht, dass dieser »Besuch« mit einer NTE zusammenhing. Vermutlich hing er eher mit der Angst vor dem Tod zusammen, denn nahtodähnliche Erfahrungen treten dann auf, wenn es zu massivem körperlichen und geistigen Stress kommt, zum Beispiel bei einem Panikanfall. Und natürlich glaube ich an die Musen. Genau das ist meiner Ansicht nach bei Pattons Erlebnis passiert: eine Form von NTE, bei der der Geist woanders Hilfe sucht, wenn das Gehirn nicht weiterweiß. An wen wendet es sich dann? Manche meinen, dass hier Schutzengel ins Spiel kommen. Andere sprechen von einer Energiequelle, die sie als »Gott« bezeichnen oder kurz als »Quelle« oder sie lassen sie namenlos.

Die Reise des Lebens

Dass Materialismus und Dualismus durchaus nebeneinander bestehen können, erkennt man an intensiven Nahtoderfahrungen wie der des Arztes Dr. Rajiv Parti. Seine NTE führte ihn aus seinem Körper heraus und in eine Welt, in der er nun mithilfe engelsgleicher Wesen die Grenze zwischen Materialismus und Dualismus überschreiten kann. Wir verbrachten eine ganze Woche miteinander, als wir in meinem Haus eingeschneit waren. Bei dieser Gelegenheit hat er mir die ganze Geschichte erzählt.

2008 war Parti Chefarzt für Anästhesie am Heart Hospital im kalifornischen Bakersfield. Er identifizierte sich sehr mit seiner Aufgabe und freute sich über den Reichtum und das Prestige, die seine Arbeit ihm einbrachten. Er lebte in einer Villa, besaß mehrere Luxuswagen und konnte sich nahezu alles kaufen, was sein Herz begehrte.

Doch alles änderte sich, als er im August desselben Jahres die Diagnose »Prostatakrebs« erhielt. Die noch im gleichen Monat durchgeführte Operation verlief nicht ohne Komplikationen. Von da an war Parti inkontinent und litt unter heftigen Schmerzen. Er musste sich noch drei Mal operieren lassen und sehr starke Schmerzmittel einnehmen, von denen er bald abhängig wurde. Diese Tatsache wiederum stürzte ihn in eine schwere Depression.

Im Dezember desselben Jahres kam er ins Medical Center der University of California in Los Angeles, wo man ihm einen künstlichen Blasenschließmuskel einsetzen wollte. In den Tagen nach der OP erkrankte er schwer. Er hatte über vierzig Grad Fieber. Er konnte kein Wasser lassen, seine Beckenregion war rot und angeschwollen. Man verordnete ihm starke Antibiotika, aber auch diese konnten die Infektion nicht eindämmen.

Zehn Tage später, an Heiligabend, wurde Parti aufgrund der schweren Infektion auf die Intensivstation verlegt. Man ordnete eine Notoperation an, um den künstlichen Schließmuskel und die infektiöse Flüssigkeit aus der Beckenregion zu entfernen. Seine letzte Erinnerung im Wachzustand war der entsetzliche Schmerz, den er erlitt, als man ihm einen Katheter einführte, um die Blase zu leeren.

Dann verlor Parti das Bewusstsein.

Obwohl sein Körper in der Narkose schlief, wurde ihm klar, dass sein Bewusstsein sich vom Körper getrennt hatte. Aus einer Position unterhalb der Decke sah er zu, wie der Chirurg ihn aufschnitt und wie alle Anwesenden das Gesicht abwandten, als der Geruch des im Bauchraum angesammelten Eiters den OP erfüllte. Der Gestank war so stark, dass eine Krankenschwester die Operationsmasken der Anwesenden mit Eukalyptuswasser besprühte, damit sie weiterarbeiten konnten.

Obwohl Parti in Narkose lag, waren seine Sinne im außerkörperlichen Zustand so geschärft, dass er Dinge im OP und außerhalb hören, sehen und riechen konnte. Er hörte auch, wie der Anästhesist einen dreckigen Witz erzählte. Als Parti ihm diesen später wiederholte, wurde er knallrot.

Danach ging Partis Bewusstsein auf Reisen. Er verließ den Operationssaal und begab sich nach Indien, wo er zuhörte, wie seine Mutter und seine Schwestern sich über das Abendessen für diesen Tag unterhielten. Sie einigten sich auf Reis, Gemüse, Joghurt und Linsen. Er erzählte mir, er habe gespürt, dass der Abend außerordentlich kühl war. Seine Mutter und seine Schwestern waren warm angezogen, um sich vor der frostigen Temperatur zu schützen. In einer Ecke der Küche glühte ein kleines elektrisches Heizgerät gegen die ärgste Kälte.

Sein Erleben jagte Parti keine Angst ein. Er war höchst euphorisch. Die Menschen sind doch nie wirklich weit weg, dachte er. Er hatte das Gefühl, dass seine Präsenz sich über die ganze Welt ausdehnte. Er fühlte sich eins mit der Welt und allen Menschen darin.

Plötzlich machte sich doch Angst breit. Parti fühlte sich in eine triste Dunkelheit hineingezogen, in der Schreie hallten und Kampfgeräusche hörbar wurden.

Sein Bewusstsein zog weiter, weg von seiner körperlichen Existenz im OP und von den Küchengesprächen in Indien. Dort, wo er jetzt war, brannte die Natur. Er sah Blitze aus dunklen Wolken und roch brennendes Fleisch. Er merkte, dass eine unsichtbare Kraft ihn in die Hölle zog, »mitten hinein zwischen Seelen, die schrecklich litten und schrien«.[184]

»Was ist mein Karma?«, fragte er sich.[185] Was hatte er in diesem oder einem früheren Leben getan, um diese Strafe zu verdienen?

Inmitten des Schreckens wurde Parti mit einem Mal bewusst, dass er ein sehr materialistisches Leben führte: Es ging ihm immer nur um sich selbst. So sehr, dass er sich, wenn er neue Leute kennenlernte, als Erstes fragte: »Was kann mir diese Person bieten?«

Dort in der Hölle erkannte er die volle Wahrheit: Das Leben, das er auf Erden führte, war ohne Liebe. Er übte sich nicht in Mitgefühl oder Vergebung für sich oder andere Menschen. Er hatte die unangenehme Eigenart, zu Leuten, die er beruflich oder sozial für unter sich stehend hielt, recht grob zu sein. Dieser Mangel an

Güte in seinem Verhalten tat ihm wirklich leid. Er wünschte, er hätte Verschiedenes in seinem Leben anders gemacht. Sobald ihm dieser Gedanke kam, verblasste die Hölle rund um ihn.

Die Elemente der Transzendenz und Transformation sind es, die mich an Nahtoderfahrungen am meisten interessieren. Ich begegne nur selten Menschen, die ihre NTE nicht verändert hätte. Nahtoderfahrende werden gewöhnlich gütigere und freundlichere Menschen, als sie vor der NTE waren. Dieser Wandel ist manchmal so umfassend, dass diese Menschen fast nicht wiederzuerkennen sind. Bei Parti jedenfalls war das so. Seine Begegnung mit dem Tod öffnete ihm den Zugang zu einer völlig neuen Welt – einer *Anderwelt*, wenn Sie so wollen. Diese ersetzte die materialistische und selbstbezogene Welt, die Parti sich so sorgfältig aufgebaut hatte.

Es gibt viele Teile in Partis Geschichte, die mich tief bewegt haben. Zum Beispiel, als sein Vater während der NTE zu ihm sagte: »Mein Sohn, wenn du dir selbst gegenüber ehrlich und wahrhaftig bist, wird sich Gott, das Göttliche, das Universum um dich kümmern.«[186]

Als Parti dies begriffen hatte, fand er sich in einem formlosen blauen Licht wieder, in dem ein Lichtwesen wortlos mit ihm »sprach«. Es klang nach einem sanften Flüstern in seinem Ohr. In der Präsenz dieses Lichtwesens wurden alle fünf Sinne von Liebe durchdrungen, sodass Parti *mit* ihm und *in* ihm kommunizieren konnte. Je näher er dem Lichtwesen kam, je stärker er mit ihm verbunden war, desto klarer wurden seine Botschaften.

Bevor es sich wieder verabschiedete, versicherte es Parti, dass alles gut gehen würde. Künftig werde er den Weg des Heilers beschreiten. Er solle die Anästhesie und den Materialismus hinter sich lassen. Ohne Worte übermittelte ihm das Lichtwesen folgende Botschaft: »Jetzt ist es Zeit für dich, ein Heiler der Seele zu werden und dich besonders mit den Krankheiten der Seele und des Energiekörpers zu beschäftigen: Suchtverhalten, Depression, chronische Schmerzen und Krebs.«[187]

Aus diesem Grund, so das Lichtwesen, hätte Parti jene Krankheiten persönlich erfahren müssen. Ohne diese Demütigung durch den Schmerz wäre er nie fähig gewesen, Mitgefühl für andere aufzubringen.[188]

Dann erhielt Parti Hilfe von zwei Erzengeln, Michael und Raphael, die während seiner NTE erschienen.[189] Sie waren von einer hohen Bewusstseinsenergie durchdrungen und sagten Parti, dass dieses hohe Bewusstseinsniveau eine starke Energie reiner Liebe sei. Und diese reine Liebe sei die grundlegende Wirklichkeit, die dem ganzen Universum zugrunde liegende Struktur. Der Ursprung der Schöpfung, die schöpferische Kraft des Universums.

Ich glaubte alles, was Parti mir von seiner Nahtoderfahrung berichtete, aber natürlich war auch sie nur eine subjektive Erfahrung, die außer Parti niemand miterleben konnte. Gab es nicht wenigstens ein objektives Element in der Geschichte, konnte ich sie nicht als geteilte Erfahrung einstufen.

Das änderte sich, als Parti sich von seiner NTE erholte. Das Lichtwesen hatte ihm die Erzengel Michael und Raphael geschickt, damit sie ihm halfen, seine Botschaft zu verstehen. Und der wichtigste Teil davon war, dass Partis Tage als Arzt vorüber waren. Von nun an sollte er eine Form der Medizin betreiben, die sich »bewusstseinsbasiertes Heilen« nannte.[190] Das Problem an dieser Forderung war, dass Parti keine Ahnung davon hatte, was bewusstseinsbasiertes Heilen war. Und er erinnerte sich keineswegs an alles, was das Lichtwesen ihm aufgetragen hatte.

Am Tag bevor Parti seine erste Therapiegruppe als bewusstseinsbasierter Heiler leitete, besuchten die beiden Engel ihn während einer Meditation. Sie hatten sich schon öfter gezeigt, wenn er meditierte. Sie waren meist gut aufgelegt und machten gerne Witze. Dieses Mal aber waren sie sehr ernst. Sie tauchten urplötzlich auf, übermittelten ihm telepathisch Informationen und verschwanden wieder.

Nachdem Parti die Meditation verlassen hatte, eilte er zu seinem Schreibtisch und schrieb die sieben Grundsätze des bewusstseinsbasierten Heilens auf, die er später sein »Nahtod-Manifest« nannte:

1. Bewusstsein kann außerhalb des Körpers existieren.
2. Es gibt ein Leben nach dem Tod.
3. Wir haben frühere Leben, und die Erfahrungen, die wir darin gemacht haben, können unsere gegenwärtige Wirklichkeit prägen.
4. Wir sind alle miteinander verbunden, weil wir alle aus ein und derselben Energie gemacht sind, die sich als individuelle Materie manifestiert.
5. Göttliche Wesen existieren, um uns zu helfen und zu führen.
6. Es gibt verschiedene Ebenen des Bewusstseins.
7. Es gibt eine alles durchdringende, absolute Liebe und Intelligenz, die die Quelle des ganzen Universums ist, und diese Liebe ist die höchste Quelle der Schöpfung.[191]

Die Ereignisse, die sich während Partis NTE zutrugen, waren so außergewöhnlich, dass er danach seine medizinische Praxis vollkommen umkrempelte. Er ließ die pharmazeutische Medizin hinter sich, die seiner Ansicht nach für einen hohen Prozentsatz von Suchterkrankungen verantwortlich ist. Stattdessen würde er die »Krankheiten der Seele« behandeln, indem er auf erprobte Verfahren zurückgriff wie Yoga, Meditation, Farb- und Lichttherapie, Massage und andere gut erforschte Ansätze, die nicht zu Suchtverhalten führen, sondern zu einer allgemein besseren Gesundheit. Und die Tatsache, dass sein Wandel für alle um ihn herum so deutlich erkennbar ist, macht diesen Fall nun zu einer geteilten Todeserfahrung. (Und ja, Parti wurde von diesem Licht buchstäblich verwandelt. Daher hätte man diese Geschichte auch in das Kapitel über das transformative Licht aufnehmen können.)

Obwohl die hier vorgestellten Fälle sehr unterschiedlich sind, hat sich das Leben der Betroffenen durch die Begegnung mit dem Tod durchweg spontan zum Besseren verändert. Wie das vor sich geht, weiß im Moment noch niemand. Dies ist ein Rätsel, das selbst die klügsten Leute der Welt verblüfft. Und das ist in Ordnung. Vielleicht ist es ja nicht das Wie oder Warum, das GTEs so interessant macht, sondern nur die Tatsache, dass sie positive Veränderungen bewirken, wenn sie gebraucht werden.

Oder wie Frank Herbert in *Dune* schreibt: »Das Rätsel des Lebens ist kein Problem, das es zu lösen gilt, sondern eine Wirklichkeit, die man erfahren muss.«[192]

Unerklärliche Heilungen

Natürlich müssen spontane Veränderungen nicht immer mit Schutzengeln zu tun haben. Die meisten geteilten Todeserfahrungen entfalten eine heilsame Qualität, die den körperlichen oder geistigen Zustand der Betroffenen positiv verwandelt. Krankheiten können heilen, selbst wenn sie eigentlich tödlich sind, oder es bilden sich bei dem oder der Betroffenen Fähigkeiten aus, die sein beziehungsweise ihr ganzes Leben verändern. Wenn es nach einer NTE zu solch einer spontanen Erfahrung kommt, hat diese fast immer Sofortwirkung. Der Wandel geschieht so schnell, dass er wie ein Wunder erscheint. Als hätte man einen Lichtschalter umgelegt.

Die heilende Kraft der Trauer

Hier ein Beispiel aus dem Fundus von Jeffrey Longs Near-Death Experience Research Foundation (NDERF), der Fall von Sanna F., die am Totenbett ihrer neunzigjährigen Großmutter saß und durch diese Erfahrung verändert wurde. So hat sie selbst diese Geschichte aufgeschrieben:

Einige Tage bevor sie [die Großmutter] starb, sagte sie mir, dass sie um sich herum lauter gute Geister sehe. Am Tag, als sie starb, war sie extrem schwach und nicht in der Lage, zu kommunizieren. Wir taten unser Bestes, um es ihr zu Hause bequem zu machen, aber wir sahen alle, dass sie unter Schmerzen litt. […] Sie hatte nun seit zehn Tagen nichts Festes mehr gegessen und hatte sich am Rücken wund gelegen. Viele Angehörige waren im Zimmer und unterhielten sich miteinander. Wir bildeten einen Kreis um sie, weil wir spürten, dass das Ende nahe war. […] Mir war klar, dass sie litt, auch wenn sie nichts mehr sagen konnte.

Plötzlich hörte ich meinen Cousin sagen, wir sollten uns ihre Augen ansehen. Omas Augen waren offen, weiter und blauer als je zuvor. Sie schien irgendetwas direkt anzusehen. Ihre Haut wurde nahezu weiß. Es war merkwürdig und erschreckend. Ich glaube, ich sagte: »Sie sieht Gott!« Meine Schwester und mein Cousin standen wie angewurzelt da und starrten erstaunt. […]

Ihre Augen richteten sich immer noch auf irgendetwas über ihr, als würde sie eine Botschaft erhalten. Ein Licht (das von innen kam oder von ihr widergespiegelt wurde) erhellte ihre Augen. Ihr Oberkörper schien angehoben zu werden. Ich weiß das aber nur, weil der Winkel sich veränderte, aus dem ich ihr Gesicht sah. Aus irgendeinem Grund konnte ich meinen Blick nicht von ihrem Gesicht abwenden, als hätte man mir befohlen, nicht mehr wegzusehen. Ich hatte das überwältigende Gefühl, dass ich in Gegenwart des Göttlichen war. Und obwohl ich (mit meinen Augen) nicht sehen konnte, was Oma sah, spürte ich, dass es entweder Gott, Jesus oder ein Engel war. Es schien eine männliche Persönlichkeit zu haben, war sehr groß und strahlte ein helles Licht aus. Ich habe dies nicht mit meinen physischen Augen gesehen. Es war eher eine telepathische Vision im Geist. Dabei konnte ich den unteren Saum seiner langen Robe »sehen«, der den Boden berührte. Er schien alles über Oma zu wissen, als sähe er ihr ganzes Leben vor sich. Am besten kann man ihn beschreiben als »verkörperte Autorität«. Ich fühlte mich unglaublich geehrt, in seiner Präsenz zu sein. Daher kniete ich nieder, um zu beten, zum einen aus Achtung vor dem Schicksal meiner Großmutter, zum anderen aus Respekt vor diesem mächtigen, außerweltlichen Wesen. [...] Ich spürte, dass er meiner Oma telepathisch befahl, ihm zu folgen. Ich fühlte, wie er etwas sagte wie: »Komm mit mir.«

Noch schockierender war es, wie viel Freude wir empfanden, als sie starb und fortging, um ihm zu folgen. Das Gefühl des Jubels war überwältigend und stärker als alles, was man mit einem menschlichen Hirn erfahren kann. Es war, als hätten wir kurz Zugang erhalten zu einem größeren, vereinten Bewusstsein – ein Gefühl, das sich nicht wiederholen lässt. Keine Worte würden der Energie gerecht, die wir verspürten. Merkwürdigerweise erkannte ich dieses Gefühl sofort wieder. Es war das Gefühl des Zuhauseseins.[193]

Der Tod von Sannas Großmutter war anfangs bedrückend für sie. Etwas an dieser Erfahrung verhinderte, dass sie auf »normalem« Weg trauerte.

»In den nächsten Tagen ging mir dieses Erlebnis wieder und wieder durch den Kopf«, schrieb sie. »Ich sehnte mich so sehr nach demselben Gefühl jubelnder Energie, die ich verspürt hatte, als Oma starb.«[194]

Dann aber dachte Sanna darüber nach, was da passiert war, und ihr Gefühl schlug ins Gegenteil um.

»Schließlich wurde mir klar, was für eine Ehre es war, eine GTE zu haben«, schreibt sie. »Es ist wunderbar zu wissen, dass meine Großmutter jetzt an einem besseren Ort ist. Außerdem habe ich seit diesem Erlebnis eine deutlich geringere Herzfrequenz. Man hatte bei mir eine generalisierte Angststörung festgestellt und ich habe schon früher angstlösende Medikamente genommen. Seit dieser Erfahrung aber hat sich meine Ängstlichkeit gelegt. Ich empfinde mehr Liebe für andere Menschen, auch für Fremde. Ich glaube nicht, dass ich je ganz verarbeiten kann, was ich da erlebt habe. Aber ich bin trotzdem unglaublich dankbar.«[195]

Sannas Großmutter verstarb vor einigen Jahren. Da Paul und ich wissen wollten, ob ihre Erfahrung sich dauerhaft positiv auf ihre Angststörung ausgewirkt hatte, haben wir Kontakt zu ihr aufgenommen. Auf die Frage, ob ihre Ängste sich seitdem wieder verschlimmert hätten, antwortete sie mit einem klaren Nein. Und ihre Herzfrequenz sei immer noch um gut zehn Schläge pro Minute geringer als zu der Zeit, als sie mit chronischen Ängsten zu kämpfen hatte.[196]

»Ich glaube, der Wandel geht tiefer als nur bis zur Heilung von der Angst«, schrieb sie uns. »Jeder Gedanke, den ich nun habe, ist präsenter als zuvor. Früher habe ich nur über die Zukunft nachgedacht (was ich als Nächstes zu tun hatte, welche Probleme sich ergeben könnten und so weiter). Ich habe mir deshalb immer viele Sorgen gemacht. Seit diesem Erlebnis aber kann ich mich viel besser auf das ›Jetzt‹ konzentrieren. Ich habe vor Kurzem Dr. [Bruce] Greysons Buch *Nahtod* gelesen, in dem er schreibt, dass dieses Phänomen [stärker in der Gegenwart verwurzelt zu sein] eine häufige Nachwirkung ist. Ich glaube, das ist es, was letztlich zu meiner abnehmenden Angst und niedrigeren Herzfrequenz geführt hat.«[197]

Sannas Geschichte zeigt, dass eine geteilte Todeserfahrung einen Menschen schnell und nachhaltig verändern kann. Dieser Wandel war für Sanna eine Überraschung. Oder wie sie selbst es beschreibt: »Anfangs dachte ich nicht, dass die Erfahrung groß mit mir zu tun hätte. Damals schien es einzig um Oma zu gehen. Erst einige Wochen später merkte ich, dass meine Ängste plötzlich weg waren.«[198]

Warum sich Sannas Ängste gelegt haben, kann sie nicht sagen. Alles, was sie weiß, ist, dass es mit dem Tod ihrer Großmutter zu tun hat. Deswegen sieht sie darin auch das letzte Geschenk der Familienmatriarchin. Ein geheimnisvolles Geschenk, das sie zu schätzen weiß.

Übersehene Wunder

Im Folgenden möchte ich Ihnen die Geschichte einer Spontanheilung erzählen, die von Penny Sartori, einer OP-Schwester in Großbritannien, aufgezeichnet wurde. Als Intensivkrankenschwester konnte sie häufig ungewöhnliche Ereignisse rund um den Tod von Menschen beobachten. Dies erweckte ihr Interesse an Nahtodstudien, und in der Folge sammelte sie auch selbst einige der interessantesten NTE-Fallberichte, die es gibt. Dazu gehört dieser vielfach bezeugte Fall:

Der Mann hatte eine infantile Zerebralparese. Er hinkte von Geburt an und seine rechte Hand war immer schon zur Faust verkrümmt. Seine Knöchel schwollen oft an und seine Nieren funktionierten nicht richtig. Nichts davon aber war die Ursache für seine NTE. Er musste sich als Erwachsener einer Notoperation wegen Darmkrebs unterziehen, nach der er sich eine Blutvergiftung zuzog. Wenn eine Blutvergiftung unbehandelt bleibt, kann sie sehr schnell tödlich enden – daher behandeln wir diese Geschichte als NTE.

Sartori interviewte den Mann einige Tage nach seiner Operation, der sie beigewohnt hatte. Er erzählte ihr, er habe während der OP seinen Körper verlassen, habe jedoch alles sehen und hören können, was um ihn herum vorging. Er sagte, er habe gesehen, wie Sartori »etwas aus meinem Mund zog, das aussah wie ein langer rosafarbener Lutscher, wie ein langes rosarotes Ding an einem Stab«.[199] Später stellte man fest, dass er damit einen Tupfer meinte. Er habe auch mitangesehen, wie der Chirurg etwas vor seine Augen gehalten habe und meinte: »In den Augen ist Leben.«[200] Außerdem habe er seine verstorbenen Eltern im Operationssaal gesehen und mit seinem Vater gesprochen, »nicht durch mit den Mund formulierte Worte, sondern mit dem Geist«.[201]

Die Beschreibung, die der Mann von seiner außerkörperlichen Erfahrung lieferte, war interessant, aber einigermaßen normal. Doch was später geschah, als er wieder voll bei Bewusstsein war, grenzt an ein Wunder. Denn nach dieser Nahtoderfahrung, die infolge einer Erkrankung im Erwachsenenalter eintrat, mit seinem angeborenen Leiden also nichts zu tun hatte, konnte er plötzlich zum ersten Mal seit sechzig Jahren die rechte Hand öffnen! Nach seiner Nahtoderfahrung konnte der Mann die rechte Hand ganz normal benutzen.

Die Schwester des Patienten und sein Physiotherapeut, der ihn lange Zeit behandelt hatte, bestätigten beide, dass er die Hand vorher nicht einsetzen konnte. Man prüfte auch die Aufzeichnungen seiner diversen Behandlungen. Der Physiotherapeut war der Meinung, die Hand hätte nur mit einer Operation an den Sehnen geöffnet werden können. Und das ist noch nicht alles. Auch sein Gang besserte sich. Seine Knöchel schwollen nicht mehr an und seine Nieren funktionierten perfekt.[202]

Bevor wir fortfahren, sollten wir über diesen Fall noch einmal nachdenken. Schließlich hat sich im Verlaufe der Operation dieses Mannes etwas wirklich Wundersames ereignet. Er hatte sechs Jahrzehnte lang mit sichtbaren und unsichtbaren Einschränkungen aufgrund seiner Zerebralparese leben müssen. Dann wäre er während der Notoperation wegen einer Darmkrebserkrankung fast gestorben und hatte eine ausführliche außerkörperliche Erfahrung, was zeigt, dass er vermutlich dem Tod sehr nahe gekommen war.

Und trotz aller Belastungen, die er bis dahin aufgrund seines angeborenen Leidens und einer beinahe tödlich verlaufenden Operation durchgemacht hatte, erwachte er mit einem neu organisierten Gehirn und einem voll funktionsfähigen Körper.

Sartori selbst sagte über diesen Fall: »Es gibt andere Fälle solcher Heilungen, aber alles, was wir darüber wissen, ist, dass wir das, was hier vorgeht, nicht erklären können.«[203] Natürlich stimmt, was Sartori sagt – es gibt Tausende Fälle von spontaner Heilung, die im Laufe der Geschichte zusammengetragen worden sind.

Zukunftsmusik

Und dann gibt es noch diese kurze und doch einzigartige GTE, bei der einer Frau namens Eliza eine Zukunft versprochen wurde, gerade als sie dachte, sie hätte keine. Eliza musste zuerst eine schwere Operation durchstehen, bei der man Tumorgewebe entfernte, darunter auch Gewebe, von dem man nicht wusste, ob der gefürchtete Krebs sich schon darin ausgebreitet hatte. Danach musste sie sich einer Chemotherapie unterziehen, die Fieber von mehr als 40 Grad auslöste. Ihre Träume in dieser Zeit waren geradezu urweltlich: »schwarze Teersümpfe mit Ungeheuern, die [sie] in die Tiefe der Erde ziehen wollten«.

Mit Morphium hielt man sie gerade so bei Bewusstsein. Eliza war »am Rande dieser Welt und mit einem Fuß bereits auf der anderen Seite«.

Als sie schon aufgeben wollte, spürte sie, wie eine Hand die ihre drückte. Dann hörte sie die sanfte Stimme eines jungen Mannes, der sie anflehte: »Großmutter«, sagte er.

Eliza öffnete die Augen und erblickte vor sich einen gutaussehenden jungen Mann mit dunklen Haaren, den sie noch nie gesehen hatte.

»Du musst durchhalten, Großmutter, weil ich dich noch nicht kenne«, sagte er.

Obwohl sie sagte, dass danach ihre Erinnerung nachließ, schwand sie offenbar nicht vollständig. Die Begegnung mit dem jungen Mann bewegte sie. Tatsächlich gab sie ihr den Impuls, weiterleben zu wollen.

Sie erzählte engen Freunden und Angehörigen von dieser Begegnung, die sie auf den Weg zur Gesundung geführt hatte. Und eines Tages bewahrheitete sich die Traumbegegnung. Ihr Sohn wurde Vater eines Jungen, der in ihren Augen zu dem jungen Mann heranwachsen würde, den sie im Krankenhaus gesehen hatte.[204]

War diese GTE eine Vorahnung der Zukunft? Das kann uns nur die Zeit sagen. Aber angesichts all dieser anderen Erfahrungen würde ich darauf wetten, dass Elizas Enkel zu dem dunkelhaarigen Jungen heranwachsen wird, der ihr in ihren schwersten Momenten Mut machte.

Neue Fähigkeiten

Doch eine NTE kann sich nicht nur körperlich heilsam auswirken. Oft fördert sie auch bislang ungekannte Fähigkeiten zutage. Das kommt häufig vor, wenn der Nahtoderfahrende sich neuen Interessen zuwendet, die er vorher nicht hatte, so als wäre etwas in ihm oder ihr aktiviert worden. Häufig sind diese Fähigkeiten künstlerischer Natur. Vielleicht erinnert Sie das ja an den entsprechenden Abschnitt in Kapitel 4 über das transformative Licht. Moe Hunter, dessen Geschichte dort bereits erzählt wurde, ist hierfür ein Paradebeispiel, denn er hatte vor seiner Nahtoderfahrung absolut keine künstlerische Begabung gezeigt. Doch als er wiedererwachte, war er beseelt von dem glühenden Verlangen, aus Recyclingmaterial Repliken von Objekten der Popkultur zu erschaffen. Andere Nahtoderfahrende werden Maler oder Schriftsteller. Der Arzt Dr. Tony Cicoria wurde Konzertpianist.

Ein Ereignis, das ein ganzes Leben veränderte

Die Geschichte dieser spontanen Verbesserung beginnt mit einer erschreckenden NTE und endet mit einer neuen Fähigkeit, die dem Betroffenen Weltruhm einbrachte. Ich stelle vor: Tony Cicoria, Facharzt für orthopädische Chirurgie, der im Norden New Yorks lebte und neue Fähigkeiten vermittelt bekam – offensichtlich, weil er seine Mutter bei einem Familienpicknick im Jahr 1994 von einem Münzfernsprecher aus anrief. Als er gerade wieder auflegen wollte, kam der lebensverändernde Moment:

> *Mit meiner linken Hand nahm ich den Hörer von meinem Gesicht weg, um einzuhängen. Als er ungefähr dreißig Zentimeter von meinem Gesicht entfernt war, hörte ich mit einem Mal einen ohrenbetäubenden Knall. Gleichzeitig sah ich einen grellen Lichtblitz, der aus dem Telefonhörer kam. Ein starker Blitz hatte in den Münzfernsprecher eingeschlagen, das Telefon mit dem Hörer durchlaufen und mich im Gesicht getroffen, bevor die gewaltige elektrische Ladung durch meinen Körper in die Erde abgeleitet wurde.*
>
> *Die Stärke des Blitzes warf meinen Körper nach hinten, als wäre ich eine Stoffpuppe. Trotz des starken körperlichen Traumas spürte ich, dass etwas Merkwürdiges und Unerklärliches vorging. Während mein Körper zurückgeschleudert wurde, spürte ich, dass »ich« mich vorwärtsbewegte. Und doch schien ich gleichzeitig reglos dazustehen und den Telefonhörer, der vor mir herabhing, voller Entsetzen anzustarren.*[205]

Danach brach das Chaos aus. Cicorias Schwiegermutter stand auf den Stufen des Clubhauses und schrie. Er sah sie an, sie blickte auf seinen vom Blitz getroffenen Körper herab, aber nicht auf ihn. Da merkte er, dass er aus seinem Körper herausgetreten und unsichtbar war. Er schwebte über seiner Schwiegermutter. Seine Augen folgten den ihren, und erst da erkannte er den reglosen Körper auf dem Boden. »Ich muss tot sein«, dachte er.

Die Leute versammelten sich um seinen Körper. Niemand schien zu wissen, was zu tun war. Cicoria erteilte schreiend Anweisungen, aber niemand konnte ihn sehen oder hören. Schließlich nahm sich eine Frau seiner an. Sie kniete neben ihm nieder und gab ihm eine Herzmassage.[206]

Er drehte sich um und lief die Stufen hinauf zu seiner Familie. Als er im zweiten Stock ankam, fingen seine Beine an zu verschwinden. Er war »nur ein Ball aus Energie und Gedanken«, sagte er später.[207]

Vollkommen panisch flog Cicoria durch die Wand des Gebäudes und fiel in einen Fluss aus »bläulich weißem Licht«. Darin überkam ihn das wunderbarste Gefühl, das er im Leben je gehabt hatte. Es war ein »Gefühl von absoluter Liebe und vollkommenem Frieden«.[208]

Cicoria nannte dies die »Gottesenergie«, die Energie des Lebens, die alles durchströmt und die Welt belebt.[209]

Cicoria betrachtete ein Wandgemälde, das die Höhen und Tiefen seines Lebens zeigte. Es war eine illustrierte Lebensrückschau, bei der Cicoria keinerlei Furcht mehr empfand. Irgendwie war er noch immer in dem bläulich weißen Fluss, und er wollte dort unbedingt bleiben und mit dem Fluss gehen, wohin auch immer der ihn bringen mochte. Aber so kam es nicht. Als wäre ein Schalter umgelegt worden, war er plötzlich wieder zurück in seinem Körper in der realen Welt, mit Verbrennungen vom Kopf bis zu dem einen Fuß, über den der Blitz ausgetreten war. Er litt unter heftigen Schmerzen.

Er sah die Frau an, die die Herzmassage durchgeführt hatte. Dann sagte er das Erste, was ihm in den Sinn kam: »Ist schon okay. Ich bin Arzt.«[210]

Cicoria weigerte sich, ins Krankenhaus zu gehen. Kurz nach dem Ereignis suchte er seinen Kardiologen und einen Neurologen auf. Diese bestätigten ihm, dass er bei guter Gesundheit sei. Nach etwa einer Woche Ruhezeit kehrte er an seinen Arbeitsplatz zurück, wo er wie immer gut zu tun hatte. Doch die Arbeit verlief alles andere als normal.[211]

Etwas war über ihn gekommen. Er fühlte einen starken inneren Drang, ständig klassische Musik zu hören. Das überraschte Cicoria, der sich selbst als »Kind der Sechziger« bezeichnete und sich eigentlich nur für klassische Rockmusik begeistern konnte.[212] Den einzigen Kontakt mit klassischer Musik oder einer musikalischen Ausbildung hatte er mit sieben Jahren gehabt, als seine Mutter ihn zwang, ein Jahr lang Klavierstunden zu nehmen.

Nun konnte er von klassischer Musik gar nicht genug bekommen. Er fuhr mehr als eine Stunde nach Albany, um dort eine CD von Chopin zu kaufen, die er ständig abspielte.

In den nächsten beiden Wochen wurde ihm klar, dass er unbedingt Klavier spielen musste. Dummerweise besaß er kein Klavier und erinnerte sich auch nicht an die Stunden, die er als Kind erhalten hatte.

Dann schlug das Schicksal zu. Die Babysitterin der Familie fragte den Doktor, ob sie ihr Klavier vielleicht ein Jahr lang bei ihm abstellen könnte, weil sie umziehen müsse. Nun, da Cicoria ein Klavier zur Verfügung hatte, kaufte er sich Lehrbücher und fing an, erste Stücke von Chopin vom Blatt zu spielen. Er träumte von komplexen Musikstücken und diese Träume fühlten sich an wie »außerkörperliche Erfahrungen«.[213]

Nach dem Beginn seiner autodidaktischen Klavierstunden hatte Cicoria einen Traum. Auch das war kein normaler Traum, sondern eher eine außerkörperliche Erfahrung, bei der er zusah, wie sein Körper in einem Konzertsaal spielte. Nachdem er mehrere solcher Träume gehabt hatte, wurde Cicoria klar, dass er im Traum längst nicht mehr Chopin spielte, sondern eigene Stücke.

Eines Nachts stand er nach einem solchen Traum auf und versuchte, die Musik, die er im Traum gespielt hatte, festzuhalten. Aber wie sehr er es auch versuchen mochte, er konnte nicht spielen, was er im Kopf hatte.

Doch musikalisch wurde er zum Besessenen. Er war überzeugt, dass er den Blitzschlag nur wegen der Musik überlebt hatte. Er würdigte diese Erkenntnis, indem er jeden Tag morgens von vier Uhr bis um sechs Uhr dreißig übte, bevor er zwölf Stunden lang im Krankenhaus arbeitete. Wenn dann am Abend die Kinder im Bett waren, übte er wieder, bis er einnickte. »Irgendwie habe ich mir eingeredet, ich hätte nur überlebt wegen dieser Musik«, sagte er. »Ich wurde wirklich zum Fanatiker.«[214]

Mit den Jahren und der Hilfe von Lehrern, zu denen auch ein Pianist gehörte, der am Konservatorium der Juilliard School studiert hatte, wurde Cicoria immer besser. Mittlerweile spielt er zum Beispiel am Foothills Performing Arts & Civic Center in Oneonta im Staat New York oder trat im Mozarthaus in Wien auf, wo er »Die Blitzsonate« spielte, seine eigene Komposition.[215]

Der Ursprung dieses Talents ist ihm selbst ein Rätsel. Die Brandnarben, die vom Gesicht abwärts bis zum Fuß zurückgeblieben sind, zeigen, welchen Weg der Blitz durch seinen Körper nahm. Doch Untersuchungen an seinem Gehirn zeigen keinerlei Veränderungen, die seine neuen musikalischen Talente erklären würden.

Der berühmte Neurologe Dr. Oliver Sacks beschäftigte sich mit diesem Fall und stellte ein paar Theorien auf, welche Folgen der Blitzschlag gehabt haben könnte. Eine Möglichkeit ist, dass der Blitz ein zuvor schlafendes Gen aktiviert hat. Eine andere, dass sich durch den starken elektrischen Schlag seine Neuronen neu verschaltet haben. Cicoria war sich nicht sicher, »was das alles bedeuten sollte«.[216] Er wusste, dass er eine »besondere Gabe« erhalten hatte und dass er nun »Himmelsmusik« hören konnte.[217] Und mehr Erklärung brauchte er nicht.

Wie konnte so etwas nahezu augenblicklich geschehen? Ereignisse wie diese gehören sicherlich zu den größten Rätseln in der Welt der Todesstudien, und sei es nur deshalb, weil sie zeigen, wie ein neues und besseres Leben aus dem fast sicheren Tod entstehen kann.

Cicoria schreibt in einem medizinischen Fachaufsatz über seine Erfahrung: »In meinem Fall bin ich als Arzt und Wissenschaftler dem, was mir passiert ist, mit einigem Zögern begegnet. Klar ist für mich, dass mein Bewusstsein den Tod überlebt hat und ich Details meiner Nahtod- und außerkörperlichen Erfahrung überprüft habe, die ich nicht hätte wissen können, wenn mein spirituelles Selbst außerhalb meines Körpers keine bewusste Wahrnehmung gehabt hätte.«[218]

Seine sehr nachvollziehbare Schlussfolgerung lautet: »Die Gabe des Lebens ist größer als die Summe seiner Teile. Und was immer das Bewusstsein sein mag, es überlebt jedenfalls den Tod.«[219]

Warum das Beschriebene auf ein Leben nach dem Tod hindeutet

Das Auftreten von Musen oder Schutzengeln, die einen Nahtoderfahrenden anschließend durchs Leben begleiten oder beim Verfolgen neuer Interessen unterstützen, Spontanheilungen und der Erwerb völlig neuer oder möglicherweise latenter Fähigkeiten gehören zu den Elementen der GTE, weil die Folgen – unmittelbar oder in absehbarer Zeit – für andere sichtbar sind, nachdem der Nahtoderfahrende zu den Lebenden zurückgekehrt ist. Diese Phänomene zeigen sich bei vielen Menschen, die lebensbedrohliche Verletzungen oder tödliche Krankheiten überstanden haben. Ich habe eine Reihe solcher Menschen kennengelernt und ihren Lebensweg über Jahrzehnte weiterverfolgt. Und ich war regelmäßig tief beeindruckt, wie sich ihre lebensverändernden Erfahrungen mit der Zeit auswirkten.

Meiner Ansicht nach haben solche Veränderungen nach einer Nahtoderfahrung eine ganz andere Qualität als jene, die von weltlichen Lebensereignissen wie einer Scheidung, Naturkatastrophen oder der Geburt von Kindern ausgelöst werden.

Ich denke, es ist der Kontakt mit dem Göttlichen, der die Veränderungen bei Nahtoderfahrenden von denen der Menschen unterscheidet, die Erschütterungen durch eher diesseitige Ursachen zu überwinden haben. In einigen Fällen scheinen diese außerordentlichen Veränderungen die Vorstellung von einem Leben nach dem Tod zu stützen. Nahtoderfahrungen schenken uns einen kurzen Blick in ein Jenseits, was ein Grund mehr ist, für das Danach mit einem Leben zu rechnen, das von Liebe und Güte bestimmt ist. Bei den Menschen, deren Nahtoderfahrung mit einem Musenkuss, einer Spontanheilung oder spontan erworbenen neuen Fähigkeiten einherging, habe ich – so unterschiedlich ihre Erfahrungen auch ausfielen – eine Gemeinsamkeit entdeckt: Die Betroffenen haben wie andere GT-Erfahrende, die in diesem Buch vorgestellt werden, keine Angst mehr vor dem Tod. Sie wissen, dass sie etwas unfassbar Schönes erwartet, sobald sie ihren irdischen Körper verlassen. Dies und ihr verändertes Leben nach ihrem Erlebnis sind für mich ein weiterer Beleg dafür, dass wir auf ein Leben nach dem Tod vertrauen dürfen.

7
Grund 6: Licht, Nebelschleier und Musik

Wenn sich der Nebel verzogen hat und nachts die Sterne und der Mond herauskommen, dann ist das ein wunderschöner Anblick.

Jack Kerouac

In den frühen 1970er-Jahren, noch bevor *Leben nach dem Tod* erschienen war, wurde ich zu einer Art medizinischem Beichtvater für alle Ärztinnen und Ärzte, die unerklärliche Ereignisse erlebt hatten, über die nichts in ihren Lehrbüchern stand.

So habe ich beispielsweise von geteilten Todeserfahrungen erstmals im Dezember 1972 von einer meiner Professorinnen der Medizin gehört. Sie hatte erfahren, dass ich paranormale Ereignisse untersuche, und vertraute mir ein wichtiges Geheimnis an, über das sie noch nie mit einem anderen Arzt, Ärztin oder Medizinstudierenden gesprochen hatte. Ihre Mutter hatte einen Herzanfall erlitten, und sie versuchte, ihre Mutter wiederzubeleben. Ihre Bemühungen blieben erfolglos, aber währenddessen machte sie eine außerkörperliche Erfahrung. Sie schwebte zur Decke. Als sie sich umdrehte, um auf den Körper ihrer im Koma liegenden Mutter zu schauen, sah sie diese direkt neben sich. Sie lächelte trotz ihres unmittelbar bevorstehenden Endes. Dann sah die Ärztin noch etwas – eine Träne des Universums, die aussah wie »ein Wassertropfen aus Licht«, der in den Raum fiel, und mit ihm mehrere verstorbene Freundinnen und Freunde ihrer Mutter. Als ihre Mutter auf ihre Freunde zuging und sich ihnen auf der anderen Seite anschloss, verschloss sich das Licht wieder »auf die spiralenartige Weise eines Kameraobjektivs und schon war es weg«.[220]

Seit damals habe ich Hunderte solcher GTE-Geschichten gehört, von Ärzten, Krankenschwestern, Menschen der unterschiedlichsten Bildungsgrade oder Berufe. Die bloße Anzahl all jener, die auf mich oder auf meine Kolleginnen und Kollegen zukamen, um über geteilte Todeserfahrungen zu berichten, sagt mir, dass diese zu wenig bekannt sind.

Das Gleiche gilt für die Erscheinungen, die wir in diesem Kapitel untersuchen – geheimnisvolle Lichter, Nebelschleier und Musik, die von Menschen erlebt werden, die am Bett einer oder eines Sterbenden stehen. Gerade diese GTE-Phänomene wurden von weit mehr Anwesenden miterlebt, als bislang erfasst wurde. Meist gehen sie einfach unter, weil sie so merkwürdig sind. In Sachen Nahtoderfahrung (NTE) lagen die Dinge früher durchaus ähnlich. Viele sprachen nicht darüber, weil die Ärzte ihnen erklärten, es handle sich um »schlechte Träume«, Halluzinationen oder, noch schlimmer, um eine Form vorübergehender geistiger Umnachtung. Die Patientinnen und Patienten fühlten sich nicht ernst genommen und behielten ihre Erfahrungen daher lieber für sich.

Aber wenn mehrere Personen zur selben Zeit das Gleiche sehen oder hören, dann verdient das durchaus Aufmerksamkeit. Mystische Lichter oder Nebelschleier zu sehen oder Töne zu hören, während man den Tod eines lieben Menschen erwartet, ist ja durchaus eine übernatürliche Erfahrung, vor allem, wenn andere um einen herum dasselbe erleben. Jetzt aber, wo mehr Menschen über diese Dinge reden, untersucht man sie auch und findet sie bestätigt.

Elemente geteilter Todeserfahrungen

Warum spielen Lichter, Nebelschleier und Sphärenklänge bei GTEs so eine große Rolle? Wie schätzen Zeuginnen und Zeugen diese unerwarteten Erscheinungen zur Todesstunde eines Menschen ein? Und passiert das häufig? Handelt es sich um erschreckende Erlebnisse oder weisen sie vielmehr auf ein besseres Leben, das uns erwartet, hin? Und wie erklärt sich die Wissenschaft das Phänomen? Unternimmt sie überhaupt entsprechende Versuche?

Bevor wir uns diesen Fragen zuwenden, möchte ich Ihnen erst einige Fallberichte präsentieren. Bitte behalten Sie im Hinterkopf, dass die hier berichteten Ereignisse von Menschen erlebt wurden, die allesamt mit beiden Beinen fest im Leben stehen. Einige von ihnen haben sogar einen medizinischen Beruf und verbringen daher öfter Zeit am Sterbebett von Patientinnen und Patienten.

In einigen seltenen Fällen treten zwei oder drei dieser Phänomene (Licht, Nebelschleier und Musik) gleichzeitig auf. Gerade in den Berichten aus dem 19. Jahrhundert finden sich Hinweise auf überirdische Musik und Lichterscheinungen, wobei im Zimmer der oder des Sterbenden fast eine Art Lightshow entsteht. Manchmal überdauerten das Licht und die Musik sogar deren oder dessen Tod für eine gewisse Zeit. In einem der Fälle trat das Licht sogar zusammen mit einer außerkörperlichen Erfahrung auf.

Ich möchte Ihnen zunächst Berichte über die einzelnen Erscheinungen präsentieren, damit Sie eine Vorstellung davon bekommen, worum es hier geht. Erst dann werde ich eine Theorie formulieren, die, wie ich und einige andere denken, diese Phänomene erklärt.

Licht

Der erste Punkt auf unserer Liste ist das Licht, das manchmal von einer sterbenden Person ausgeht, um sie herum wie eine Aura aufscheint und sich mitunter auf den ganzen Raum ausdehnt oder über dem Körper der oder des Sterbenden schwebt. Manchmal erscheint es auch als eine Art Schleier, doch damit beschäftigen wir uns im nächsten Abschnitt. Interessanterweise geht es in zwei der folgenden Berichte um ein rosafarbenes Licht. Die Farbe kann sich je nach Beobachterin oder Beobachter ändern.

Ein Licht aus dem Jenseits

Ein ausgezeichnetes Beispiel für die Berichte vom »Aufleuchten« von Patientinnen und Patienten in der Todeserfahrung liefert uns die Krankenschwester von Carl Gustav Jung, dem Vater der analytischen Philosophie, der in seiner Autobiografie folgende GTE beschreibt:

> *Zu Beginn des Jahres 1944 brach ich mir den Fuß und es folgte ein Herzinfarkt. Im Zustand der Bewusstlosigkeit erlebte ich Delirien und Visionen, die angefangen haben müssen, als ich in unmittelbarer Todesgefahr schwebte und man mir Sauerstoff und Kampfer gab. Die Bilder waren so gewaltig, dass ich selber schloss, ich sei dem Tode nahe. Meine Pflegerin sagte mir später: »Sie waren wie von einem hellen Schein umgeben!« Das sei eine Erscheinung, die sie bei Sterbenden manchmal beobachtet habe. Ich war an der äußersten Grenze und weiß nicht, befand ich mich in einem Traum oder in Ekstase?*[221]

Menschen, die »das Licht gesehen« haben, das während ihrer eigenen oder einen fremden Nahtoderfahrung erschien, erzählen, dass es mehr ist als nur Licht. Es hat »Substanz« und »umhüllt«

sie mit warmer Liebe und Fürsorge, wie sie sie bislang nie kennengelernt hatten. Manchmal geht das Licht sogar durch einen oder eine der Umstehenden hindurch.

Der folgende Fall wurde von einer häuslichen Pflegerin beobachtet, die schon etwa hundert Hospizpatientinnen und -patienten versorgt hatte, ohne je zuvor dergleichen gesehen zu haben:

> *An dem Tag, als sie [die Frau, die ich versorgte] starb, redete ich den ganzen Morgen über mit ihr und versuchte, sie im Jetzt zu halten. Eine Zeit lang antwortete sie auch, dann aber dämmerte sie weg. Anfangs wurde nur ihre Stimme schwächer, dann aber konnte sie sich nicht mehr zusammenhängend äußern. Sie sagte Wörter, die keinen Sinn machten oder keinen Satz ergaben. Irgendwann hörte sie ganz auf zu sprechen und konnte nur noch schwer atmen.*
>
> *Ich saß am Bettrand und beugte mich über sie. Die meisten Patienten mögen es, wenn jemand in ihrer Nähe ist, wenn sie sterben. Ich glaube, die Nähe schenkt ihnen Energie. Diese Frau war um die neunzig. Niemand hat sie je besucht und es schien ihr auch egal zu sein. Ihre Krankenakte besagte, dass ihre Familie im mittleren Westen lebte und ihr Mann schon lange gestorben war.*
>
> *Es war Abend und das Licht im Raum wurde schwächer, bis es schließlich ganz verschwand. Die Dunkelheit schien tröstlich, wenigstens für mich. Meine Patientin lag im Sterben, sie bemerkte den Unterschied vermutlich nicht.*
>
> *Wie auch immer, ich beugte mich über sie, um ihre Atemgeräusche besser zu hören und festzustellen, ob sie noch am Leben war. Das hatte ich etwa fünf oder sechs Mal gemacht, als plötzlich ein Lichtschein auftrat, den ich nicht nur sehen, sondern auch fühlen konnte. Das Licht ging durch mich hindurch wie eine starke Schallwelle. Es*

hielt sich ein paar Sekunden, vielleicht drei oder so. Dann verlosch beides.

Ich konnte den Herzschlag meiner Patientin nicht mehr hören, auch ihre Atemgeräusche nicht. Ich dachte mir damals so einiges. Zuerst fragte ich mich, ob ihr Geist durch mich hindurchgegangen war und ob das vielleicht schädlich für mich war. Ich hatte schon von anderen Krankenschwestern gehört, dass sie solche Lichter gesehen hatten. Aber noch nie hatte eine erzählt, dass das Licht durch sie hindurchgegangen sei. Für mich war es einfach ein Zischen, das durch meine Brust hindurchging. Das Licht schien von der sterbenden Frau zu kommen. Ich war erstaunt, erschrocken und gleichzeitig total aufgeregt.

Wenn ich heute zurückblicke, bin ich immer noch verblüfft. Ich weiß, dass das, was ich gespürt habe, real war. […] Lange Zeit hatte ich das Gefühl, diese Erfahrung sei speziell mir zugedacht gewesen. Eine Gnade Gottes und so. Und ich kann sagen, dass diese Erfahrung mein Leben verändert hat. Sie hat mich zu einem besseren und glücklicheren Menschen gemacht.[222]

Neun Zeugen

Andere Fälle berichten von der kollektiven Wahrnehmung, wie eine menschliche Form den Körper einer sterbenden Person verlassen hat. Wie in dem folgenden Beispiel aus dem Jahr 1930, das von einem Freund von Vikar Hans Martensen-Larsen stammt:

Eine fromme, sehr liebe Tante von mir lag im Sterben. Was ich jetzt erzähle, wurde von neun Menschen beobachtet, die alle im Raum waren, als sie starb. Als meine Tante ihren letzten Atemzug tat, hielt ihre Tochter ihre Hand und sagte: »Jetzt ist sie hinübergegangen.« In dem Moment sahen alle, ihr Mann, ihre Kinder und die Die-

ner eine Lichtgestalt, die vom Kopfende des Bettes durch den Raum schwebte, auf das Fenster zu und dann hinaus in die frische Luft.[223]

Offenbarungen im Licht

Meist gehen die Lichterscheinungen aber nicht von der sterbenden Person oder einem Engelswesen aus. Sie müssen auch nicht unbedingt zum Zeitpunkt des Todes auftreten. Im Falle dieser Frau füllte das Licht, das den Tod ihrer Schwester begleitete, das Schlafzimmer und hinterließ bei allen Anwesenden einen tiefen spirituellen Eindruck.

Etwa vor zehn Jahren starb meine geliebte Schwester zu Hause in ihrem Schlafzimmer an Krebs. Außer mir waren noch meine zweite Schwester und mein Schwager anwesend. Etwa eine Woche vor dem tatsächlichen Tod meiner Schwester erfüllte ein strahlend weißes Licht plötzlich den ganzen Raum. Wir alle sahen dieses Licht. Ich spürte eine innige Liebe und Verbundenheit mit jedem Anwesenden. Und mit anderen »Seelen«, die nicht sichtbar waren, aber deren Gegenwart wir spürten.

Ich sah nichts weiter als dieses Licht und meine kranke Schwester. Jahrelang dachte ich, dieses Licht habe mir sagen wollen: »Dieses Haus, diese Dinge sind alle nicht real.« Diese Gedanken verblüfften mich, aber heute weiß ich, dass ich miterlebte, was meine sterbende Schwester erfuhr. Was für eine Offenbarung! Worte können nicht ausdrücken, welche Wirkung diese Erfahrung auf mich hatte. Auf jeden Fall hatte ich an so etwas vorher noch nie gedacht.[224]

Diese Erfahrung von Licht weist ein paar einzigartige Merkmale auf. Manchmal kommt dieses Licht aus dem sterbenden Menschen, dann wieder scheint es sich sozusagen aus dem Nichts zu bilden. In letzterem Fall scheint es keinen speziellen Ursprung zu haben. Der Raum leuchtet von selbst auf, und wenn die Person gestorben ist, verblasst das Licht wieder.

Viele Menschen, die dieses Licht gesehen haben, beschreiben es als unglaublich schön. Im folgenden Fall war es sogar so wunderschön, dass der Krankenschwester, nachdem sie das prächtige Licht gesehen hatte, das den Tod ihrer Mutter begleitete, vom Anblick einer schlichten Glühbirne übel wurde.

> *Die Krankheit meiner Mutter trat sehr plötzlich auf. So gesund sie vorher war, so schnell verfiel sie nun. Sie starb nur wenige Wochen nach der Diagnose. Unsere Familie war nicht religiös, also konnte ich mit dem, was dann geschah, nicht rechnen.*
>
> *Das Licht im Raum veränderte sich. Ich wusste das, weil die neuen Glühbirnen im Raum ein Licht ausstrahlten, das aussah, als würde es sich auf die Gegenstände legen. Als das intensive weiße Licht in den Raum kam, wurde mir beim Blick in das Licht der Glühbirnen fast übel. Meine erste Reaktion war eine Art Brechreiz, als ich sah, wie krank und unnatürlich meine Mutter in dem Glühbirnenlicht aussah. Das andere Licht aber war prachtvoll.*
>
> *Danach wusste ich mit Sicherheit, dass es ein Leben nach diesem gibt. Wir legen unsere Körper ab und gehen an einen anderen Ort. Seit dieser Erfahrung wird mir beim Licht von Glühbirnen immer beinah übel. Bis dato war mir das egal, aber dieses hässliche Licht neben dem anderen, strahlenden zu sehen, missfällt mir.*[225]

Studien zeigen, dass Menschen mit einer Nahtoderfahrung aufgrund dieses hellen Lichts, das dabei häufig auftritt, »nur halb so viel Angst vor dem Sterben haben wie die normale Bevölkerung«.[226] Man hat dieses Licht als substanziell beschrieben.

Manchmal ist sogar von einer Lichtgestalt die Rede, die meist als Schutzengel oder Gottheit beschrieben wird. Dass sie diesem Licht ausgesetzt waren, führt gewöhnlich zu Persönlichkeitsveränderungen, die ein Leben lang anhalten. Auch berichten diese Menschen, dass sie weniger Angst vor dem Tod haben und sich besserer Gesundheit erfreuen als vorher. Und wenn das noch nicht paranormal genug ist: Wer im Laufe einer Nahtoderfahrung dieses Licht erlebt, macht danach vier Mal so häufig übersinnliche Erfahrungen wie die Normalbevölkerung.[227]

Die Geschichten, die Sie soeben gelesen haben, handeln nicht von Nahtoderfahrungen, sondern von geteilten Todeserfahrungen. Das aber bedeutet, dass die faszinierenden Auswirkungen des Lichts auf die Wahrnehmenden noch nicht untersucht wurden. Ich hoffe, diese spannenden Fragen motivieren meine Mitforschenden dazu, sich weiter damit auseinanderzusetzen und unser Wissen darüber zu mehren. Was den Aspekt des Wandels nach einer NTE angeht, so finden Sie mehr darüber in Kapitel 3.

Nebelschleier

Wie das Licht kann auch der Nebel den ganzen Raum erfüllen oder nur mit dem Körper der oder des Sterbenden in Verbindung stehen. Etliche Menschen, die den Tod eines anderen begleiten, sehen einen Nebelschleier von dessen Körper aufsteigen. Meist ist die Rede von einem weißen, grauen oder sogar rosafarbenen beziehungsweise grünlichen Dunstschleier, der sich kühl anfühle wie Nebel. Manche Augenzeuginnen und -zeugen berichten, dass dieser sich auflöse wie Nebel, andere sprechen von einem runden Ball, der dann in einer »Öffnung« in der Luft verschwinde. Daher glauben viele, der Nebel strebe einem Ziel zu.

Im Laufe der Jahre habe ich viele Ärzte, Ärztinnen und Pflegepersonal von übernatürlichen Erfahrungen berichten hören.

Dadurch wurde mir klar, dass an den Erfahrungen der Patientinnen und Patienten mehr ist, als in den Krankenakten steht. Nach dem Erscheinen meines ersten Buches wurde ich inoffiziell zum »Dr. Death« gekürt. In dieser Eigenschaft habe ich von einer der seltsamsten dieser mysteriösen Erfahrungen gehört – der Begegnung eines Arztes mit dem Dunstschleier.

Sehen heißt glauben

Ich möchte diesen Arzt Dr. Smith nennen. Als wir uns zum ersten Mal unterhielten, war er Ende dreißig. Die Erfahrung, von der er mir berichtete, lang schon einige Jahre zurück, in der Zeit, als er sein praktisches Jahr absolvierte.

Wie er erzählte, war es eine ruhige Nacht auf der Station. Er saß im Ärztezimmer und unterhielt sich mit anderen Ärzten, von denen manche auch Fachzeitschriften studierten. Plötzlich öffnete sich die Tür und eine Krankenschwester steckte ihren Kopf herein.

»Eine unserer Patientinnen scheint Schwierigkeiten zu haben«, sagte sie zu Dr. Smith. »Sie ringt nach Luft, murmelt vor sich hin und reißt die Augen weit auf …«

Mitten im Satz machte sie Dr. Smith Platz, der aufgestanden war, um mit ihr die Patientin aufzusuchen. In deren Privatzimmer angekommen, zog die Krankenschwester sich zurück, sodass Dr. Smith mit der Patientin allein war. Es dauerte eine Weile, bis seine Augen sich an das gedämpfte Licht gewöhnt hatten.

Die Patientin war Ende achtzig und Raucherin. Sie hatte eine leichte Herzkrankheit und eine schwere chronisch-obstruktive Lungenerkrankung (COPD), die durch eine Erkältung verschlimmert war. Man hatte sie ins Krankenhaus gebracht, weil ihr Sauerstoffwert sich verringert hatte und dieser Zustand verschlechterte sich während ihres Aufenthalts weiter.

Der Arzt drehte an der Flasche, sodass die Patientin durch ihre Nasenkanüle mehr Sauerstoff bekam. Dann regelte er die

Infusion nach. Er hoffte, dass dies ihren Zustand verbessern würde, aber als er ihr Herz abhörte, klang dieses sehr schwach, was ihm Sorgen bereitete.

»Und dann stieg plötzlich ein Dunstschleier von ihrem Körper auf. Er war zartrosa und schwebte über ihr wie eine Wolke«, erzählte er. »Ich war völlig baff. So etwas liest man schließlich nicht in den Medizinlehrbüchern.«

Dr. Smith sah einen Augenblick zu, wie der Nebel sich verflüchtigte. Ihm war kalt, und er befürchtete zunächst, dass der Nebel mit einer Fehlfunktion der Geräte zusammenhing. Doch als er später mit den Technikern sprach, versicherte man ihm, dass nichts solch einen Nebelschleier verursachen könnte.

Dann horchte er noch einmal das Herz der Patientin ab – ohne einen Ton zu hören. Der Monitor piepste und zeigte eine gerade Linie.

»Und das war's«, sagte er. »Was war das bloß für eine Wolke?«[228]

Man kann den Augenblick genau bestimmen

Interessanterweise stieß ich später auf einen weiteren Bericht über einen solchen rosafarbenen Nebel.

Diese Fallstudie stammt von einer staatlich geprüften Krankenschwester namens Karen, die auf eine Frage in der Lokalzeitung von Spokane im Bundesstaat Washington geantwortet hatte. Die Frage lautete: »Weiß man tatsächlich, wann der menschliche Geist oder die Seele den physischen Körper verlässt?« Sie versuchte, diese Frage mit einer Erfahrung zu beantworten, die sie selbst gemacht hatte.

> *Vor mehr als zwanzig Jahren habe ich eine Erfahrung gemacht, an die ich mich noch gut erinnern kann. Ich arbeitete auf der Intensivstation [eines lokalen Krankenhauses], und einer meiner Patienten war ein junger Mann, der bei einem Autounfall verletzt worden war. […] Er*

wurde künstlich am Leben erhalten, und da seine Eltern einer Organspende zugestimmt hatten, warteten wir darauf, dass der Sterbeprozess einsetzte. Seine Mutter und ich standen am frühen Morgen zu beiden Seiten seines Bettes und sahen auf diesen gutaussehenden Jungen hinunter, der wirkte, als würde er schlafen. Seine Brust hob und senkte sich, als ich plötzlich eine merkwürdige Veränderung des Lichts im Raum eher wahrnahm als sah. Über seinem Körper schien sich ein rosafarbener Nebel zu erheben, schwebte eine Weile dort, hob sich dann in den Raum und verflüchtigte sich ins Nichts. Das Gerät pumpte immer noch Luft in seine Lungen, […] aber es schien, als wäre sein Körper plötzlich hohl und fiele in sich zusammen. Es gibt ja keinen echten wissenschaftlichen Beweis dafür, dass lebende Geschöpfe eine Seele haben, aber in diesem Augenblick hatte ich das Gefühl, ich hätte zugesehen, wie diese Seele seinen Körper verließ.[229]

Bericht von einem Rauchschleier

Es gibt zahlreiche Berichte von Dunstschleiern an Sterbebetten, aber diese werden gerade von Medizinerinnen und Medizinern häufig als Halluzinationen abgetan. Doch das trifft nicht auf alle zu. Dr. Peter Fenwick, Fellow am Royal College of Psychiatrists in Großbritannien und ein bekannter Neuropsychiater, hat in dem Buch, das er zusammen mit seiner Frau und Nahtodforscherkollegin Elizabeth 2008 veröffentlicht hat, den Rauch oder »grauen Nebel« beschrieben, der den Körper im Fall des Todes verlässt.[230] Und 1970 beschrieb Robert Crookall, der sich ebenfalls für paranormale Phänomene interessierte, den Fall von Dr. R. B. Hout, der den Tod seiner Tante miterlebte:

Meine Aufmerksamkeit wurde […] von etwas angezogen, was sich unmittelbar über dem physischen Körper befand und etwa sechzig Zentimeter über dem Bett schwebte. An-

fangs sah ich nicht mehr als den Umriss einer dunstigen, nebelähnlichen Substanz. Es schien nur ein Dunstschleier zu sein, der sich nicht bewegte. Aber als ich wieder hinsah, wurde das Objekt dichter, fester. Der unerklärliche Nebel kondensierte. Dann stellte ich zu meinem Erstaunen fest, dass sich bestimmte Umrisse zeigten, und bald nahm der Dunstschleier eine menschliche Form an.[231]

Eine neblig-mystische Erfahrung

In der Folge möchte ich Ihnen das dramatische Erlebnis einer Mutter präsentieren, die zusehen musste, wie ihr Sohn seinen Körper verließ. Bald darauf starb er, obwohl die Ärzte dachten, er würde durchkommen. Dieser Vorfall ereignete sich in Seattle in den 1990er-Jahren.

Ich war hysterisch. Die Ärzte stürzten ins Zimmer, und man scheuchte mich hinaus, während sie sich an meinem Jungen zu schaffen machten. Ich sah durch die Glastüren zu. Ich weinte heftig, weil ich das Schlimmste erwartete. Plötzlich sah ich, wie er aus seinem Körper herausflog! Ich konnte zusehen, wie ein zarter Nebel nach oben stieg. Ein paar Sekunden lang blieb er unterhalb der Zimmerdecke, dann verschwand er! Einer der Ärzte kam heraus und sagte mir, sie hätten ihn wiederbelebt, aber ich wusste, dass das nicht stimmte. Ich sagte ihm, ich hätte soeben gesehen, wie mein Junge seinen Körper verließ. Da fragte er mich, ob ich mich vielleicht setzen möchte. Ein paar Minuten später kam ein anderer Arzt heraus und erklärte, dass mein Sohn gestorben war.[232]

Manche sehen einen Nebelschleier, andere gar nichts

Einer der spannendsten Aspekte dieses Dunstschleiers ist, dass ihn normalerweise alle wahrnehmen, die sich um das Bett der sterbenden Person versammeln. Nur in Einzelfällen wird dieses

Phänomen lediglich von einer Person aus einer Gruppe wahrgenommen. Mit einem solchen einzigen Zeugen sprach ich auf einer Konferenz in Europa: »Als meine Mutter starb, sah ich einen rauchigen Dunst von ihrem Kopf aufsteigen. Er hing einen Moment lang in der Luft und schwebte dann zur Decke, wo er sich auflöste. Meine Schwester war mit uns im gleichen Raum und sah nichts Ungewöhnliches. Bis heute glaubt sie mir nicht, aber ich weiß genau, was ich sah.«[233]

Ähnliche Geschichten wurden mir auch von anderen Menschen erzählt: dass nur sie allein den Nebelschleier wahrnahmen, der sich vom Körper einer oder eines Sterbenden löste, während der Rest der Anwesenden nichts sah. Um das Ganze noch verwirrender zu machen, ist der Zeuge oder die Zeugin häufig Atheist beziehungsweise Atheistin und glaubt gar nicht an die Existenz einer Seele oder überhaupt an etwas Übernatürliches. Und ausgerechnet sie sehen dann den Dunstschleier und bestehen auch auf ihrer Wahrnehmung.

Ich weiß nicht, *warum* das geschieht, nur *dass* es passiert. Doch es gibt Ähnlichkeiten mit einem anderen Ereignis, von dem ich gehört habe. 1968 gab es im ägyptischen Kairo während verschiedener Messfeiern Erscheinungen von religiösen Gestalten wie der Jungfrau Maria. Und der Koptologe Otto F. A. Meinardus erzählte, dass die meisten derjenigen, die diese Visionen hatten (im Verlaufe vieler Monate kam es zu mehreren solcher Erscheinungen), eingefleischte Atheisten waren, während sehr religiöse Menschen frustriert angaben, gar nichts zu sehen.[234]

Für mich bestätigen Berichte wie dieser aus Ägypten und viele andere nur, dass allen Visionen etwas Geheimnisvolles eigen ist.

Der übersinnliche Richter

Und als Zugabe hier noch die Geschichte von John Edmonds, Oberster Richter am Supreme Court des Bundesstaates New York, der Medien unter die Lupe nahm, um sie als Betrüger zu entlarven. Nur wurde er dann selbst zum Medium und entwickelte übersinnliche Fähigkeiten, die er stolz mit den Menschen teilte.

In seinem Tagebucheintrag vom 24. November 1851 beschreibt er, wie sich beim Tod seines Schwagers klar ein Nebelschleier zeigte:

> *Er hatte seinen letzten Atemzug getan, und ich sah, wie das, was ich für seinen Geistkörper hielt, aus seinem sterblichen Körper austrat und die Form eines wolkigen Rahmens annahm. Direkt darüber und in dem Raum, wo der Leichnam lag, nahm die Wolke menschliche Form an, aber sie schien keinerlei Intelligenz zu besitzen. Ich war beeindruckt und dachte, dass die Seele hiermit seinen fleischlichen Körper verließ und in seinen spirituellen Körper überging. Sobald sich die Intelligenz einstellte, sah er um sich, als wüsste er nicht, wo er war. Dann aber schien er sich sofort zu erinnern, dass sein jetziger Zustand ihm nicht fremd war und dass er aus früheren Lehren wusste, dass er nun in der geistigen Welt lebte.*[235]

Kombination aus Nebelschleier und außerkörperlicher Erfahrung

Nun möchte ich Ihnen von einer der überzeugendsten GTEs erzählen, von denen ich je gehört habe. Es geht dabei um eine außerkörperliche Erfahrung in Verbindung mit einem Dunstschleier. Beobachtet wurde beides von einem Arzt und einer Krankenschwester, die sich um eine Frau kümmerten, die bei einem Autounfall gestorben war und jetzt in einer weißen Wolke über ihrem Ehemann schwebte, an dem eine Notoperation vorgenommen wurde, die ihm das Leben retten sollte.

Der Grafiker Jeff Olsen erlitt in Utah mit seiner Familie einen schweren Autounfall, bei dem seine Frau und eines ihrer beiden Kinder ihr Leben verloren.

Olsen verließ seinen Körper fast sofort. Er schwebte über dem Unfallort in etwas, was er als Lichtkugel bezeichnete, die ihm Frieden und Schmerzfreiheit schenkte. Seine Frau Tamara hielt sich zusammen mit ihm in der Kugel auf. Olsen wusste, dass sie bei dem Unfall gestorben war, aber in der Kugel sprach sie mit ihm und bestand darauf, dass er zurückgehen und sich um ihren überlebenden Sohn Spencer kümmern solle, der vor Schmerzen und Angst auf dem Rücksitz schrie. In Olsens Bewusstsein wurde es dann wieder schwarz.

Das Nächste, was Olsen wusste, war, dass er sich im Krankenhaus befand, immer noch außerhalb seines Körpers, und durch die Flure schwebte, wobei er von jedem Menschen, dem er begegnete, das ganze Leben sah. Bald darauf fand er sich in einem Operationssaal wieder. Er sah auf seinen Körper hinunter: die Beine waren zerquetscht, der rechte Arm hing herunter und sein Bauchraum war ein einziger Matsch. »Bin ich das?«, dachte er. »So kann ich nicht zurückkehren. Dann aber fiel mir wieder ein, was Tamara in der Lichtkugel gesagt hatte.«[236] Olsen wusste, dass er keine Wahl hatte. Danach blendete sich das Bewusstsein wieder aus und er fiel in den tiefen Schlaf der Narkose.

Einer der ersten Ärzte, die ihn behandelten, war der erfahrene Notarzt Dr. Jeff O'Driscoll. Er betrat den OP und spürte trotz all der chaotischen Vorbereitungen für die Notoperation »eine göttliche Präsenz«, was er später einem Journalisten vom *Guideposts*-Magazin erzählte. »Und dann fiel mir das Licht auf. Es hatte die Form einer Frau, die über dem Bett des Patienten schwebte. Sie hatte weich fließendes, lockiges blondes Haar und war in verschiedene Weißschattierungen gekleidet. Ihre Form war beinahe transparent und ihr Gesicht strahlte Gelassenheit aus. Sie sah auf eine überirdische Weise lebendig aus – ich wusste sofort, dass sie seine Frau war. Die göttliche Präsenz im Raum erlaubte mir, ihre ewige Seele zu sehen.«[237]

O'Driscoll sagte, er habe ihre tiefe Dankbarkeit ihm und den anderen Ärzten im Raum gegenüber gespürt. Außerdem übermittelte sie ihm telepathisch, dass ihr Mann leben müsse, um sich um ihren überlebenden Sohn zu kümmern.

Im Operationssaal befand sich auch Rachel, eine OP-Schwester, die schon seit einigen Monaten mit O'Driscoll arbeitete. Sie trat an ihn heran und legte ihre Hand auf seinen Arm: »Sehen Sie sie auch?«, wollte sie wissen.[238] Er bestätigte, dass er Olsens Frau gesehen habe, aber als er den Blick wieder auf den OP-Tisch richtete, war Tamara fort.

Einige Tage später besuchten O'Driscoll und Rachel Olsen in seinem Krankenzimmer und tauschten ihre Geschichten aus: Olsen erzählte von seiner außerkörperlichen Erfahrung, O'Driscoll und Rachel von der geteilten Todeserfahrung mit Tamara, Jeffs strahlender Frau.

Diese gemeinsame Erfahrung half Olsen, seine Schuldgefühle wegen des Unfalls zu verarbeiten. Er selbst hatte ja von Tamara in der Lichtkugel gehört, er solle sich keine Vorwürfe machen, und nun erzählte ihm der Chirurg, dass sie ihm dasselbe gesagt habe.

Achtzehn Operationen später verließ Olsen das Krankenhaus und zog zu seinem Bruder. Eines Tages erhielt er einen Anruf von O'Driscoll, der ihn besuchen wollte. Olsen war einverstanden und die beiden sprachen über die Erfahrung im Operationssaal. Von diesem Moment an waren sie gute Freunde.[239]

Ich habe Olsen und O'Driscoll über die Jahre gut kennengelernt. Ich halte sie für ehrliche und glaubwürdige Menschen, daher bin ich der Überzeugung, dass sich diese Geschichte genau so zugetragen hat, wie sie erzählt wird. Dass Tamara ihrem Mann, dem Chirurgen und der Krankenschwester erscheinen konnte, zeigt mir, dass sie ein starker Geist war. Sie wollte, dass diejenigen Menschen ihre letzten Wünsche kannten, die sie auch erfüllen konnten. Und sie leuchtete hell genug, um ihre Aufmerksamkeit zu erregen.

Meine Frage hier lautet also nicht, *ob* das wirklich passiert ist, sondern, *wie* ist das passiert? Darauf allerdings habe ich keine

Antwort. Es ist nun mal so geschehen. Ich habe mich in der Zwischenzeit mit vielen Wissenschaftlerinnen und Wissenschaftlern unterhalten und habe einige glaubwürdige Erklärungen gehört, warum Todeserfahrungen wie diese auftreten. Eine davon stammt von einem Psychologen, den ich hier aus dem Gedächtnis zitiere: »Die Gesetze der Physik ändern sich in den Extrembereichen der Natur. Wenn der Tod also eine Extremerfahrung ist, dann kann man mit allen Arten paranormaler Erlebnisse rechnen, vor allem dann, wenn der Tod schon recht nah ist.«[240]

Musik

Wird bei Nahtoderfahrungen Musik gehört, ist die häufigste Beobachtung die, dass sie keinen Ursprung zu haben und aus keiner Richtung zu kommen scheint. Sie wird fast immer als »himmlisch« beschrieben. Manchmal schildern die Betroffenen die Musik als »orchestral«, obwohl sie die Instrumente nicht identifizieren können. Dann wieder sind es einzelne Töne, die lange gehalten werden. Ein Nahtoderfahrender beschrieb sie als »so schön, dass sie nichts gleichkommen, was ich kenne«. Der gleiche Nahtoderfahrende, der beim Tod seiner Mutter Musik hörte, nannte sie »einen fühlenden Klang, der mir den Eindruck vermittelte, er sei ein lebendes, atmendes Geschöpf«.[241] Die beste Beschreibung aber kommt von meinem Mentor auf diesem Gebiet, Dr. George Ritchie. Er meinte, die Musik, die er während seiner Nahtoderfahrung hörte, habe »eher wie Beethoven als die Beatles« geklungen.[242]

Immer wieder erzählen mir Nahtoderfahrende, dass sie allein der Gedanke an die Musik, deren Einzigartigkeit sich tief ins Bewusstsein jener einzugraben scheint, die sie hören, an einen »mystischen Ort« bringe. Gleichzeitig sei es völlig sinnlos, sie nachspielen zu wollen. Selbst Musikkenner, die diese »Sphärenmusik« vernommen haben, konnten sie meines Wissens nie reproduzieren, auch wenn sich das für viele von ihnen zur Obsession entwickelte. »Und doch«, sagte mir ein anderer Nahtoderfahrender, »sehne ich mich nach dem Tag, an dem ich sie wieder hören darf«.[243]

Mystische Musik

Nachfolgend möchte ich Ihnen eine solche mystische Klangerfahrung vorstellen. Der Fall stammt aus der Sammlung von Edmund Gurney, Frederic W. H. Myers und Frank Podmore – den Forschern, die im England des 19. Jahrhunderts die Society for Psychical Research gegründet haben.

1881 schrieb ein Mr. L. an Gurney und schilderte ihm den Tod seiner Mutter. Er erzählte, dass unmittelbar nach ihrem Tod zwei Frauen (vermutlich Freundinnen der Verstorbenen) den Raum verließen. Dabei hörten sie »leise, sanfte Musik, die außerordentlich lieblich war wie die Stimmen von drei Mädchen«.[244] Sie dachten, die Klänge kämen von der Straße. Zwei andere Frauen nahmen Musik in verschiedenen Bereichen des Hauses wahr. Mr. L. selbst hingegen hörte nichts. Die ersten beiden Frauen stiegen die Treppe zum Zimmer der Verstorbenen hinauf, wo die Musik lauter wurde. Erst nach diesem Ereignis sprachen die vier darüber und stellten fest, dass sie dieselbe Musik und dieselben melodischen Stimmen gehört hatten. Eine beschrieb sie so, »als ob mehrere Stimmen in vollkommenem Gleichklang eine ausgesprochen liebliche Melodie singen würden, die in der Ferne verhallte«.[245] Mich interessieren an dem Fall die Kommentare des behandelnden Arztes, der ebenfalls einen Bericht vorlegte. Er sagte von sich, er glaube nicht an das Übernatürliche. Doch er fasste die Fakten zusammen und diese weisen ganz klar auf ein übernatürliches Erleben hin.

Ich erinnere mich noch gut an die Umstände. Die arme Mrs. L. starb am 28. Juli 1881. Man hatte mich etwa um Mitternacht geholt und ich blieb bis zu ihrem Tod um etwa zwei Uhr dreißig im Haus. Da keine ausgebildete Krankenschwester zugegen war, blieb ich und half den Freundinnen, den Körper »zurechtzumachen«. Wir waren zu viert oder zu fünft. Irgendwann schickte ich die Haushälterin von Mr. L. und eine Magd in die Küche, damit sie einen Fensterladen oder ein flaches Brett suchten, worauf wir den Leichnam betten konnten. Unmittelbar nachdem sie weg waren, hörten wir, während wir auf ihre Rückkehr warteten, ein paar Takte einer hübschen Musik – ein bisschen wie von einer Äolsharfe. Diese erfüllten ein paar Sekunden lang die Luft. Ich trat ans Fenster und sah hinaus, weil ich dachte, dass jemand draußen sein müsste. Aber ich sah niemanden, obwohl es schon hell war.

Seltsamerweise vernahmen die Frauen, die in die Küche gegangen waren, die gleichen Klänge, obwohl sie noch auf der anderen Seite der verschlossenen Tür waren. Das sind die Tatsachen, und ich glaube, ich sollte Ihnen noch sagen, dass ich in keiner Weise an Übernatürliches, Spiritistisches und so weiter glaube.[246]

Aus den Aufzeichnungen von Raymond Moody

Ein weiterer Fall stammt aus meinem eigenen Archiv. Es geht um einen Mann, der den vergleichsweise friedlichen Tod seines Vaters infolge einer Krebserkrankung beschreibt. Der Sohn hörte während des gesamten Sterbevorgangs einen Klang:

Es geschah etwas Merkwürdiges, was ich immer noch nicht verstehe. In den letzten vier Stunden seines Lebens hörte ich ein eindeutiges Summen, wie eine Tonschwingung. Ich habe diesen Ton weder vorher noch nachher je wieder gehört.

Der Ton war angenehm, variierte aber nicht. Es fühlte sich trotzdem wie Musik an. Ja, es war zweifellos Musik. Der Ton kam nicht von meinem Vater. Es war eher so, als würde die Musik durch ihn hindurch erklingen. Ich hatte das Gefühl, dass er und ich miteinander verbunden waren und unsere Gespräche an einem anderen Ort fortsetzen würden, irgendwie zwischen den Welten. Es war ganz klar, dass er Dinge sah, die ich nicht wahrnehmen konnte. So sprach er beispielsweise mit seiner verstorbenen Mutter. Das Summen klang so, als würde ein Elektrogerät summen, und es erfüllte die Luft buchstäblich mit Energie. Aber ich habe noch nie mit jemandem darüber gesprochen, […] denn es war von Anfang an klar, dass dieser Ton von woanders herkam. Ich hielt meines Vaters Hand, als er starb, und weniger als eine Minute später hörte der Ton auf. In diesem Moment spürte ich, […] dass ein Band, das mich mit der geistigen Welt verband, durchtrennt worden war. Doch ich weiß, dass diese Trennung nur eine vorübergehende ist. Diese Musik von einem anderen Ort machte mir klar, dass es ein Leben nach dem Tod gibt und dass ich dort meine Mutter und meinen Vater wiedersehen werde.[247]

Mächtige und liebevolle Musik

Und zu guter Letzt noch zwei weitere Fälle aus der Sammlung von Gurney, Myers und Podmore. Auch hier erlebten die Anwesenden eine beeindruckende Musik mit ihren sterbenden Lieben.

1870 verlor ich eine geliebte Tochter, die erst 21 Jahre alt war. Sie starb zur Mittagszeit an einem Aneurysma. Nachts war die einzige mir verbliebene Tochter bei mir, als wir plötzlich […] eine wunderschöne spirituelle Musik vernahmen. Sie schien weit weg zu sein, aber meine Ohren schmerzten, weil ich so aufmerksam zuhörte. Erst einige Stunden später wagten meine Tochter und ich, einander zu fragen, ob die andere die Klänge auch vernommen hatte. Wir hatten Angst, dass wir uns vielleicht getäuscht hatten. Danach aber fühlten wir uns beide zutiefst geehrt und gesegnet.[248]

Der zweite Fall ist ein wenig verwirrend. Es geht dabei um zwei Menschen – eine Person vernahm Sphärenklänge, die andere Person hingegen sah eine weiße Gestalt, die den Raum verließ. Hier zuerst die Erzählung von Lady C.:

Im Oktober 1879 hielt ich mich in Bishopthorpe auf, in der Nähe von York, beim Erzbischof von York. Ich schlief bei Miss Z. T., als ich plötzlich eine weiße Gestalt sah, die von der Tür zum Fenster schwebte. Es war nur eine schattenhafte Gestalt, die auch gleich wieder verschwunden war. Ich hatte schreckliche Angst und rief aus: »Haben Sie das gesehen?« Im selben Moment rief Miss Z. T.: »Haben Sie das gehört?« Dann sagte ich: »Ich sah einen Engel durchs Zimmer schweben.« Und sie sagte: »Ich hörte einen Engel singen.« Eine Weile hatten wir beide richtiggehend Angst, erzählten aber niemandem von unserem Erlebnis.[249]

Der Bericht von Miss T.:

Am 17. Oktober 1879 machten Lady C. (damals noch Lady K. L.) und ich uns spätabends zum Schlafengehen bereit, nachdem wir uns längere Zeit unterhalten hatten. Plötzlich hörte ich leise Musik und spürte etwas, was man wohl »eine Präsenz« nennt. Ich streckte die Hand aus, berührte Lady C. und sagte: »Haben Sie das gehört?« Und sie rief: »Oh, nein! Ich habe gerade etwas durchs Zimmer schweben sehen!« Wir waren beide verängstigt und versuchten, gleich zu schlafen. Aber ich weiß noch, dass ich Lady C. fragte, was sie gesehen hatte, und sie antwortete: »Eine Art weißen Schatten, wie einen Geist.«[250]

Dieser Fall galt den Mitgliedern der Society for Psychical Research als klarer Beleg für eine geteilte Erfahrung. In ihrer zurückhaltenden Art bezeichnen sie den Fall als »besonders markant«, weil

> *die Wahrnehmung für eine Person visuell war, für die andere auditiv, während gleichzeitig beide in etwa den gleichen Gedanken hatten. Was den Untersuchungsgegenstand angeht, ist der Fall […] vielleicht überzeugender, als er auf den ersten Blick aussieht. Dass die visuelle und die auditive Erfahrung nicht von der jeweils anderen Person geteilt wurden, ist ein klarer Hinweis, dass keine davon auf eine äußere Ursache zurückgeht. Und wenn es sich um Halluzinationen handeln sollte, dann ist es möglich, dass eine von ihnen die andere durch bloße Gedankenübertragung hervorgebracht hat (da die Unterhaltung über den Vorfall erst hinterher stattfand).*[251]

Kombination von Musik und Licht

Dieser kombinierte Fall wurde mir von einer Patientin berichtet, die in meine Praxis kam, weil ein lieber Mensch von ihr gegangen war. Sie hatte zwei Tage in dem Hospizzimmer verbracht, wo ihr Ehemann infolge von Bauchspeicheldrüsenkrebs im Sterben lag. Am Ende des zweiten Tages, als ihr weitgehend sedierter Mann sich dem Tode näherte, sah sie ein Licht, das sich in seinem Brustraum bildete und dann in die Bauchregion sank. Es war heller Tag und im Zimmer brannte keine Lampe. Das machte dieses Licht besonders auffällig. Die Frau beschrieb es als »strahlend hell«.

Das Licht wurde immer heller und wurde begleitet von einer Art Chorgesang. Das waren wunderschöne Klänge, die die Frau nicht verstehen und später auch nicht nachahmen konnte, obwohl sie es während unserer Therapiesitzung durchaus versuchte.

Dieser Choral aus Licht und Klang veränderte ihre Stimmung. Hatte sie vorher angesichts des bevorstehenden Todes ihres Mannes tiefe Trauer empfunden, wich diese nun der Freude. Sie hatte das Gefühl, dass das Leben für ihren Mann damit nicht zu Ende war, sondern dass er in eine »neue Phase« eintrat, die beginnen würde »mit seinem Übergang, den [sie] nicht mehr länger als Tod betrachtete«.

Innerhalb von etwa einer Stunde wurde sein Herzschlag immer schwächer und damit verschwanden auch Licht und Musik. Bald kam eine Krankenschwester herein, um nachzusehen, ob das Unvermeidliche eingetreten war. »Es tut mir leid«, sagte sie. »Ihr Mann ist gestorben.«

Interessanterweise kam die Frau nicht in meine Praxis, weil sie nicht über ihre Trauer hinwegkam. Sie fühlte sich vielmehr schuldig, weil sie keine Trauer empfand, obwohl ihr Mann gestorben war.

»Dass man nicht trauert, ist bei Menschen, die eine geteilte Todeserfahrung machen, recht häufig«, sagte ich ihr. »Eine geteilte Todeserfahrung weist auf ein Leben nach dem Tod hin. Mit dem Licht und der Musik haben Sie Einblick in die Zukunft Ihres Mannes erhalten und gemerkt, dass der Tod nur eine Phase ist, während der man in eine andere Bewusstseinsform übergeht.«

Für sie erklärte das auch ein anderes ihrer Gefühle, das unter meinen von einem Todesfall betroffenen Patienten ebenfalls häufig ist: »Ich fürchte mich nicht mehr vor dem Tod«, sagte sie. »Ich habe eher das Gefühl, zurückgelassen worden zu sein.«[252]

Warum das alles auf ein Leben nach dem Tod hinweist

Dass Menschen in dem Moment, in dem ein anderer stirbt, solche Phänomene wahrnehmen, ist nicht selten. Eine Studie der Forscher Peter Fenwick und Susan Brayne zeigt, dass mehr als 25 Prozent der befragten Krankenschwestern, Ärztinnen, Ärzte und Pflegenden im Hospizdienst solche Erscheinungen im Umfeld von Sterbenden wahrgenommen haben.[253] Viele dieser Hospizbeschäftigten empfanden diese Ereignisse als zutiefst spirituell. Eine Person erklärte: »Es kommt dabei zu einer Art Übergang für den Geist und die Seele. Etwas, das nicht nur physisch ist.«[254]

Um auf die Frage des Kolumnisten der Lokalzeitung von Spokane zurückzukommen: »Weiß man tatsächlich, wann der menschliche Geist oder die Seele den physischen Körper verlässt?« Die Antwort ist ja, möglicherweise. Obwohl diese Frage bislang nicht ernsthaft medizinisch erforscht wurde, kann man aus den Beobachtungen von Dunstschleiern, Musik und Licht, die von einer sterbenden Person ausgehen, durchaus etwas ableiten. Dass sich ein Dunstschleier erhebt, scheint unmittelbar während des Todes stattzufinden. Das passiert nicht einige Minuten später, sondern sofort, als wäre das, was den Nebel im Körper gehalten hatte, weg, sodass er frei wird. Die zweite und erstaunlichste Beobachtung dabei ist, dass der Nebelschleier sich gewöhnlich an einen anderen Ort im Raum begibt, häufig auch durch ein »Tor« über dem Bett verschwindet. Wohin dieses führt, ist ebenfalls ein Rätsel.

Ein anderes gemeinsames Merkmal ist, dass der Dunstschleier sichtbar ist und aus einer Art greifbarer Substanz oder einer Form von Plasma besteht. Ich kann hier nicht darüber spekulieren, ob das Plasma intelligent ist, aber die meisten Zeugen meinen, es hätte eine Form oder würde sich als Ganzes bewegen. Ob es intelligent ist oder einfach nur zusammenhält, weiß ich nicht.

Ich weiß von keinen Forschenden, die sich mit diesen rätselhaften Erscheinungen beschäftigen. Wobei das nicht an mangelndem Interesse liegt. Der Arzt Dr. Peter Fenwick jedenfalls hat großartige Arbeit geleistet, weil er diese Geschichten gesammelt und viele davon in Fachzeitschriften veröffentlicht hat, sodass andere Forschende sie im Falle ähnlicher Ereignisse studieren können. Doch die Substanz lässt sich schon deshalb nicht untersuchen, weil niemand weiß, wann und wo dieses Phänomen als Nächstes auftreten wird. Um den Nebel einzufangen und seine Beschaffenheit zu untersuchen, müssten Medizinerinnen und Mediziner eine Art »Falle« konstruieren, mit deren Hilfe sie ihn in ein Vakuum saugen und darin festhalten könnten.

Es ist höchst unwahrscheinlich, dass Krankenhäuser so ein Gerät zulassen bzw. Ärzte, Ärztinnen und Pflegende es anwenden würden. Auch wenn sie immer öfter von GTEs berichten, ihre Aufmerksamkeit gilt diesen Phänomenen dennoch nicht. Etwas Ähnliches wurde schon bei außerkörperlichen Erfahrungen versucht. Nur stellte sich heraus, dass ärztliches Personal und Krankenhausverwaltungen in dieser Art der Forschung keinen Vorteil für ihre Patientinnen und Patienten sehen und daher nicht mit Forschenden, die solche Studien anstellen, zusammenarbeiten wollen. In der Hektik des Krankenhausbetriebes besteht kein Interesse daran, Erfahrungen zu untersuchen, die den Tod eines Patienten oder einer Patientin begleiten, wenn man den Tod selbst dadurch nicht verhindern kann. Und das ist vermutlich ganz richtig so.

Daher werden, sollten nicht andere Forschungsmethoden gefunden werden, diese rätselhaften Erscheinungen weiter rätselhaft bleiben. Doch obwohl es (bis jetzt) noch keine vernünftige Methode gibt, um diesbezüglich weitere Forschung zu betreiben, beweist die bloße Anzahl solcher Fälle für mich ganz klar, dass sie für die Frage, ob der Geist beziehungsweise die Seele den Tod des Körpers überlebt, höchst bedeutsam sind.

8
Grund 7: Das Psychomanteum

Genie ist, Dinge wahrzunehmen, die andere nicht wahrnehmen. Oder vielmehr die unsichtbaren Verbindungen zwischen ihnen.

Vladimir Nabokov[255]

Erfahrungen, die sich auf ein Leben nach dem Tod beziehen, sind mal mehr, mal weniger Modethema. Im alten Griechenland zum Beispiel waren Nahtoderfahrungen sehr verbreitet. Danach interessierte sich die Welt mal öfter, mal seltener dafür. Aufgrund der modernen Reanimationstechnik überleben mehr Menschen als früher eine enge Berührung mit dem Tod. Daher sind Nahtoderfahrungen seit Mitte der 1970er-Jahre ein recht häufiges Phänomen.

Eine seit Jahrtausenden bekannte Technik aber, die gleichfalls einen Jenseitsbezug hat, ist in den letzten hundert Jahren beinahe aus dem Gedächtnis der Menschheit verschwunden. Bei besagter Technik wird eine spiegelnde Fläche eingesetzt, um dem bewussten Geist den Zugang zu lebhaften Erscheinungen zu ermöglichen oder sogar die Wiederbegegnung mit lieben Verstorbenen. Dabei sitzt man in einem dunklen Raum und schaut auf eine spiegelnde Fläche wie ein ruhiges Wasser, einen Kristall oder einen echten Spiegel (was heute meistens der Fall ist, da ein solcher leichter verfügbar ist) in der Erwartung, dass verstorbene Angehörige oder Freunde im Spiegelbild erscheinen.)

Ich habe mit dieser Technik experimentiert und die Resultate in mehreren Artikeln veröffentlicht, zum Beispiel im *Journal of Near-Death Studies*.[256] Meine Ergebnisse werden außerdem gestützt von den umfangreichen Forschungsarbeiten von Arthur Hastings, seinerzeit Professor und Direktor des William James Center for Consciousness Studies im kalifornischen Palo Alto. Für Hastings' Studien wurden 100 Versuchspersonen einzeln für drei bis vier Stunden ins Psychomanteum geschickt. Alle hatten liebe Menschen verloren und wollten ihre Trauer über den Verlust überwinden.[257] Von den 100 Personen gaben 63 an, in Kontakt mit dem Verstorbenen gestanden zu haben.[258] 34 berichteten von mentalen Gesprächen mit den Verstorbenen.[259] Tests zeigten, dass 92 der befragten Personen danach weniger Trauer empfanden.[260]

Was mich bei meinen Forschungsarbeiten am meisten erstaunte, war, dass die überwältigende Mehrheit meiner Doktorandinnen und Doktoranden der Psychologie, der Universitätsprofessoren und Psychologenkolleginnen, die sich mir als Erste als Versuchspersonen zur Verfügung gestellt hatten, glaubte, sie hätten ein reales Erlebnis gehabt und keineswegs nur einen Traum.

Einer der Professoren fasste diese frühen Tests sehr gut zusammen. Er hatte ein kurzes, aber bedeutsames Gespräch mit seiner Großmutter und fragte sich: »Ich sah meine Großmama, aber ob das ein Traum war oder ein Hirngespinst oder gar wirklich? Ich weiß es nicht.«[261]

Auftritt: die alten Griechen

Meine Forschungsarbeiten führten mich durch mehrere Jahrhunderte und verschiedene Kulturen. Dabei stellte ich fest, dass die Menschheit in der Frühzeit ebenso wie in der Moderne, bewusst oder durch Zufall, entdeckt hat, dass sie das Tor zur visionären Welt aufstoßen kann, wenn sie auf eine klare, spiegelnde Fläche blickt.

Am erfolgreichsten waren die Bemühungen der alten Griechen. Sie verlegten diese Übungen in spezielle Räume, die man Psychomanteion nannte. Diese »Visionskammern« befanden sich in unterirdischen Labyrinthen, genannt »Totenorakel«. Sie waren wohl in ganz Griechenland verbreitet, ihre Überreste kann man teils heute noch besichtigen. Deren Architektur weist darauf hin, dass die Visionssuchenden mehrere Tage in großen Schlafsälen verbrachten, wo sie ruhten und speisten. So reinigten sie ihren Geist von der Außenwelt, und die Zeit, die sie allein verbrachten, ermöglichte ihnen, sich auf die verstorbene Person zu konzentrieren. Waren sie für die Begegnung bereit, führte ein Priester sie in eine große Kammer, in der eine polierte, mit Wasser gefüllte Metallschale stand. Die glatte, spiegelnde Wasserfläche und die Dunkelheit in der Visionskammer inspirierte sie zu einer visionären Erfahrung, die ihnen erlaubte, mit der gewünschten Person in Kontakt zu treten.

Die Psychomanteia im alten Griechenland waren große Anlagen. Sotiris Dakaris, Spezialist für die Archäologie des alten Griechenland, konnte zeigen, dass es sich dabei um Höhlensysteme handelte, die eigene Schlafsäle und Aufenthaltsräume besaßen. Dort verharrten die Patientinnen und Patienten mehrere Wochen in nahezu absoluter Dunkelheit, um sich auf die Reise in die andere Welt vorzubereiten. In diesen Anlagen fand Dakaris riesige Bronzekessel, die spiegelblank waren, um eine Vision zu ermöglichen. Da die Menschen vorher in nahezu vollständiger Dunkelheit verweilt hatten, waren sie umso empfänglicher für den Moment, da Licht ihre Augen treffen würde: bei der Begegnung mit dem Spiegel, von dem sie sich bildgewaltige Visionen erhofften.[262]

Die Technik war erstaunlich erfolgreich, wie es die Steintafeln belegen, die in den Boden eingelassen waren wie Grabsteine. Darauf dankte man den Göttern, die diese unglaubliche Erfahrung ermöglicht hatten.

Berühmt ist eine solche »Konsultation« aus Homers *Odyssee*. Homer berichtet, dass Odysseus zu einem Totenorakel reiste, bei dem die Menschen in ein spiegelndes Becken voller Tierblut schauten, worin sich »die Seelen der dahingestorbenen Toten versammelten«, darunter »junge Frauen und junge Männer, Greise, die viel erduldet hatten, und noch kindliche Mädchen mit jungem Gram im Herzen, und viele verwundet von erzbeschlagenen Lanzen«.[263]

Das, was Odysseus sah, erschütterte ihn und ihn »ergriff die blasse Furcht«. So erging es ihm auch beim Bild seiner Mutter, die ihm sagte, dass sie vor Sehnsucht nach ihrem Sohn gestorben sei – ohne dass er davor davon erfahren hätte.[264] »Ich aber, schwankend in dem Herzen, wollte die Seele meiner Mutter, der dahingestorbenen, ergreifen. Und dreimal schickte ich mich an«, sagt Odysseus. »Dreimal jedoch entflog mir diese aus den Armen, einem Schatten gleich oder auch einem Traume.«[265]

Abenteuer in der Mittleren Sphäre

Nach meiner Beschäftigung mit griechischen Orakeltechniken begeisterte ich mich immer mehr für das Spiegelsehen und fragte mich, ob ich daraus ein wissenschaftlich nutzbares Instrument machen könnte, damit die Erfahrung jederzeit unter Laborbedingungen repliziert und studiert werden konnte. Ich bezeichnete diese Begegnung mit den Toten mithilfe einer reflektierenden Oberfläche als »Mittlere Sphäre«. Diese Technik wurde in verschiedenen Kulturen mit unterschiedlichsten Namen belegt, aber letztlich handelt es sich um eine Begegnung in dem Raum zwischen dieser Welt und dem Jenseits, wo Lebende und Tote sich tatsächlich sehen können.

Das fand ich nun aus mehreren Gründen faszinierend. Zuallererst würde diese Art von Begegnung im Spiegel trauernden Patientinnen und Patienten eine großartige Möglichkeit bieten, mit den Depressionen und Verlustgefühlen fertig zu werden, die der Tod eines lieben Menschen mit sich bringt.

Aber konnte dieses Spiegelsehen in der heutigen Zeit überhaupt so funktionieren wie im alten Griechenland? Einen lieben Verstorbenen noch einmal zu sehen, könnte ein wichtiger Schritt sein, der Trauernde dazu bringt, ihr Leben weiterzuführen.

Und dann begann ich, andere Fragen zu notieren, die ich an ein gründliches Studium dieser unorthodoxen Spiegelwelt herantragen würde.

Erklärt dies vielleicht, warum so viele Menschen Geister sehen?
Belastbare medizinische Forschung hat gezeigt, dass ein Viertel der US-Amerikaner zumindest einmal eine Begegnung mit einer Person hatten, die schon tot war.[266]

Und mit »Begegnung« meine ich, dass diese Gestalten nicht nur gesehen, sondern auch gefühlt, gehört oder gerochen werden konnten. Solche Begegnungen zeigen, dass die Erinnerung an unsere Lieben tief in unser Unbewusstes eingebettet ist. Es wäre durchaus ein Schritt vorwärts in der psychologischen Forschung, wenn wir alle solche Erfahrungen immer machen könnten, wenn wir es wünschen.

Würde das Spiegelsehen es ermöglichen, Geister unter Laborbedingungen zu »sehen«?
Da Begegnungen mit Geistern spontan und ungeplant passieren, gibt es keine sinnvolle Methode, um dieses Phänomen zu studieren. Das Studium von Geistererfahrungen kann sich einzig und allein auf das Studium von entsprechenden Berichten stützen. Es gibt keine Möglichkeit, ihr Auftreten zu steuern.

Könnte man aber durch das Spiegelsehen Geistererfahrungen hervorrufen, dann ließen diese sich unter Laborbedingungen herbeiführen, was heißt, dass sie wissenschaftlich untersucht werden können. Wir könnten ein Elektroenzephalogramm

(EEG) erstellen, während der oder die Betroffene seine oder ihre Geistererfahrung macht. So könnten wir feststellen, welche Gehirnareale bei der Geisterbegegnung aktiv werden.

Für mich war das eine spannende Idee. Wir könnten so nicht nur die physiologische Seite des Gehirns studieren, die solche Erfahrungen möglich macht, sondern auch direkte Verbindungen zwischen dem Gehirn und einem möglichen Leben nach dem Tod feststellen.

Könnte das Spiegelsehen uns den Blick ins Unbewusste erlauben?

Seit die Psychologie zu einem wissenschaftlichen Fach erhoben wurde, haben Forschende wie Jung oder Freud belegt, dass vieles, wenn nicht das meiste von dem, was im menschlichen Geist vorgeht, sich im Unbewussten abspielt. Im Grunde heißt das, dass größtenteils unsichtbar ist, wer wir sind, wie wir reagieren und auf die Welt zugehen. Wir haben das nicht unter Kontrolle.

Würde das Spiegelsehen ermöglichen, das Unbewusste mithilfe des Bewusstseins zu erkunden und es so sichtbar zu machen?

Würde das Spiegelsehen den kreativen Prozess verständlich werden lassen?

So viele Schriftsteller, Künstlerinnen, Wissenschaftler, ja sogar Unternehmensführerinnen schreiben ihre Kreativität dem Unbewussten zu. Könnte ein systematischer Einsatz des Spiegelsehens kreative Blockaden lösen?

Ich hatte den schöpferischen Prozess vieler Künstler und Wissenschaftlerinnen schon untersucht und dabei festgestellt, dass sie ihre größten Werke den unerforschten Bereichen des Gehirns zuschreiben. Salvador Dalí, der surrealistische Maler, ersann Methoden, wie er sich inmitten seiner Träume selbst wecken konnte, um deren surreale Bildsprache auf die Leinwand bannen zu können.[267] So entstanden seine schmelzenden Uhren und andere bizarre Bilder. Der Erfinder Thomas Alva Edison machte es genauso. Er entwickelte Techniken, wie er jene Ideen festhalten konnte, die in dem flüchtigen Zustand zwischen Schlafen und Wachen auftreten.[268] Delphine Oudiette vom Paris Brain Institute hat mit ihren Studien bewiesen, dass diese Techniken hilfreich sind, um kreative Probleme zu lösen.

Könnte das Spiegelsehen eine Möglichkeit sein, die verborgene Kreativität in jedem von uns zu wecken?

Könnte eine Untersuchung des Spiegelsehens vielleicht erklären, wieso die Menschheit dazu neigt, an überirdische Kräfte zu glauben? Oder wäre sie gar ein Weg, in die Sphäre des Überirdischen einzutreten?

Tatsächlich könnte das Spiegelsehen enthüllen, ob es solch eine Sphäre überhaupt gibt. Kann das Spiegelsehen uns das Tor zu einem anderen Bereich öffnen? Könnten wir so lernen, dieses Tor nach Belieben zu öffnen?

Nachdem ich diese Fragen notiert hatte, formulierte ich meine Stellungnahme dazu und legte meine Ziele für die bevorstehende Arbeit fest.

Als Menschen werden wir von der Angst vor dem Tod gequält.

Als Gesellschaft grenzen wir den Tod aus. Wir legen Friedhöfe an, die tunlichst außer Sicht bleiben sollen. Wir haben Horrorfilme, die uns an die Todesangst erinnern, aber ansonsten reden wir kaum über den Tod, außer dann, wenn es sich nicht vermeiden lässt.

Auf vielfältige Weise führen diese Einschränkungen dazu, dass wir glauben, es gäbe eine Welt der Lebenden und eine Welt der Toten, zwischen denen keine Verbindung existiert.

In meiner Erfahrung allerdings gibt es ein Zwischenreich zwischen den Lebenden und den Toten.

Ohne jeden Zweifel gibt es Erfahrungen im Bereich des lebenden Bewusstseins, die darauf hinzuweisen scheinen, dass wir den Tod überleben. Nahtoderfahrungen sind ein solches Phänomen, aber auch Sichtungen von Verstorbenen, außerkörperliche Erfahrungen, Weisheits-Channeling und schamanische Reisen. Diese Erfahrungen sind Grenzgänge zwischen Leben und Tod. Da sie sich auf beide Sphären beziehen und doch wieder auf keine, könnte man sie Abenteuer in der Mittleren Sphäre nennen: einem Ort, in dem die Lebenden in eine Dimension des Gewahrseins vorstoßen, die man Leben nach dem Tod nennt.

Das also war mein Plan, als ich anfing, Spiegelvisionen zu untersuchen. Ich wollte wissen, ob sie zu den Techniken gehören, die uns in die Mittlere Sphäre führen können.

Das Psychomanteum und seine Gäste

Ich beschloss, ein eigenes Psychomanteum zu bauen. Ich brauchte ja keine so große Anlage, wie man sie aus der Antike kennt. Eigentlich genügten ein dunkler, schwach erleuchteter Raum, ein bequemer Sessel und ein Spiegel, der so hoch hing, dass ich mich selbst nicht sehen konnte, wenn ich mich vor ihn setzte. Alles, was ich aus dieser Position sehen konnte, war die klare Tiefe des Spiegels, die von dem schwachen Licht hinter mir erleuchtet wurde – einer 20-Watt-Birne, damit es nicht zu hell wurde. Am Ende des Buches gebe ich Hinweise, wie man ein solches Psychomanteum selbst einrichten kann.

Der Schlüssel zum erfolgreichen Spiegelsehen aber war die innere Einstellung des Klienten oder der Klientin, der beziehungsweise die mein Ziel teilte, nämlich eine Antwort auf folgende Frage zu erhalten: *Können bei normalen und gesunden Menschen Erscheinungen von lieben Verstorbenen ermöglicht werden?*

Ich erstellte eine Reihe einfacher Kriterien, die die Versuchspersonen erfüllen mussten:

- Sie müssen gereifte Persönlichkeiten sein, die sich für das menschliche Bewusstsein interessieren.
- Es muss sich um emotional stabile, interessierte und wortgewandte Menschen handeln.
- Keine der Versuchspersonen soll unter emotionalen oder geistigen Störungen leiden.
- Keine der Versuchspersonen soll okkulten Ideologien anhängen, da solche Einstellungen die Analyse der Resultate erschweren könnte.

Mit diesen Kriterien im Hinterkopf bat ich zehn Menschen um Mitarbeit bei meinem »Reunions Experiment«.

Meine Methode, um sie auf das Psychomanteum vorzubereiten, war simpel und ist bis heute gleich geblieben.

Meine Testpersonen (immer nur eine pro Tag) erschienen zum vereinbarten Termin mit Erinnerungsstücken und Fotoalben, die die Person zeigten, mit der sie Kontakt aufnehmen wollten. Sie trugen bequeme Kleidung und hatten ein leichtes Frühstück zu sich genommen, ohne koffeinhaltige Getränke, damit sie sich besser entspannen konnten.

Wir begannen die Spiegelsitzungen mit einem lockeren Spaziergang über Land, um zu erfahren, warum die betreffende Person mit der oder dem Verstorbenen Kontakt aufnehmen wollte. Den Betreffenden wurde gesagt, dass es keine Garantie gebe, die verstorbene Person tatsächlich zu sehen. Doch wir würden es versuchen. Das nahm den Erfolgsdruck von den Versuchspersonen. Die Spiegelvision würde sich zeigen oder eben nicht.

Nach dem Spaziergang gab es eine leichte Mittagsmahlzeit, gewöhnlich Suppe und Obst. Dann sprachen wir über die Person, die gestorben war, und die Beziehung, die der oder die Hinterbliebene zu ihr hatte.

Gewöhnlich kamen dabei tief berührende Erinnerungen zutage. Diese wurden von den Erinnerungsstücken verstärkt, die der Patient oder die Patientin mitgebracht hatte und die nun zwischen uns lagen. Ein Mann hatte beispielsweise das Angelzeug seines Vaters dabei, eine Frau den Hut ihrer Schwester, ein anderer Mann die Tapferkeitsmedaillen seines Vaters. Alle Stücke hatten einen klaren, fassbaren Bezug zu den Verstorbenen.

Manchmal bat ich die Testpersonen, sich auf ein Bett zu legen. Seitlich am Bett waren Lautsprecher angebracht. Die Musik übertrug sich durch Knochenschall, sodass sie im ganzen Körper wahrgenommen wurde.

Diese Vorbereitungen dauerten bis zur Abenddämmerung. In der geheimnisvollen Stunde des Sonnenuntergangs führte ich die Betreffenden dann in die Spiegelkammer und schaltete elektrisches Licht ein, das nicht heller war als eine Kerze. Dann bat ich die Testperson, sich in den Blick auf den Spiegel zu vertiefen und sich zu entspannen, während sie alle Gedanken aus ihrem Kopf verbannte, die nichts mit dem Verstorbenen zu tun hatten. Der oder die Betreffende konnte so lange in der Kammer bleiben, wie er oder sie wollte. Allerdings sollte keine Uhr getragen werden, damit erst gar nicht die Versuchung aufkam, auf die Zeit zu achten.

Ein Assistent saß im angrenzenden Raum, falls irgendwie Hilfe benötigt werden sollte. Wenn die Betreffenden nach einer Stunde wieder herauskamen, erklärte man, dass sie erzählen könnten, aber nicht müssten, was sie erlebt hatten. Sie konnten sich dafür so viel Zeit nehmen, wie sie wollten, einige dieser Berichte dauerten mehr als eine Stunde. Es war mir wichtig, dass die Personen sich nicht gedrängt fühlten. Die Sitzung war erst dann zu Ende, wenn die Versuchsperson es so wollte. Da nicht jede alles erzählte, was ihr widerfahren war, griff ich später auf Näherungswerte zurück, als ich meine Ergebnisse diskutierte.

Ich hatte einige Grundannahmen, bevor ich mit diesem Versuch begann. So erwartete ich, dass höchstens ein oder zwei der

Versuchspersonen ihren toten Verwandten begegnen würden. Und ich glaubte, dass die Menschen, die diese Erfahrung machten, deren Wirklichkeit in Zweifel ziehen würden.

Bei meiner abschließenden Auswertung zeigte sich ein völlig anderes Bild. Von den zehn Pionierinnen und Pionieren, die diesen Prozess durchliefen, hatten fünf ganz klare Erscheinungen toter Verwandter. Und alle fünf glaubten, sie hätten tatsächlich die verstorbene Person gesehen und mit ihr kommuniziert.

Während der ganzen Zeit, die ich mit dem Psychomanteum gearbeitet habe, haben mich die Aussagen der Testpersonen fasziniert. Das war vor allem am Anfang so, als die Hälfte von ihnen so intensive Erfahrungen machte, dass sie völlig sicher waren: Das, was sie im Psychomanteum erlebt hatten, waren reale Kontakte mit verstorbenen Lieben gewesen. Ihre Erfahrungen verstärkten ihr persönliches Vertrauen in ein Leben jenseits der körperlichen Existenz. Diese Reaktionen von mitten im Leben stehenden Erwachsenen sind für mich ein weiterer Grund, warum ich ein Leben nach dem Tod für möglich halte.

Im Folgenden möchte ich Ihnen einige Erfahrungen von Psychomanteum-Patientinnen und -Patienten vorstellen, die illustrieren, was ich meine.

Die erste Psychomanteum-Patientin

Die erste offizielle Patientin, die das Psychomanteum testete, war eine Frau, die ich hier Rita nennen werde. Sie war zu jener Zeit eine meiner Doktorandinnen. Sie war in den Vierzigern, eine psychologische Beraterin, die ihre Ausbildung weiterführen wollte.

Sie wollte ins Psychomanteum, um ihren Mann wiederzusehen, der zwei Jahre zuvor verstorben war. Die Idee vom Psychomanteum begeisterte sie. Wir durchliefen die Vorbereitungen, und dann betrat sie die Kammer, wo sie 45 Minuten lang in den Spiegel sah.

Sie verließ die Kammer mit einem breiten Lächeln auf dem Gesicht und einem überraschenden Resultat. Sie war nicht ihrem verstorbenen Ehemann begegnet, sondern ihrem Vater. Er zeigte sich zuerst sehr real im Spiegel, und im Verlauf ihres Gesprächs trat er sogar heraus in den Raum, und die beiden redeten weiter.

Rita akzeptierte, dass ihr Vater statt ihres Mannes gekommen war. Und sie hatte eine Erklärung dafür, warum das so passiert war. »Ich weiß, dass ich eigentlich meinem Mann begegnen wollte, aber tatsächlich war es wichtiger, dass ich meinen Vater sah.«

Rita führte in der Kammer ein längeres Gespräch mit ihrem Vater. Am nächsten Tag rief sie mich an, um mir zu sagen, dass sich ihr Vater noch einmal gezeigt hatte, und zwar am Fußende ihres Bettes, als sie sich zum Einschlafen hinlegte.[269]

Natürlich war ich erstaunt über das, was Rita widerfahren war. Ihren Vater zu sehen statt ihres Mannes, war durchaus eine Überraschung. Aber dass er aus dem Spiegel heraustrat und sich später sogar in ihrem Schlafzimmer zeigte, war doppelt erstaunlich.

Ich studierte ältere Aufzeichnungen von solchen Spiegelbegegnungen und erkannte, dass dies durchaus passieren konnte. Aber dass es so bald geschah und so lebendig war, war ein ganz besonderes Erlebnis.

Elterliche Unterstützung

Ein Chirurg von der Ostküste kam, um seiner Mutter zu begegnen, der er einen Großteil seines Erfolges verdankte. Sie erschien ihm im Spiegel, wobei sie auf einem Sofa saß. Sie führten ein wortloses Gespräch, das nur aus mentaler Kommunikation bestand.

»Hattest du Schmerzen, als du gestorben bist?«, wollte er wissen.

»Überhaupt nicht«, antwortete sie. »Der Übergang war leicht.«

Er fuhr fort: »Was hältst du von der Frau, die ich heiraten möchte?«

»Sie ist eine sehr gute Wahl«, antwortete die Mutter, immer noch ohne Worte. »Aber du solltest an der Beziehung arbeiten und nicht so sein wie immer. Versuch, ein bisschen mehr Verständnis zu haben.«

Nach ungefähr zehn solcher Fragen verblasste die Mutter des Chirurgen. Für ihn war dies eine sehr emotionale Erfahrung. Er hatte das Gefühl, einen kurzen Einblick in eine Sphäre erhalten zu haben, von der er bislang nur gehört hatte, ohne daran wirklich zu glauben.[270]

Wie ein alter Film

Ein Mann Ende dreißig war am Boden zerstört, weil seine Frau gestorben war. Sie war schwere Alkoholikerin gewesen und hatte sich zu Tode getrunken. Er fühlte sich deshalb schuldig, weil er glaubte, er hätte mehr tun müssen, um ihr Trinken zu kontrollieren.

Er erzählte mir seine Geschichte und konzentrierte sich dabei auf die wenigen Jahre, die er mit seiner Frau hatte verbringen dürfen, und darauf, dass er mit ihren Trinkgewohnheiten Schwierigkeiten gehabt hatte. Als er zu Ende geredet hatte, weinte er und war wirklich tieftraurig.

Nach seiner Spiegelsitzung war er allerdings völlig anderer Stimmung. Seine verstorbene Frau war ihm im Spiegel erschienen, auf einem Waldpfad, wo sie beide gerne spazieren gegangen waren. Und sie sprach zu ihm ganz offen über ihr Trinken.

»Das ist nicht deine Schuld«, sagte sie, auch sie ohne Worte. »Nach einer gewissen Zeit war es mir egal, ob ich zu viel trank. Ich konnte einfach nicht mehr aufhören.«[271]

Mehr als zehn Jahre später besuchte der Mann mich nochmals. Er war glücklich wiederverheiratet und dankte mir, weil ich ihn durch die Spiegelsitzung mit seiner Frau geleitet hatte.

Das hätte seine Schuldgefühle gelindert und sein ganzes Leben verändert.

Stellvertretende Erscheinung

Eine Erfahrung im Psychomanteum erstaunt mich bis heute. Es geht dabei um eine Patientin, die sich auf eine bestimmte Vision vorbereitete, die aber dann von jemand anderem erfahren wurde. Das ist in meinem Psychomanteum mindestens sechs Mal passiert und verblüfft mich immer wieder.

Das erste Mal geschah es bei einer Dame aus Oklahoma, die sich auf den weiten Weg machte, um ihrem Sohn zu begegnen, der nicht ganz ein Jahr zuvor gestorben war.

Als wir uns für die Sitzung vorbereiteten, erzählte sie mir ein wenig bekümmert, dass sie ihrer Mutter lange Zeit verschwiegen habe, wohin sie unterwegs war und warum. Ihre Mutter war sehr religiös, für sie hatte das Psychomanteum mehr mit Hokuspokus zu tun als mit Trauerbewältigung. Als sie ihr dann endlich doch gestand, warum sie zu mir nach Alabama fuhr, machte ihre Mutter sehr deutlich, dass ihre Religion nicht an Erscheinungen von toten Verwandten glaube, selbst wenn die Prozedur von einem Psychologen durchgeführt wurde.

Die Frau durchlief die üblichen Vorbereitungen fürs Psychomanteum, doch sie sah absolut nichts, was auch manchmal vorkommt. Tief enttäuscht packte sie alles in ihren Wagen und fuhr am nächsten Tag zurück nach Oklahoma.

Ich dachte, dass ich wohl nie wieder von ihr hören würde. Aber schon drei Tage später rief sie mich an und erzählte mir lachend die folgende Geschichte: Am entscheidenden Tag saß ihre Mutter gemütlich im Wohnzimmer, als plötzlich ihr Enkel hereinkam und sich ihr gegenüber hinsetzte. Sie hatte keine Angst, sondern war vielmehr begeistert, dass sie die Vision erlebte, auf die ihre Tochter sich vorbereitet hatte.[272]

Unterschiedliche Erfahrungen

Angesichts dieser Resultate wurde das Psychomanteum für mich zur spannenden Form der Trauertherapie. Statt mit dem Therapeuten über den Verlust eines geliebten Menschen zu sprechen, ergab sich plötzlich die Möglichkeit, mit dieser Person selbst zu sprechen. Aber die schiere Anzahl der Menschen, die das, was ich mittlerweile das »Theater des Geistes« nannte, ausprobieren wollten, überwältigte mich. Mundpropaganda, Radiosendungen, Hinweise auf Konferenzen und schließlich ein Buch – die Menschen kamen aus dem ganzen Land und schließlich aus der ganzen Welt. Bald war ich vollkommen überbucht, weil die Menschen mit ihren verstorbenen Lieben Kontakt aufnehmen wollten.

Offensichtlich hatte ich die Attraktivität des Psychomanteums unterschätzt. Ich stellte mir vor, dass mein ländliches Theater des Geistes tatsächlich wie die griechischen Orakel war. Damals kamen Hunderte von Menschen, um ihre Toten zu sehen, und nahmen dafür lange Fußmärsche auf sich. Dann warteten sie tagelang, bis sie Zutritt bekamen, kampierten unter primitiven Umständen oder mieteten einfache Räume, bevor sie in die überlaufenen Höhlen vorgelassen wurden.

Ich hatte Angst, dass das bei meinem Psychomanteum genauso verlaufen würde.

Irgendwann war die Anzahl der Patientinnen und Patienten zu viel. Da das Psychomanteum in der Versuchsphase war, wollte ich jeden Aspekt der Erfahrung selbst überwachen. Das hieß aber, dass ich Tag für Tag all meine Energie einem einzigen Patienten oder einer einzigen Patientin widmen musste. Es kostete mich einfach zu viel Kraft, vor allem, da die meisten von ihnen sich als Trauernde in einem schwierigen emotionalen Zustand befanden. Die Sitzungen dauerten mitunter bis spät in die Nacht, dabei ging es für mich ja am nächsten Tag weiter, üblicherweise mit einem Menschen, der emotional ebenso litt wie der vorhergehende. Es war eine endlose Tretmühle mit Schwerstarbeit, die mich gesundheitlich aus der Bahn warf. Meine Schilddrüsenprobleme wurden schlimmer, auch weil wir nie die richtige Dosierung der Medikamente zu finden schienen.

Das Einzige, was mich damals noch auf den Beinen hielt, waren die Fallstudien. Sie bestätigten auf faszinierende Weise, dass die modernisierte Version der Technik, die von den Griechen so effektiv praktiziert worden war, auch heute noch funktionierte. In den ersten paar Monaten führte ich mehr als 100 Patientinnen und Patienten durch das Psychomanteum, und das blieb in etwa so, bis ich aufgrund der Überlastung die Sitzungen reduzieren musste. Ich führe auch heute noch hin und wieder Sitzungen durch, aber nicht mehr als etwa ein Dutzend im Jahr. Doch trotz der reduzierten Anzahl habe ich, was die Verschiedenartigkeit der Erfahrungen mit dieser erstaunlichen Technik angeht, meine persönlichen Schlussfolgerungen gezogen.

Nicht der, den sie zu sehen erwarteten

Eine der häufigsten Erfahrungen war, dass nicht die Person, die meine Patientinnen sehen wollten, sondern eine andere kam. Ich glaube, das ging fast einem Viertel meiner Patienten so. Außerdem passierten die Begegnungen häufig nicht im Spiegel, sondern davor. Es war, als fungiere der Spiegel als Tor, durch das die Verstorbenen gehen konnten. In diesem Fall gaben die Patientinnen häufig an, von der Erscheinung »berührt« worden zu sein oder zumindest ihre Präsenz »spüren« zu können.

Dies war bei einem Mann der Fall, der unbedingt seinem Vater begegnen wollte, der gestorben war, als mein Patient gerade mal zwölf Jahre alt war. Doch nach stundenlangen Vorbereitungen sah der Mann seinen verstorbenen Geschäftspartner, den er noch nicht mal gut leiden konnte. Folgendes sind seine eigenen Worte:

Als er in der Kammer auftauchte, sah ich ihn vollkommen klar. Er war ungefähr einen halben Meter von mir entfernt. Ich war so überrascht, dass ich keine Idee hatte, was ich tun sollte. Er war es, dicht vor mir. Er war so groß wie ich und ich sah ihn von der Taille aufwärts. So, als wäre er wirklich da. Er war nicht transparent oder so. Er bewegte sich, und wenn er das tat, konnte ich sehen, wie sich sein Kopf und seine Arme bewegten, ganz normal dreidimensional.

Er freute sich, mich zu sehen. Ich war ziemlich erstaunt, aber ihm schien es nicht so zu gehen. Mein Eindruck war, dass er genau wusste, was vorging. Er wollte mich beruhigen. Er sagte mir, ich solle mir keine Sorgen machen, ihm gehe es gut. Ich weiß, er dachte, wir würden eines Tages wieder zusammen sein. Seine Frau ist mittlerweile auch tot, und er schickte mir den Gedanken, dass sie bei ihm sei. Aus irgendeinem Grund aber durfte ich sie nicht sehen.

Ich stellte ihm mehrere Fragen. Ich wollte etwas über seine Tochter wissen, was mich immer beschäftigt hatte. Ich hatte den Kontakt zu drei seiner Kinder aufrechterhalten und ihnen auch geholfen. Aber mit der zweiten Tochter gab es immer Schwierigkeiten. Ich war auf sie zugegangen, aber sie warf mir vor, ich sei schuld am Tod ihres Vaters. Als sie älter wurde, sagte sie mir, [ihr Vater] habe immer zu hart gearbeitet. Also fragte ich ihn, was ich tun solle, und er beruhigte mich, was das anging. Das hat für mich vieles geklärt.[273]

Dieser Mann ging ohne jede Frage davon aus, dass sein Geschäftspartner aus dem Spiegel getreten sei, um mit ihm zu reden. So konnte er seinen Frieden mit ihm machen und seine Sorgen über die Familie seines Partners »ad acta legen«.

In der Studie, die ich 1992 durchführte, gaben etwa fünfzig Prozent meiner Patientinnen und Patienten an, mit der Person im Spiegel kommuniziert zu haben.[274] Sechs von sechzehn, die eine Person im Spiegel sahen, meinten, sie hätten mit dem oder der Verstorbenen gesprochen.[275] Damit meine ich nicht, dass sie die Gedanken der Verstorbenen im Geist gehört hätten. Es erklang vielmehr tatsächlich eine Stimme.

Mein erstes Mal

Nun möchte ich Ihnen erzählen, wo und wie ich selbst diese Technik zum ersten Mal angewandt habe. Über die Jahre habe ich das Spiegelsehen in verschiedenen Varianten und auch an verschiedenen Orten wie zum Beispiel Griechenland ausprobiert, wo ich einige der großen Orakelstätten besuchte. Dann verwendete ich unter Anleitung von Dr. William Roll, einem hoch angesehenen Erforscher ungewöhnlicher Phänomene, eine Kristallkugel. Er hatte eine in seinem Arbeitszimmer und zeigte mir, wie er sie einsetzte, wenn er einen Kreativitätsschub brauchte. Und ich habe auch zu Hause Spiegelsehen betrieben, nicht selten mit Freunden, Freundinnen oder Studierenden, die ich zu Sitzungen einlud. Wir verwendeten kleine Kerzen als Hintergrundbeleuchtung und manchmal mehrere Kristallkugeln, damit jede Person einen eigenen Spiegel für den Zugang zu ihrem Unbewussten hatte. Zu jener Zeit war ich schon in eine alte Mühle umgezogen, die wirklich auf dem Land lag. Der Bach, an dem sie lag, sorgte für ein ganz natürliches »weißes Rauschen«, das die Teilnehmenden entspannte.

Diese Sitzungen waren für die Beteiligten sehr hilfreich, aus welchem Grund auch immer sie daran teilnehmen mochten. Manche suchten Entspannung oder Befreiung von Stress. Für andere ging es tiefer. Manche fanden dabei den Schlüssel, der sie ihre schwierige Kindheit oder komplizierte Beziehungen besser verstehen ließ.

Andere hingegen waren unterwegs zu unerwarteten Orten, häufig solchen, die sie mit ihren lieben Verstorbenen verbanden. Das war allerdings selten, denn die Sitzungen waren ja nicht gründlich vorbereitet oder sogar privat. In diesen Fällen erschien das Bild im Kristallspiegel, was zu verblüfften Seufzern führte oder zu dem unerwiderten Wunsch, der Verstorbene möge doch länger bleiben.

Aber erst als ich in meinem ländlichen Heim ein perfektes Psychomanteum nachgebaut hatte, machte ich in der Spiegelkammer eine Erfahrung, die mich tief berührte. Ich suchte den Kontakt zu meiner Großmutter Wattleton (mütterlicherseits). An jenem Tag war ich allein, also konnte ich mich gründlich vorbereiten. Ich blätterte die Fotos durch, die mich als Kind mit ihr und anderen Familienmitgliedern zeigten. Während meiner Kindheit war mein Vater beim Militär, was meine Mutter stark belastete, und so wurde ich von meinen Großeltern erzogen, die ich tatsächlich für meine Eltern hielt. Ich vermisste Großmutter Wattleton unendlich und wollte sie unbedingt wiedersehen. Nach mehreren Stunden der Vorbereitung machte ich es mir in der Kammer des Psychomanteums bequem und wartete auf sie.

Sie erschien auch tatsächlich, aber nur ganz kurz. Sie sah sehr zufrieden aus und um Jahre jünger, als ich sie in Erinnerung hatte. Ich versuchte, sie in ein Gespräch zu verwickeln, aber vergeblich. Sie verschwand einfach nur.

Ich blickte weiter in den Spiegel in der Hoffnung, sie würde zurückkommen, aber das war nicht der Fall. Schließlich verließ ich die Kammer und ging zurück in das Speisezimmer, vor dem der Bach plätscherte. Damals probierte ich das Psychomanteum mit einigen meiner Studierenden aus und sie hatten alle beeindruckende Erfolge zu verzeichnen. Sie sahen nicht nur ihre Verstorbenen wieder, sondern konnten sich auch noch erfolgreich mit ihnen austauschen. Bei manchen gelang dies so gut, dass einer von ihnen das Gespräch als »total echt« bezeichnete. »Wieso hatte ich keine solche Erfahrung?«, fragte ich mich.

Später am Abend saß ich auf dem Sofa und las, als meine Großmutter plötzlich da war. Aber es war nicht Großmutter

Wattleton, sondern Großmutter Moody, die ich viel weniger mochte. Auch sie hatte geholfen, mich großzuziehen, aber ich mochte als Kind ihre strenge Art nicht. Tatsächlich hatte ich mich oft vor ihr gefürchtet.

Jetzt aber hatte ich keine Angst vor ihr. Ich war froh, dass sie mich besuchte. Wir wechselten zwar keine Worte, aber ich spürte, wie Jahre der Abneigung einfach von mir abfielen. Stattdessen erkannte ich nun, dass ich als Kind ausgesprochen verwöhnt worden war und von meinen älteren Bezugspersonen einfach zu viel erwartet hatte. Insofern war meine erste Sitzung in meinem neuen Psychomanteum tatsächlich ein voller Erfolg.[276]

Visionen zum Mitnehmen

Visionen wie diese bezeichnete ich bald als »zum Mitnehmen«, denn die eigentliche Erscheinung fand ja außerhalb des Psychomanteums statt. 25 Prozent derer, die auf eine Wiedervereinigung hofften, erlebten diese, nachdem sie die Spiegelkammer verlassen hatten und wieder zu Hause oder in ihrem Hotel waren.[277] Einer dieser Fälle betraf eine angesehene Fernsehjournalistin, die gekommen war, um Kontakt zu ihrem Sohn aufzunehmen, der einige Jahre zuvor Selbstmord begangen hatte. Während sie in der Spiegelkammer war, sah sie gar nichts. Aber einige Stunden später erschien ihr Sohn in ihrem Hotelzimmer. Und so schildert sie die Begegnung:

> *Ich weiß nicht genau, wie spät es war, als ich aufwachte, aber als ich es tat, spürte ich sofort eine Präsenz im Raum. Und da stand ein junger Mann, zwischen dem Fernseher und dem Frisiertisch.*
>
> *Anfangs war er ziemlich ausdruckslos, während er mich ansah. Ich hatte unglaubliche Angst, mein Herz raste. Ich bin froh, dass ich ein King-Size-Bett hatte, sonst wäre ich vermutlich aus dem Bett gefallen, so entsetzt war ich.*

»Oh Gott, es muss noch einen anderen Zugang zum Zimmer geben!«, schoss mir durch den Kopf. So real war der junge Mann, der da stand.

Das war kein Traum. Ich war total wach. Ich sah ihn vollkommen klar vor mir, den ganzen Körper. Nur sein Gesicht sah ich nicht. Ich sah ihn an und er mich. Ich weiß nicht, wie lang das ging, aber lang genug, um mich in Angst und Schrecken zu versetzen. Und ich erschrecke nicht leicht.

Dann erst wurde mir klar, dass ich eine Erscheinung hatte, dass dies mein Sohn war. Anfangs sah er ja nicht so aus, aber alles in allem war er es dann doch. Tatsächlich sah er genauso aus wie vor ungefähr zehn Jahren.

Danach wurde alles ganz friedlich. Ich war beruhigt. Meinem Sohn ging es gut und er liebte mich. Für mich war das ein Wendepunkt. Es war eine wunderbare Erfahrung.[278]

Visionäre Begegnungen, die ganz real wirken

Im Laufe der Jahre habe ich Hunderte Menschen durch diese Prozedur geleitet, und ein Großteil von ihnen verließ das Psychomanteum mit der Überzeugung, dass die Begegnung dort vollkommen real gewesen war.

Einer der Patienten sagte: »Es gibt gar keinen Zweifel, dass die Person, die ich im Spiegel sah, meine Mutter war! [...] Nur dass sie gesünder und glücklicher aussah, als sie es am Ende ihres Lebens tat. Ihre Lippen bewegten sich nicht, aber sie sprach mit mir, und ich konnte klar hören, was sie zu sagen hatte. Sie sagte: ›Es geht mir gut.‹«[279]

Eine andere Patientin erzählte dies von ihrer realen Begegnung:

Ich sah viele Wolken und Lichter, die sich von einer Seite des Spiegels zur anderen bewegten. In den Wolken tauch-

> *ten auch Lichter auf, die die Farbe wechselten. Einen Moment lang dachte ich, ich würde [meinen Mann] sehen. Aber so war es nicht. Stattdessen spürte ich plötzlich seine Präsenz. Ich konnte ihn nicht sehen, aber ich wusste, dass er neben mir stand. Dann hörte ich ihn sprechen. Er sagte zu mir: »Mach weiter. Du machst das schon richtig, und du erziehst die Kinder auch genau richtig.« Dann fing ich an, Dinge zu sehen. […] Ich hatte überhaupt keine Angst. Ganz im Gegenteil, ich war noch nie so entspannt, seit er gestorben ist.*[280]

Am interessantesten war für mich die Veränderung der Menschen, die eine solche Erscheinung erlebt hatten. All diese Patienten bezeichneten ihr Erlebnis als »real« im Sinne von: Es war kein Fantasieerlebnis und kein Traum.[281] Einige gaben an, sie hätten ihre Lieben gerochen, gehört, ja sogar berührt. Und was sie sahen, war stabil und dreidimensional. Ich habe von meinen Klientinnen oft den Satz gehört: »Genauso real, wie ich hier sitze und Sie anschaue. So habe ich mit ihm beziehungsweise ihr gesessen.«

Da diese Erfahrung so real war, erzählten die Betroffenen von einem anderen Blick auf das Leben. Sie begegneten einem Wesen, das sie für vom Tod ausgelöscht hielten, und wurden deshalb gütiger und verständnisvoller. Außerdem fürchteten sie sich weniger vor dem Tod.

Nationales Interesse

Selbst die US-Medien fingen an, sich für das Psychomanteum zu interessieren. Oprah Winfrey schickte zwei ihrer Gäste ins Psychomanteum, die sich ein objektives Bild davon machen sollten, was während einer solchen Sitzung passiert. Oprah fand die Vorstellung, dass sie diese Geschichte in ihrer Show behandeln sollte, wohl nicht so gut. Vermutlich fürchtete sie Proteste von

Gläubigen. Dann aber erlebten die Gäste, die sie in die Spiegelkammer schickte, tatsächlich Begegnungen mit ihren Lieben und erzählten dies in der Show. Eine Person hatte sogar das Gefühl, dass jemand neben ihr kniete, während sie mit ihrer lieben Verstorbenen sprach. Als sie davon im Fernsehen berichtete, war sie völlig zufrieden und gelassen.

»Wenn die Menschen herauskommen, scheint ein gewisser Friede über ihnen zu liegen«, sagte ich zu Oprah.

Was man von Oprah nicht gerade sagen konnte, die von dem Ganzen offensichtlich richtiggehend erschüttert war.

»Ich habe dazu sehr, sehr, sehr viele Fragen«, meinte sie.

Ich zuckte mit den Schultern. »Ich auch«, sagte ich zum Amüsement des Publikums.[282]

Bei der Komikerin Joan Rivers lief die Sache ganz anders. Sie wollte ins Psychomanteum, um ihre Erlebnisse in ihre Nachmittags-Talkshow aufzunehmen. Beim Betreten war sie ganz zu Scherzen aufgelegt, was meiner Ansicht nach auch in Ordnung war. Schließlich war Humor ihr Handwerk, und das hieß offensichtlich, dass sie sich auf dem Weg in die Kammer über das Psychomanteum lustig machte.

Als sie herauskam, hatte sich ihre Haltung geändert. Sie schluchzte hemmungslos, weil sie dort ihrem verstorbenen Mann Edgar begegnet war. Sie hielt ihr Gespräch mit Edgar für absolut real. Sie war ihm persönlich begegnet und bezweifelte die Authentizität der Spiegelerfahrung in keiner Weise. Sie hatte Informationen über Edgars Suizid erhalten, die ihr völlig neu waren und all die Fragen beantworteten, die sein überraschender Tod für sie aufgeworfen hatte. Sie wollte mir nicht sagen, worin diese Informationen bestanden, aber sie verabschiedete sich von mir mit den Worten: »Danke, Dr. Moody. Das habe ich wirklich gebraucht.«[283]

Objektive Beweise?

Trauerbewältigung ist das Herzstück meiner Arbeit. Unter den vielen Wünschen, die die trauernden Hinterbliebenen äußern, gibt es einen besonders unrealistischen: noch einmal fünf Minuten mit dem oder der geliebten Verstorbenen verbringen zu können. Ich habe versucht, diesem Wunsch nachzukommen, indem ich auf eine uralte Form der Trauertherapie zurückgriff. Und größtenteils ist es mir meiner Ansicht nach gelungen, diesen Wunsch zu erfüllen.

Ich habe nie behauptet, dass diese Ereignisse »real« sind. Ich habe nie gesagt, dass die Toten wiederkehren. Aber ich habe Menschen zitiert, die genau diesen Eindruck hatten und davon ausgingen, die Erscheinung in der Spiegelkammer sei ein lieber Verstorbener, der sich zeigte, um sie in ihrer Trauer aufzufangen.

Ich gestehe ganz offen, dass ich keine Ahnung habe, was da im Spiegel passiert oder was die Menschen daraus hervortreten sehen. Ist es eine Ausgeburt des Geistes? Ein lebhafter Traum? Oder eine andere Wirklichkeit, zu der man Zugang erhält, indem man eine einfache Prozedur nutzt, die in der Geschichte der Menschheit schon erfolgreich angewandt wurde? Ich weiß es einfach nicht.

Ich kann nur mit Sicherheit sagen, dass die Menschen, die diese Spiegelsitzungen hinter sich haben, fest an das glauben, was sie gesehen haben, wie die Statistiken meiner Forschung zeigen.

- **Etwa 25 Prozent der Menschen begegnen einer anderen verstorbenen Person als der, die sie kontaktieren wollten.**[284] Warum das so ist, weiß ich nicht, aber mehr als eine Person, der dies passiert ist, sagt, sie habe nicht den Menschen gesehen, den sie sehen wollte, doch die Alternative habe sie ebenfalls zufriedengestellt.

- **Etwa zehn Prozent der Menschen geben an, dass die Erscheinung aus dem Spiegel herauszutreten scheint und sie mitunter berührt – die Hand auf ihre Hand legt oder sogar einen liebevollen Kuss hinhaucht.**[285] Ein Extrembeispiel dafür ist die Frau, die ihren verstorbenen Sohn sehen wollte. Dieser habe sie, wie sie sagt, am Ende des Gesprächs hochgehoben und umarmt.
- **Etwa die Hälfte der Betroffenen sprechen mit der Erscheinung und diese Gespräche finden häufig ohne gesprochene Worte statt.**[286] Es handelt sich um übersinnliche Gespräche, die anfangs merkwürdig wirken, aber im Laufe des Vorgangs immer normaler werden.
- **In ungefähr 25 Prozent der Fälle zeigte sich die Erscheinung nicht in der Spiegelkammer, sondern an einem anderen Ort, und das gewöhnlich innerhalb von 24 Stunden.**[287] Diese verzögerten Begegnungen finden gewöhnlich in einem meditativen Umfeld statt – in der Einsamkeit eines langen Spaziergangs, beim Fernsehen, bei der Vorbereitung zum Schlafengehen, bei der Lektüre eines guten Buches zu Hause, um nur ein paar Beispiele zu nennen. Manchmal kommt es zu wiederholten Begegnungen, aber nicht öfter als zwei oder drei Mal.
- **Fast alle Betroffenen hielten die Begegnung für real und nicht für einen Traum oder ein Fantasiegebilde.**[288] Ein Mann beschrieb die Begegnung so: »Es war, als würde ich meinem Vater auf einer belebten Straße in der Stadt über den Weg laufen.«
- **Fast alle Betroffenen waren nach der Begegnung positiv verwandelt und änderten ihre Sicht aufs Leben und das Jenseits auf eine von ihnen als positiv empfundene Weise.** In den meisten Fällen erinnerte mich der Wandel an den, den Menschen nach einer NTE erleben. Ihre Angst vor dem Tod legt sich und sie stehen dem Leben positiver gegenüber als vorher.[289]

Obwohl ich persönlich Zeuge dessen war, was sie nach der Begegnung sagten und empfanden, könnte ich nicht beweisen, dass ihre Erfahrung real war, jedenfalls nicht hieb- und stichfest. Ich wusste, dass so eine Erfahrung immer subjektiv sein wird, denn nur der Mensch, der sie macht, kennt sie wirklich.

Dann aber änderte sich das – und zwar grundlegend. Drei Fotos und zwei Zeugen lieferten mir ganz konkrete Belege, die zeigten, dass diese Erfahrungen real waren. Keine Fantasterei, keine Träume, sondern reale Begegnungen mit verstorbenen Lieben. Und diesen Fall möchte ich Ihnen unbedingt erzählen.

Der schwarze Schwan

2011 kam eine Frau aus Südamerika in ihrem Privatjet, um mit ihrer Tochter zu sprechen, die in North Carolina an Krebs gestorben war. Die Frau wurde von ihrer Schwester und ihrem Ehemann begleitet, einem wohlhabenden Geschäftsmann.

Sie wollte den Ablauf nicht mitmachen, den ich ihr vorab beschrieben hatte, und sich auch nicht erst im Hotel ausruhen, bevor sie ins Psychomanteum ging. Sie und ihre Schwester kamen vom Flugzeug gleich zu mir. Sie war zwar müde vom langen Flug, wollte sich aber nicht der langwierigen Prozedur unterziehen, die sie auf eine erfolgreiche Begegnung vorbereiten sollte. Sie verlangte vielmehr »eine kurze Einführung«. Daher redeten wir etwa eine Stunde lang über ihre Tochter und ihre tiefe Trauer. Sie zeigte mir ein paar Fotos von dem Mädchen und erzählte mir Geschichten, die ihr besonders lieb waren. Auch die Schwester steuerte einige Erinnerungen bei, aber trotz all der Informationen schien die Mutter sehr erschöpft und nervös. Ich glaubte nicht, dass sie im Psychomanteum eine erfolgreiche Sitzung haben würde.

Dann ging sie in die Spiegelkammer und kam nach etwa eineinhalb Stunden enttäuscht wieder heraus. Sie hatte keine Erfahrung gemacht und sah keinen Grund, es noch länger zu versuchen.

Am frühen Nachmittag kehrten die beiden Frauen in ihr Hotelzimmer zurück und versprachen, sie würden am nächsten Tag wiederkommen, wenn sie sich ausgeruht hätten. Als sie im Hotel angekommen waren, setzten sie sich aufs Bett und redeten über das Mädchen, das sie hatten sehen wollen.

Etwa um fünfzehn Uhr dreißig am Nachmittag – das sagen zumindest die Zeitangaben auf den Fotos – erschienen plötzlich drei kugelförmige Gebilde (Orbs) von der Größe eines Wasserballs an verschiedenen Stellen des Raumes. Sie waren transparent, sodass man durch sie problemlos hindurchsehen konnte.

Die beiden Schwestern waren weder erstaunt noch verängstigt von dem Anblick. Sie musterten die drei Orbs neugierig. Die Schwester machte drei Fotos davon, dann legte sie das iPhone weg. Die Frau, die ihre Tochter hatte sehen wollen, fing nach Aussage der Schwester an, mit der ihr am nächsten befindlichen Kugel zu sprechen. Und es war tatsächlich, als würde sie mit ihrem Mädchen sprechen! Das Gespräch war erfüllend und tränenreich. Auch dies erzählte die Schwester mir und meiner Frau.

Mehr passierte nicht. Nach einigen Minuten verblassten die Orbs und die beiden Frauen waren wieder allein im Zimmer.

Hierzu möchte ich anmerken, dass ich kein Experte bin, was die Analyse von Fotos angeht. Ich habe auch nicht selbst gesehen, wie diese Kugeln im Raum auftauchten. Ich war nicht Zeuge dessen, was die Mutter hörte und sah, als die drei Orbs bei vollem Tageslicht erschienen.

Aber ich weiß, dass die Kugeln fotografiert wurden. Und es handelte sich auch nicht um Flecken auf der Blende. Die Orbs wurden an verschiedenen Stellen des Raumes unter verschiedenen Lichtverhältnissen fotografiert, blieben jedoch in Größe und Erscheinung unverändert. Und ich weiß, dass die Frau, die ihrer Tochter begegnen wollte, das mithilfe der Kugeln tat.

Und dass sie – was am allerwichtigsten ist – dadurch zutiefst berührt war und mit dem, was am Nachmittag geschehen war, zufrieden war.

Am nächsten Tag kam sie nicht wieder zum Psychomanteum. Die Schwester kontaktierte meine Frau und sagte, die Verbindung zur Tochter sei außergewöhnlich stark gewesen. Die Frau habe nicht das Gefühl, dass mehr Versuche nötig seien.[290]

Kann dieser Fall nun die Frage beantworten, ob diese Begegnungen real sind und von anderen beobachtbar? Anders ausgedrückt: Kann ich mit Sicherheit sagen, dass es objektive Belege dafür gibt, die beweisen, dass das Spiegelsehen zu realen Begegnungen mit den verstorbenen Lieben führt? In dem hier vorgestellten Fall kann ich nur mit Ja antworten. Und ich möchte hinzufügen: Falls es *einen* objektiv belegten Fall gibt, dann wird es auch andere geben, die sicher genügend Beweise dafür liefern, dass die Erfahrungen im Psychomanteum als objektiv bewiesen gelten können.

Denn diese Fallstudie ist der schwarze Schwan der Psychomanteumserfahrungen. Die These vom schwarzen Schwan geht darauf zurück, dass Zoologen ursprünglich glaubten, alle Schwäne seien weiß. Aber das ist nicht der Fall. Als der holländische Entdecker Willem de Vlamingh 1697 Australien erforschte, war er der erste Europäer, der einen schwarzen Schwan zu Gesicht bekam.[291] Die Entdeckung wurde später als Black-Swan-Theorie zur Bezeichnung für einen wichtigen wissenschaftlichen Vorbehalt: Es braucht nur einen einzigen schwarzen Schwan, um die Behauptung zu widerlegen, alle Schwäne seien weiß. Oder in dem Fall des Psychomanteums: Es ist nur ein bewiesenes, von zwei oder mehr Personen bezeugtes Ereignis nötig, um zu zeigen, dass eine solche Begegnung wieder und wieder geschehen kann.

Passender- und ironischerweise möchte ich ein Zitat ausgerechnet von David Hume, dem großen Skeptiker des Jenseits, einbeziehen, der die Black-Swan-Theorie ursprünglich formuliert hat. Nassim Nicholas Taleb nahm die Theorie der schwarzen Schwäne in sein Buch *Narren des Zufalls* auf, ein Titel, der ganz wunderbar zu dem vorliegenden Buch passt, zu seinen Fallberichten und den Forschenden, die sie sammeln und studieren, ja zur Untersuchung des Lebens nach dem Tod im Allgemeinen. Taleb zitiert Hume so: »Keine noch so häufige Beobachtung weißer Schwäne lässt den Schluss zu, dass alle Schwäne weiß sind, aber die Beobachtung eines einzigen schwarzen Schwans genügt, um diese Aussage zu falsifizieren.«[292]

Warum das Psychomanteum ein Leben nach dem Tod vermuten lässt

Die Praxis, seine verstorbenen Lieben anzurufen, war im alten Griechenland sehr verbreitet. Auch im Mittelalter wurde sie häufig praktiziert, vor allem in den Zeiten des Schwarzen Todes. In Großbritannien und den USA war sie im 19. Jahrhundert bekannt. In beiden Ländern wurde das Phänomen erforscht, meist von Vereinigungen wie der Society for Psychical Research. Das Spiegelsehen wurde sogar von Gruppen praktiziert, zu denen nicht selten Berühmtheiten jener Tage gingen. Der Psychologe William James führte spiritistische Sitzungen durch, aber auch der Evolutionsbiologe Alfred Russel Wallace. Marie Curie und ihr Mann Pierre, Pioniere der Erforschung der Radioaktivität, schlossen sich spiritistischen Gruppen an, weil sie sich für die Möglichkeit interessierten, andere unsichtbare Kräfte zu erforschen. Andere Spiritismusbegeisterte waren zum Beispiel Mark Twain, Frederick Douglass und Königin Victoria von England.

Dieses Interesse setzte sich bis ins 20. Jahrhundert fort, vor allem als der Erste Weltkrieg Millionen Familien ihre geliebten Söhne raubte. Für die Eltern der toten Soldaten wurde das Spiegelsehen zur spirituellen Praxis, das in der Trauer über den

Verlust gründete und in der Sehnsucht, die Verstorbenen wiederzusehen.

Zu Beginn des 20. Jahrhunderts gab es immer wieder Abbildungen von Menschen, die bei Kerzenlicht in einen Spiegel sahen und ihren verstorbenen Lieben begegneten. Ich habe eine ganze Reihe dieser Bilder gesammelt, die auf Postkarten abgedruckt sind oder auf Karten, die Interessierte zur Teilnahme an einer solchen Sitzung verlocken sollten. Keine der Postkarten, die ich gesammelt habe, trägt einen Poststempel nach 1915. Wegen dieser Lücke frage ich mich, ob die uralte Praxis des Spiegelsehens durch Radio und Fernsehen verdrängt wurde.

Was auch immer der Grund ist: Was vor einem Jahrhundert noch eine weit verbreitete Praxis war, gilt heute als extrem kontraintuitiv. Doch die Anrufung der Toten mithilfe des Spiegelsehens erlebt zurzeit ein Comeback – und zwar als anerkannte Technik der Trauerbewältigung innerhalb der transpersonalen Psychologie.

Das bedeutet natürlich, dass mehr Forschung erforderlich ist, um einen genuinen Kontakt mit den Verstorbenen zu belegen. Auf die Ergebnisse bin ich heute schon gespannt. In meinen Augen aber ist die Frau mit ihren Fotos von Orbs Beweis genug für die objektive Realität des Lebens nach dem Tod. Daher möchte ich die Untersuchung des Spiegelsehens anderen Forschenden überlassen, die sicher noch mehr Belege finden werden.

Fazit

Wahre Skepsis offenbart die Wahrheit.

Raymond Moody

Dieses Buch ist das Ergebnis von sechzig Jahren Interviews, Beobachtungen, Forschungsarbeiten, persönlichen Erfahrungen und Nachdenken über das vielleicht größte Geheimnis der menschlichen Existenz: Können all diese außerordentlichen und inspirierenden Erfahrungen, von denen hier die Rede war, als Beweis für ein Leben nach dem Tod gelten?

Ich kann diese Frage nur positiv beantworten. Ja, das können sie. Aber um zu begreifen, warum das so ist, müssen wir diese Frage zuvor von drei Seiten durchleuchten.

Da ist zuallererst der Aspekt des beruflichen Ethos.

Dann ist da das, was ich, Raymond Moody, in Bezug auf diese Frage denke.

Und schließlich ist zu klären, was ein echter Beweis ist.

Also sehen wir uns diese drei Aspekte der Reihe nach an.

Ethik: Das Wohl der Trauernden steht im Vordergrund

Als Arzt und als Mensch weiß ich, dass das berufliche Ethos bei jedem Versuch, rationale Beweise für ein Leben nach dem Tod zu sammeln und zu präsentieren, an oberster Stelle stehen muss. Platon lässt in einem seiner Dialoge seinen Lehrer Sokrates darauf hinweisen, dass es unmöglich ist, eine rationale Erforschung des Jenseits von den komplexen Vorgängen und Gefühlen des Trostes zu trennen.[293]

Fragen nach dem Jenseits stellen sich den Menschen natürlich in bestimmten vorhersagbaren kritischen Momenten ihrer psychischen und spirituellen Entwicklung. Die Trauer über den Tod eines lieben Menschen ist vermutlich das bekannteste Beispiel für einen solchen Einschnitt. Trauernde suchen eine Bestätigung, dass es ihren verstorbenen Lieben gut geht und dass sie sie eines Tages wiedersehen werden.

Persönlich: Wie denke ich über die Frage?

Positive Aussagen über ein mögliches Leben nach dem Tod trösten Trauernde vielleicht. Kommen solche Aussagen von Leuten, die einen Doktorgrad besitzen, wirken sie vielleicht noch tröstlicher. Nun stellen Sie sich vor, ein Mensch mit Doktortitel oder eine wissenschaftliche Organisation behauptet plötzlich, sie hätte Beweise für ein Leben nach dem Tod gefunden. Diese Behauptung würde viele Trauernde beruhigen und ihren Schmerz lindern.

Nehmen wir nun weiter an, dass ein oder zwei Jahre später ein nicht zu korrigierender Fehler in der ursprünglichen Beweisführung entdeckt würde, der zur Rücknahme der Behauptung zwingt. Und versetzen Sie sich nun in jemanden, den die ursprüngliche Aussage zutiefst getröstet hat. Zu erfahren, dass die positive Aussage von Anfang an falsch war, stürzt diese Person möglicherweise in tiefe Verzweiflung. Und vermutlich würde diese Person auf den Arzt, die Ärztinnen und Ärzte oder die Organisation, die die falsche Behauptung gemacht haben, wütend sein.

Was ich damit sagen will: Ich finde es nicht verantwortlich, mit dem starken Begriff »Beweis« zu operieren, wenn es um eine emotional so sehr aufgeladene Frage wie das Leben nach dem Tod geht.

So weit, so gut. Was aber ist dann mit den Erfahrungen, die wir für dieses Buch gesammelt haben? Können sie als Beweis für ein Leben nach dem Tod gelten? Und zwar als Beweis, der jedem Menschen, auch den Nichtexpertinnen und -experten, unmittelbar einleuchtet? Auch hier heißt meine Antwort Ja. Nach sechzig Jahren, in denen ich diesen Fragen nachgegangen bin wie ein Detektiv, Fakten gesammelt, Umstände untersucht und mich mit Menschen auseinandergesetzt habe, die ausgesprochen dramatische Todeserfahrungen gemacht haben, fällt mir darauf keine andere, plausiblere Antwort ein. Ich kann nur sagen: »Unser Bewusstsein existiert in einem anderen Rahmen der Wirklichkeit weiter, nachdem unser physischer Körper stirbt.« Und ja, ich sehe mich zu dieser Aussage gezwungen, obwohl ich immer noch vor Verwunderung ins Stottern gerate, wenn ich sie mache. Ich habe die Vorstellung, dass es ein Jenseits gibt, immer noch nicht vollständig verinnerlicht, obwohl ich angesichts der Umstände nichts anderes sagen kann als: »Ja, ich glaube definitiv, dass es ein Leben nach dem Tod gibt.«

So habe ich eine ganze Reihe Freundinnen und Freunde, die selbst Ärztinnen beziehungsweise Ärzte sind und durch eine Nahtoderfahrung grundlegend verwandelt wurden. Und sie haben mir übereinstimmend versichert, dass ihre Todeserfahrung nicht nur real war, sondern *hyper*-real, weit wirklicher also als ihre normale Realität im Wachzustand. Dann frage ich mich natürlich: »Würde ich dem medizinischen Urteil dieser guten Freundinnen und Freunde vertrauen, wenn ich krank würde oder eine Verletzung hätte?« Und die Antwort lautet in jedem Fall: »Ja!«

Und damit sitze ich in der Zwickmühle. Ihr einhelliges Urteil ist, dass ihre Nahtoderfahrung mehr als real war. Es würde mir also schwerfallen, einen überzeugenden Grund zu finden, um ihre Einschätzung zurückzuweisen, wo ich doch ihrem medizinischen Urteil selbst dann, ohne zu zögern, trauen würde, wenn es für mich um Leben und Tod ginge.

Da ich mit formaler Logik vertraut bin, weiß ich, dass dies kein gültiges rationales Argument im fachlichen Sinne ist. Und doch ist deren Urteil alles, worauf ich mich stützen kann bei meinem Versuch, mit dem herausfordernden kognitiven und spirituellen Rätsel zu Rande zu kommen, welches das Leben nach dem Tod nun mal darstellt.

Dieses Vertrauen in das Urteilsvermögen meiner Kollegen ist der Hauptgrund, warum ich, Raymond Moody, akzeptiere, dass es ein Leben nach dem Tod *gibt*.

Doch wie geht es anderen Leuten mit dieser Frage? Gibt es vielleicht einen weniger speziellen Grund, der bei allen zutrifft?

Das bringt uns zum dritten Aspekt der Frage nach einem Leben nach dem Tod: Was ist überhaupt ein Beweis? Und lässt sich dieser Begriff auf das Geheimnis des bewussten Überlebens des physischen Todes anwenden?

Was ist ein Beweis?

In all den Jahrzehnten, in denen ich Seminare über die Frage des postmortalen Überlebens von Bewusstsein hielt, kam ich immer wieder auf eine Frage zurück: Gibt es dafür einen Beweis? Und: Haben wir definiert, was ein *Beweis* ist?

Wie in der Einführung bereits gesagt wurde, ist ein Beweis ein rationales Verfahren, das jeden und jede, der und die es anwendet, zur selben logischen Schlussfolgerung führt. Aber es gibt ja bei dieser Definition noch so viel mehr zu berücksichtigen, wie wir auf den Seiten des vorliegenden Buches festgestellt haben.

In meinen Seminaren haben wir uns darauf konzentriert, die Argumente großer Denkerinnen und Denker gegen den Glauben an ein Weiterleben nach dem Tod zu analysieren. Historisch wurden die sich daraus ergebenden Schwierigkeiten von zwei berühmten englischen Philosophen formuliert: David Hume (1711–1776) und A. J. Ayer (1910–1989). Hume wies völlig zu Recht darauf hin, dass Beweise für ein Leben nach dem Tod sich auf logische Prinzipien stützen müssten, die uns im Moment nicht zur Verfügung stünden.[294] Ayer führte 200 Jahre später aus, warum die Logik, wie wir sie kennen, hier versagen muss. So ist es beispielsweise allgemein einsehbar, wenn ein Mensch einen vollständigen Wandel der Persönlichkeit, des Lebensstils oder seines Glaubens erfährt. Aber, so Ayer weiter, die Behauptung, dass ein Mensch die Vernichtung seines individuellen Körpers überlebt hat, sei dagegen völlig uneinsehbar.[295]

Worauf Hume und Ayer hinwiesen, sind die ganz realen Schwierigkeiten, die ein rationaler Beweis für das Leben nach dem Tod überwinden muss. Die Logik, wie wir sie kennen, weist Aussagen entweder den Wert »wahr« oder »falsch« zu, ihre Feststellung der Wahrheit oder Falschheit betrifft also Dinge, die genau beschrieben werden können. Aussagen über ein Leben nach dem Tod befinden sich nun, da sie nicht einsehbar und überprüfbar sind, außerhalb dieses Rahmens. Mit den Mitteln der formalen Logik ist es also nicht möglich, ein Leben nach dem Tod zu beweisen.

Hume und Ayer hatten völlig recht. Und weil sie recht hatten, deutet ihre Arbeit auf eine Lösung der von ihnen angedachten Schwierigkeiten hin.

Ayer schrieb über die grundsätzlich unmögliche Verständigung über die Vorstellung von einem Leben nach dem Tod in seinem berühmten Buch *Language, Truth and Logic*, das 1936 erschien. Er gehört zu meinen intellektuellen Helden, und ich las dieses Buch 1963, als ich im Hauptfach Philosophie noch im Grundstudium war. Ayers Schriften versetzten viele Generationen an Philosophie interessierter Leserinnen und Leser in die Lage, selbst zu erkennen, dass die Vorstellung von einem Leben nach dem Tod keine verifizierbare oder allgemein einsehbare Bedeutung hat. Seine Diskussion des Themas war ein Weckruf an alle, die sich der fantastischen Vorstellung hingaben, einen Beweis für das Leben nach dem Tod zu finden, sei ein Kinderspiel.

Dann erlebte Ayer selbst in den späten 1970er-Jahren eine Nahtoderfahrung.

Ich erfuhr von ihm persönlich, welch enorme Auswirkung diese auf sein Leben hatte (Transformation!), als wir beide einige Jahre später zu einer Late-Night-Radio-Talkshow bei der BBC eingeladen worden waren. Nahtoderfahrungen waren das Thema der Sendung und Ayer und ich lernten uns vor Beginn der Sendung im Wartebereich des Studios kennen. Ich fühlte mich zutiefst geehrt, dass er mit mir über seine Nahtoderfahrung sprechen wollte. Ich fragte ihn, ob er denke, dass sie auf eine Art Delirium zurückginge. Und er antwortete sofort und leidenschaftlich, dass dies sicher nicht der Fall war. Ayer ging sogar noch weiter. Er sagte mir, seinem Gefühl nach sei diese Erfahrung speziell für ihn gedacht und auf ihn zugeschnitten gewesen. Er hatte eine fühlende Präsenz gespürt, was er nicht weiter ausführte, die hinter der individuellen Planung seiner Erfahrung stand.

Was Ayer in seiner 1936 veröffentlichten Schrift *The Unintelligibility of Talking about Life after Death* behauptet hatte, traf nach seiner NTE auf ihn selbst nicht mehr zu! Nun glaubte er an ein Leben nach dem Leben. Und er musste argumentativ gegen seine eigenen Positionen vorgehen. Die Forschung, die er für unmöglich gehalten hatte, war nun wieder möglich.

Heute liegen die Dinge anders. Mittlerweile verstehen immer mehr Menschen, dass es klug ist, selbst jene Phänomene gründlich zu untersuchen, die sich dem menschlichen Verständnis zu entziehen scheinen. Neue Methoden wurden gefunden, die zeigen, dass selbst das Nichtverstehen eine klare Struktur hat, in viele verschiedene Formen und Muster zerfällt, sodass es kein praktisches Hindernis mehr gibt, Beweise für ein Leben nach dem Tod zu finden.

Was das ernsthafte Studium des Lebens nach dem Tod angeht, so zieht ein neuer Morgen herauf. Und das bringt uns zum achten Grund, weshalb der Glaube an ein Leben nach dem Tod vernünftig sein kann. Und es führt die bereits angeführten sieben Gründe zusammen, denn die unzähligen menschlichen Erfahrungen, die wir hier in den Blick genommen haben, können ganz legitim als Beweis für ein Leben nach dem Tod betrachtet werden. Anders ausgedrückt ist es von unserer Seite vollkommen rational, auf der Grundlage dessen, was wir hier erfahren haben, anzunehmen, dass unser bewusstes Selbst nach unserem »Tod« hier in einem anderen Rahmen der Wirklichkeit auftauchen wird. Was aber sollen wir tun oder denken, wenn wir uns darauf verlassen, dass es ein Leben nach dem Tod gibt?

Es geht mir letztlich gegen den Strich, persönliche Ratschläge zu erteilen. Außerdem bin ich nun wirklich kein strahlendes Beispiel dafür, wie die Menschen ihr Leben regeln sollten. Nichtsdestotrotz werde ich in diesem Fall eine Ausnahme machen, weil so viele Menschen tiefes Leid, tiefe Trauer und tiefen Schmerz erleben.

Vielleicht gehören Sie ja zu den Menschen, die den Tod ihrer Lieben beweinen. Oder Sie müssen mit der Diagnose einer tödlichen Krankheit fertigwerden. Möglicherweise aber gehören Sie auch zu den Leuten, die langsam älter werden und sich fragen, was das Leben am Ende wohl bedeuten mag. Womöglich sind Sie auch unter den vielen, deren Lebensfreude von der ständigen lähmenden Angst vor dem Tod getrübt wird. Oder Sie sind einfach nur neugierig – unwiderstehlich und unglaublich neugierig – auf alles und jeden.

Wenn auch nur eine dieser Beschreibungen auf Sie zutrifft, dann fragen und sorgen Sie sich vermutlich, ob es nun tatsächlich ein Leben nach dem Tod gibt. Wenn ja, dann gebe ich Ihnen jetzt einen persönlichen Rat, der auf meinen sechzig Jahren Erfahrung mit dem Studium dieses Mysteriums beruht: Fassen Sie sich ein Herz! Nach Jahrzehnten der beharrlichen und streng skeptischen Erforschung des Phänomens bin ich überzeugt, dass es ein Leben nach dem Tod gibt. Daher möchte ich Ihnen meine Gedanken und Ratschläge mitgeben in der Hoffnung, dass Sie Ihnen Erleichterung, Trost, Aufmunterung und Aufklärung schenken mögen.

Ja, da ist wirklich ein tröstliches, liebevolles Licht am Ende des Tunnels!

Häufig gestellte Fragen

1. Kann ich bewusst auf eine positive Lebensrückschau hinarbeiten?

Die Lebensrückschau gehört zu den Aspekten der Nahtoderfahrung, die unser Denken am meisten beschäftigen. Die Vorstellung, dass ihr gesamtes Leben noch einmal detailliert vor ihrem inneren Auge vorbeizieht, ist für manche Menschen schwer auszuhalten. Nicht zu vergessen, dass man bei einer NTE nicht nur auf das eigene Leben zurückschaut, sondern auch auf die Leben all jener Menschen, denen man je begegnet ist, und dabei fühlt, welche Emotionen man bei ihnen ausgelöst hat. Das kann eine negative, schmerzliche Erfahrung sein, wenn man unfreundlich gewesen ist. Oder aber eine sehr positive, wenn wir uns gütig und freundlich verhalten haben. Und was die geteilte Todeserfahrung angeht, ist es noch schwerer vorstellbar, dass ein geliebter Mensch sein vergangenes Leben nochmals detailliert erlebt.

Das hat nun manche Menschen veranlasst, die Lebensrückschau zu einer regelmäßigen spirituellen Praxis zu machen. Sie behalten immer im Hinterkopf, dass sie jede ihrer Handlungen noch einmal sehen werden und nicht nur aus der eigenen, sondern aus der Perspektive aller Beteiligten. Darum denken sie erst nach, bevor sie reagieren, sodass sie Wut mit Güte vergelten und ethisch handeln, auch wenn ihnen niemand zusieht. Kurz und gut, sie befolgen die Mahnung von Klopfers Mutter, nachdem der sich gemein über Bambi geäußert hatte: »Wenn man nichts Nettes zu sagen hat, soll man den Mund halten.«[296]

Bei meiner Beschäftigung mit der Philosophie der alten Griechen bin ich auf eine Gruppierung gestoßen, die es sich zur Praxis gemacht hatte, am Morgen vor dem Aufstehen geistig den zurückliegenden Tag noch einmal durchzugehen. Der Grund dafür war, dass diese Leute an Reinkarnation glaubten und deswegen ihr Gedächtnis trainieren wollten. Sie glaubten, so besser darauf vorbereitet zu sein, wenn sie nach dem Tod ihr nächstes Leben zu wählen hatten.[297] Unabhängig vom Thema Reinkarnation habe ich diese Form des Gedächtnistrainings in meinem Leben mehrfach ausprobiert und das jedes Mal mehrere Monate am Stück. Von daher kann ich bestätigen, dass diese Übungen mich tatsächlich achtsamer gemacht haben in Hinblick darauf, welche Auswirkungen das, was ich sagte oder tat, auf andere Menschen hatte.

Auf jeden Fall sollten Sie sich immer die Möglichkeit vor Augen halten, dass Fortschritte sich nur langsam einstellen und positive Effekte erst mit der Zeit sichtbar werden. Das Wichtigste ist: Gehen Sie die Dinge entspannt an, und akzeptieren Sie, dass Sie »auch nur ein Mensch sind«. Denn im Grunde gehört zu dem, was Sie anstreben, auch, dass Sie sich selbst lieben.

2. Könnte es die Gesellschaft als Ganzes verändern, wenn geteilte Todeserfahrungen sozusagen Allgemeinwissen wären?

Manche Menschen haben die Vorstellung, dass die Welt eine spirituelle Transformation erfahren würde, wenn jeder über GTEs und deren logische Folge vom Weiterleben nach dem Tod Bescheid wüsste. Dass dann Liebe und Güte ausbrechen würden, fast wie eine Pandemie des Friedens. Das klingt zwar wunderbar, doch ich persönlich habe Zweifel, dass die Auswirkungen so durchschlagend wären. Warum ich so denke? Weil Liebe, Güte und Freude am Leben uns auch dann bestimmen sollten, wenn es keine Beweise für ein Leben nach dem Tod gibt. Stattdessen gibt es immer weniger Dankbarkeit in der Welt, reagieren immer mehr Menschen auf ihre Umwelt voller Zorn oder

Depression. Keine Beweise für ein Weiterleben nach dem Tod zu haben, sollte uns noch mehr Grund sein, dieses Leben hier wertzuschätzen, und nicht, weniger glücklich zu sein.

Was ich im Prinzip damit sagen will, ist, dass die menschliche Natur auf Konflikt programmiert ist, sei es auf den Konflikt mit uns selbst oder mit unserer Umwelt. Damit sich in der Welt etwas ändert, bräuchte es eine Veränderung der menschlichen Natur und nicht Beweise für ein Weiterleben nach dem Tod.

Außerdem verhält es sich in der Realität so, dass die meisten Menschen schon mit dem Gedanken an den eigenen Tod Probleme haben, ganz zu schweigen von einem Leben danach. Oder um einen Ausspruch Sigmund Freuds abzuwandeln: Die meisten von uns glauben, dass wir unseren eigenen Tod quasi als Zuschauerinnen und Zuschauer erleben werden, so als würden wir jemand anderen dahinscheiden sehen, und zögen dann weiter unserer ewigen Wege.

3. Warum haben manche Menschen GTEs und andere nicht?
Ich weiß es nicht. Was ich weiß, ist, dass zwischen zehn und zwanzig Prozent derjenigen, die einen Herzstillstand überleben (die Idealbedingung für eine Nahtoderfahrung), von einer Nahtoderfahrung berichten,[298] und es ist durchaus vorstellbar, dass sehr viel mehr dieser Fälle nicht berichtet werden. Möglicherweise sind diese fehlenden Zahlen ein Problem, das auch geteilte Todeserfahrungen betrifft.

Teil dieses Problems ist ferner, dass wir bei NTEs wissen, warum sie auftreten (nämlich wenn eine Reanimation nötig wird). Bei GTEs wissen wir das nicht. Ein Grund für Letztere ist sicher, dass sich eine Person in der Gegenwart eines Sterbenden aufhält. Doch ist eine GTE nicht an räumliche Nähe gebunden, wie jene Fälle von Präkognition zeigen, in denen der plötzliche Tod eines Menschen über große Entfernungen hinweg erfahren wird.

Zur Häufigkeit von GTEs gibt es keine Studien. Aus Gesprächen mit Kollegen und Patientinnen weiß ich, dass es sehr viel mehr GTEs gibt, als selbst ich erwartet hätte. Frage ich Konferenzteilnehmer, wie viele Menschen entweder selbst eine GTE hatten oder von Freundinnen oder Verwandten wissen, die eine GTE hatten, gehen immer viele Hände in die Höhe.

Wie im Fall der NTEs ist es auch hier so, dass die Menschen, sobald sie einen Namen und eine Beschreibung des Phänomens haben, auch besser verstehen, was zu solch erstaunlichen Erfahrungen führt.

4. Welche Bedeutung haben geteilte Todeserfahrungen für die Medizin?

Kaum ein Arzt oder eine Medizinerin kann Auskunft geben zu Fragen über Nahtoderfahrungen und geteilte Todeserfahrungen, was nicht daran liegt, dass das Thema sie nicht interessieren würde. Die Gründe hierfür liegen vielmehr in ihrer Ausbildung, in der solche mystischen Themen wie die Frage nach einem Weiterleben nach dem Tod nicht vorkommen. Deswegen ist es, ohne dabei im Mindesten zynisch zu werden, korrekt zu sagen, dass Medizinerinnen und Mediziner Fragen, die ein Weiterleben nach dem Tod betreffen, als irrelevant für ihre klinische Praxis betrachten.

Warum sollten Ärztinnen und Ärzte trotzdem über GTEs Bescheid wissen? Hierfür gibt es zwei gute medizinische Gründe:

1. GTEs können die Betroffenen sowohl psychisch wie physisch stark erschüttern. Wer eine GTE erlebt hat, muss zumindest die Möglichkeit haben, über das Geschehene mit jemandem zu reden, der mit solchen Dingen vertraut ist, um sich zu entlasten. Ein Arzt oder eine Ärztin sollte diese Funktion zumindest ansatzweise übernehmen können.
2. Ein Arzt oder eine Ärztin, besser: jeder Arzt beziehungsweise jede Ärztin, muss in der Lage sein, Menschen, die

eine GTE durchlebt haben, zu versichern, dass sie mit dieser Erfahrung nicht allein sind. Für jeden, der eine solche Erfahrung gemacht hat, ist es eine große Erleichterung, zu erfahren, dass auch andere Menschen solche Dinge erleben.

5. Wenn Ärzte nicht ausgebildet sind, um über geteilte Todeserfahrungen zu reden, wer dann?

Mit wem Sie sprechen sollten, hängt davon, was genau Sie brauchen. Suchen Sie Unterstützung im Trauerprozess und möchten den Tod eines geliebten Menschen kognitiv verarbeiten, dann würde ich Ihnen raten, sich an einen Psychologen oder eine Psychologin zu wenden. Vergewissern Sie sich, dass er oder sie in Trauertherapie ausgebildet und willens und fähig ist, auf Ihre Probleme einzugehen, auch wenn sie eine metaphysische Dimension haben.

Eine andere Option wäre es – wenn Sie sich mit der Thematik auf breiterer Basis auseinandersetzen möchten –, das Gespräch mit jemandem zu suchen, der gelernt hat, Dinge gründlich zu durchdenken. Das könnte zum Beispiel eine philosophisch geschulte Person sein, die Sie dabei begleitet, sich den Mysterien des Lebens nach dem Tod von einer rationalen Seite zu nähern. Einige Philosophinnen und Philosophen haben sich diese Fragen zum Spezialgebiet erwählt, und sie werden sich mit Ihnen nur allzu gern über dieses Thema unterhalten, das sich philosophiegeschichtlich bis in die griechische Antike zu Platon und Pythagoras zurückverfolgen lässt.

Auf jeden Fall ist dies ein aufregendes Studiengebiet, das sich eingehend mit einer der am häufigsten gestellten Fragen der Menschheit befasst:

Was passiert mit uns, wenn wir sterben?

6. Wie geht es von hier aus weiter? Wie sieht die Zukunft der Erforschung von geteilten Todeserfahrungen und des Weiterlebens nach dem Tod aus?

So wie ich die Dinge sehe, verlangt die weitergehende Erforschung des Weiterlebens nach dem Tod von uns ein Umdenken, sodass wir mit geteilten Todeserfahrungen (GTEs) anders umgehen als bisher. Durch eine entsprechende geistige Schulung im Vorfeld versetzen wir uns in die Lage, anderen Phänomene wie Nahtoderfahrungen (NTEs) und GTEs klarer und verständlicher zu erklären. Eine solche Vorarbeit wird zu einem veritablen Durchbruch in der rationalen Erforschung des Lebens nach dem Tod führen.

Ich weiß, dass das ebenso seltsam wie unglaublich klingt. Doch gründet sich meine Überzeugung auf sechzig der Erforschung von NTEs und GTEs gewidmete Jahre, und ich bin zuversichtlich, dass ich meine These, dass nämlich Wissen der Schlüssel zu philosophischen Durchbrüchen ist, jederzeit erfolgreich verteidigen kann.

7. Welchen Rat können Sie Menschen geben, die Angst vor dem Tod haben?

Tatsächlich haben wir alle Angst vor dem Tod. Daher glaube ich nicht, dass es realistisch wäre, jemandem zu sagen, er solle diese Angst ablegen. Stattdessen rate ich dazu, jene medizinische Literatur zu studieren, die Hinweise darauf gibt, dass wir den physischen Tod überleben. Reden Sie mit Menschen, die eine Nahtoderfahrung (NTE) oder geteilte Todeserfahrung (GTE) gehabt haben. Sie können sie in jedem Umfeld finden. Woran Sie sie erkennen? Überlegen Sie sich Mittel und Wege, wie Sie das Gespräch auf NTEs oder GTEs bringen können. Sie werden überrascht sein und am Ende auch froh, das getan zu haben. Angst ist häufig nur ein Mangel an Wissen. Also ja, informieren Sie sich über diese Dinge in Gesprächen und in entsprechenden Büchern. Haben Sie keine Angst vor Wissen. Schlussendlich ist es Ihr Freund.

Haben Sie eine
Nahtoderfahrung,
eine geteilte Todeserfahrung
oder eine vergleichbare
Erfahrung gemacht und
möchten davon erzählen?
Haben Sie Fragen zum Thema
Leben nach dem Tod?
Dann gehen Sie auf unsere
Website *proofoflifeafterlife.com*
und füllen Sie unseren
Fragebogen aus.

Wie Sie Ihr eigenes Psychomanteum einrichten

Viele Menschen wollen das hier geschilderte Procedere gerne selbst ausprobieren. Wenn Sie dazugehören, möchte ich Ihnen einige grundlegende Tipps geben, wie Sie den Geist verstorbener Menschen durch das Spiegelsehen ansprechen können. Der erste wichtige Punkt ist: Es gibt dafür keine exakte Anleitung. Am besten ist es, wenn Sie geistig entspannt sind.

Sie müssen einen Raum vorbereiten, in dem Sie dem Geist der Verstorbenen begegnen können. Dieser Raum sollte gut abgedunkelt werden können: eine Tür, die man schließen kann; Jalousien, die man herunterlassen, oder dichte Vorhänge, die man zuziehen kann. Ein begehbarer Kleiderschrank eignet sich auch. Dann wird an einer Wand ein Spiegel angebracht. So hoch, dass Sie sich selbst darin nicht sehen können, wenn Sie in einem bequemen Sessel etwa einen Meter davor sitzen. Am besten eignet sich ein Sessel mit verstellbarer Rückenlehne, denn das entspannt Ihren Körper.

Der Spiegel sollte so groß sein, dass er einen großen Teil Ihres Gesichtsfelds einnimmt. Auch hier sollten Sie sich nicht allzu sehr auf die exakten Maße fixieren. Der, den ich benutzt habe, maß ungefähr 1,20 Meter auf 1,20 Meter. Dann stellen Sie hinter Ihrem Sessel eine Lampe mit einer 20-Watt-Glühbirne auf. Damit werden der Raum und der Spiegel diffus erhellt.

Natürlich will man möglichst viele Reflexionen ausblenden, doch sie ganz zu verhindern, ist fast nicht machbar. Hier helfen nur Versuch und Irrtum weiter. Probieren Sie einfach so lange herum, bis sich das Ganze gut anfühlt.

Wenn Sie mit dem Spiegelsehen beginnen, ist es am besten, nicht mit festen Vorstellungen an die Sache heranzugehen. Richten Sie den Blick einfach auf den Spiegel und entspannen Sie sich. Lassen Sie Ihren Geist frei herumschweifen, und schauen Sie, was passiert. Die meisten Menschen sehen am Anfang Nebelschleier und Wolken, die sich irgendwann zu klaren Visionen verdichten. Viele berichten auch, sie hätten Landschaften, Berge oder Waldseen gesehen. Manche sehen zuerst auch Menschen in bestimmten Situationen wie innerhalb eines Gebäudes oder im Stadtzentrum. Mitunter haben die Spiegelguckerinnen und -gucker auch schöpferische Einfälle. Viele Künstlerinnen und Künstler haben mir erzählt, dass sie mithilfe des Spiegelsehens ihre Kreativität befeuern und ihnen dabei Ideen für Bilder oder Geschichten kommen.

Wenn Sie mit dem absichtslosen Spiegelsehen vertraut sind, können Sie beginnen, Kontakt zu Ihren lieben Verstorbenen herzustellen. Überlegen Sie zuerst, wen Sie gerne wiedersehen würden. Vielleicht bitten Sie einen Freund oder eine Bekannte, Ihnen hierbei zu assistieren. Diese Person stellt zum Beispiel Fragen über den Menschen, den Sie verloren haben. Häufig sind das Fragen, auf die Sie selbst gar nicht gekommen wären. Dass Freundinnen und Freunde Sie dabei unterstützen, hat vor allem den Zweck, den Fluss Ihrer Gedanken und Emotionen anzustoßen.

Für dieses Frage-und-Antwort-Spiel selbst gibt es keine zeitliche Beschränkung. Sinn und Zweck ist, dass es so lange weitergeht, bis der oder die Verstorbene in Ihrem Geist vollkommen präsent ist. Wenn es so weit ist, können Sie Ihren Platz vor dem Spiegel einnehmen. Richten Sie Ihren Blick auf den Spiegel, als würden Sie in unendliche Tiefen schauen.

Das Geheimnis dieser Erfahrung ist jedoch nicht der Spiegel. Das eigentliche Geheimnis liegt in Ihrem Geist. Entspannen Sie sich. Machen Sie es sich bequem und versinken Sie in ein Gefühl, wie Sie es kurz vor dem Einschlafen haben. Man nennt dies einen »hypnagogen Zustand«. Setzen Sie sich nicht unter Zeitdruck. Am besten ist es ohnehin, Sie legen die Uhr ab und lassen das Handy vor der Tür, bevor Sie sich vor den Spiegel setzen. Dieses Ritual sollte sich in seinem eigenen Rhythmus entfalten können.

Ich empfehle immer, ein Notizbuch griffbereit zu haben, um die Resultate jeder Sitzung aufzuschreiben. Mit der Zeit werden Sie immer schneller in den visionären Zustand gleiten. Sie werden den Prozess besser verstehen und effektiver nutzen können.

Danksagung

Schreiben ist ein einsames Geschäft. Paradoxerweise braucht es aber dann doch ein ganzes Dorf, um ein Buch fertigzustellen, und gerade eines, das einen so einschüchternden Titel trägt wie *7 Gründe, warum wir an ein Leben nach dem Tod glauben dürfen*.

Als Erstes möchten wir den Dutzenden von Menschen danken, die ihre Erfahrungen an der Schwelle zum Tod mit uns und anderen Forschenden geteilt haben. Manche von ihnen haben schon Jahrhunderte vor uns gelebt, alle aber vereint die Hoffnung, das *Wie*, *Was* und *Warum* hinter diesen paranormalen Erfahrungen aufzudecken. Im Laufe der Jahre haben wir mit Tausenden von Menschen gesprochen, die entweder von der Schwelle des Todes zurückkehrten und uns von ihren erstaunlichen Erfahrungen berichteten oder die miterlebt haben, was ihnen nahestehende oder manchmal sogar völlig unbekannte Menschen während des Sterbeprozesses erlebten. Es braucht jede Menge Mut, diese Geschichten zu erzählen, doch ohne sie gäbe es heute weder eine Nahtodforschung noch irgendwelches Material, anhand dessen sich die Mysterien des Todes erkunden ließen. Im Wesentlichen besteht Nahtodforschung in der Analyse von ebensolchen Geschichten. Ohne zuverlässige Aufzeichnungen dieser Geschichten stünden wir auf verlorenem Posten. Durch sie wissen wir, welchen Weg wir einschlagen müssen.

Die Erforschung des Bewusstseins – speziell die Frage, ob das Bewusstsein nach dem Tod weiterlebt – stößt auf das nie erlahmende Interesse all jener Ärzte, Wissenschaftlerinnen, Geistlichen und Philosophinnen, die die uralte Frage nicht loslässt: »Was passiert mit uns, wenn wir sterben?« Es mag merkwürdig erscheinen, wenn wir mehrere Jahrtausende zurückgehen, um Platon, Aristoteles und anderen großen Denkern der griechischen Antike, die sich mit dieser Frage befasst haben, unsere Dankbarkeit zu bezeugen. Und doch ist es nur gerecht, sie in unsere Danksagung aufzunehmen. Sie haben die Grundlagen geschaffen, auf denen wir noch heute die Möglichkeit eines Lebens nach dem Tode diskutieren. Gleiches gilt für Forscher wie Edmund Gurney, William Henry Frederic Myers und Frank Podmore, die einen Großteil ihres Lebens der Aufgabe widmeten, Hunderte von Fallberichten zu sammeln und zu sichten, um sie in ihrem zweibändigen Werk *Phantasms of the Living* zu veröffentlichen. Dieses Buch setzte auf dem Gebiet der Nahtodforschung die Standards für Gründlichkeit und konzeptionelle Klarheit. Dasselbe kann auch von der Arbeit des Dubliner Arztes Sir William Barrett gesagt werden. Sein Buch *Deathbed Visions* ist ein Klassiker auf seinem Gebiet, ein Klassiker, von dem Barrett öffentlich sagte, das darin enthaltene Material würde die Existenz einer spirituellen Welt und das Weiterleben nach dem Tod beweisen.

Auch heute gibt es viele Forschende, deren Studien die Erforschung der Vorgänge rund um den Tod voranbringen: Dr. Bruce Greyson, der mit seinen breit angelegten Untersuchungen den Weg für spätere Forschende bereitet hat. Dr. Michael Nahm, der den Begriff der »terminalen Geistesklarheit« geprägt und sie beschrieben hat und auch sonst auf dem Gebiet der Sterbeforschung in vielerlei Hinsicht Pionierarbeit leistet. Dr. Jeffrey Long und seine Frau Jody Long, die Gründer der Near-Death Experience Research Foundation (NDERF), sind zwei der besten Köpfe auf dem Gebiet der Nahtodforschung. Dasselbe darf von Dr. Kenneth Ring gesagt werden, der dank seines Pioniergeistes und seiner Leistungen eines der führenden Gründungsmitglieder der NTE-Bewegung ist. Dr. Melvin Morse wiederum hat das transformierende Potenzial von NTEs bei Kindern und

Erwachsenen untersucht und so dazu beigetragen, dass wir über die Langzeiteffekte von NTEs und anderen Sterbeerfahrungen besser Bescheid wissen.

Dr. Michael Sabom hat durch seine frühen Untersuchungen von NTEs die Erforschung des Bewusstseins vorangetrieben. Die Beschreibungen von NTEs in *Leben nach dem Tod* schienen ihm reichlich »weit hergeholt«, und so machte er sich mit der Sozialarbeiterin Sarah Kreutziger daran, die Wahrheit aufzudecken. Dabei heraus kam das Buch *Erinnerung an den Tod*, das Raymonds Arbeit bestätigte. Dr. Sabom gründete in der Folge zusammen mit Dr. Moody, Dr. Greyson, John Audette und Dr. Kenneth Ring die International Association of Near-Death Studies.

Dr. Peter Fenwick, Neuropsychiater und Senior Lecturer am King's College in London, verfügt, gerade was geteilte Todeserfahrungen (GTEs) angeht, über ein reiches Wissen und große Forschungserfahrung. Dasselbe kann auch über Dr. Penny Sartori gesagt werden, die in ihrem Beruf als Intensivkrankenschwester Hunderte von NTEs hautnah miterlebt hat, von denen einige sehr detailliert waren. Dem niederländischen Kardiologen Dr. Pim van Lommel gebührt höchste Anerkennung für seine umfangreiche Studie über 344 Personen, die infolge eines Herzstillstands eine NTE erlebten. Die Ergebnisse dieser Studie hat er in seinem Bestseller *Endloses Bewusstsein* zusammengefasst, der den Großteil des vorhandenen Materials über Nahtoderfahrungen bestätigt.

Der mittlerweile verstorbene Dr. George Ritchie spielte als Freund wie als Lehrer eine wichtige Rolle in Raymonds Leben. Er erzählte Raymond und jedem, der gern etwas darüber erfahren wollte, von seiner eigenen NTE und deren faszinierenden Details. Dies trifft auch auf Dr. Eben Alexander zu. Zwischen ihm und Raymond entwickelte sich ein paar Jahre vor dem Erscheinen von Ebens bemerkenswertem Bestseller *Blick in die Ewigkeit* eine echte Freundschaft. Eben hat seine Geschichte großzügig mit Tausenden von Menschen geteilt. Zusammen mit seiner Frau Karen Newell hat er das Feld der ganzheitlichen Heilung durch eine neue Technik der Klangheilung erweitert, die sie ständig weiterentwickeln.

Was das persönliche Umfeld angeht, widmet Raymond dieses Buch seiner Frau Cheryl. Ihre starke Persönlichkeit, ihr Humor und ihre Beharrlichkeit sind Eigenschaften, die man braucht, wenn man an der Seite eines rastlosen Forschers lebt. Ferner widmet er dieses Buch seinen fünf Kindern: den beiden älteren, Avery, seines Zeichens Arzt, und Samuel, Professor der Philosophie, auf die er mächtig stolz ist. Und den drei jüngeren, Carter, Carol und Ray Junior, denen er mit Freude zusieht, wie sie sich gerade auf ihren Lebensweg machen.

Paul widmet das Buch seiner Frau Darlene, die ihm beim Schreiben stets mit Rat, Tat, Verständnis und Ermutigung zur Seite stand. Damit legt sie die Latte für familiäre Unterstützung unzweifelhaft sehr hoch.

Paul und Raymond blicken mittlerweile auf eine fast vierzigjährige Zusammenarbeit zurück, auf sechs gemeinsame Bücher und zwei Filme. In diesen Jahren hat Paul Hunderte von Menschen interviewt, die eine NTE, eine GTE oder andere Erfahrungen an der Schwelle zum Tod gemacht haben. Es ist eine Ehre, so eng mit Raymond zusammenzuarbeiten, der mir Lehrer, Inspiration, Wegweiser und vor allem Freund ist.

Und nicht zuletzt ist auch dem Team von Beyond Words Publishing zu danken. Die Kreativdirektorin Michele Ashtiani Cohn und ihr Mann Richard Cohn, Verleger und Verlagsleiter, haben in *7 Gründe, warum wir an ein Leben nach dem Tod glauben dürfen* etwas gesehen, was ihnen gefiel, und das Projekt unter ihre Fittiche genommen. Die beiden haben uns mit Bailey Potter zusammengebracht, die unser Manuskript professionell lektorierte. Man kann den Wert einer guten Lektorin niemals zu hoch veranschlagen, vor allem nicht, wenn dank ihr die Arbeit von zwei Autoren besser wurde, als sie ohne ihr Wirken gewesen wäre. Unser weiterer Dank gilt der Cheflektorin Lindsay Easterbooks-Brown und ihrem Team: Emmalisa Sparrow Wood, Herstellung, Kristin Thiel, Lektorat, Ashley Van Winkle, Korrektorat, Brennah Hermo, Marketing und Werbung, Bill Brunson, Typographie, und Devon Smith, der den Umschlag und den gut lesbaren Klappentext des Buches gestaltet hat. Sie alle sind, wie der Name des Verlags sagt: unbeschreiblich.

Über die Autoren

Raymond A. Moody jr.

© Marlin Darrah

Dr. Raymond Moody, Arzt und Philosoph, ist die führende Autorität in Sachen Nahtoderfahrung. Er prägte den Begriff in den späten 1970er-Jahren und beschrieb die Erfahrung, die dahintersteht. Sein bahnbrechendes Buch *Leben nach dem Tod*, das sich weltweit mehr als dreizehn Millionen Mal verkaufte, hat unseren Blick auf Sterben und Tod grundlegend verändert. Die *New York Times* nennt Dr. Moody den »Vater der Nahtoderfahrung«.

Mehr als fünf Jahrzehnte lang hat Dr. Moody in Vorträgen und öffentlichen Veranstaltungen seine Zuhörer regelmäßig über diese Themen aufgeklärt. Sein *Life after Life Institute* ist nicht nur ein Ort, wo Spitzenwissenschaftler und Spitzendenkerinnen ihre Erkenntnisse miteinander teilen, es werden dort auch Onlinekurse und persönliche Beratungen angeboten. Dr. Moody ist daneben auch privat als philosophischer Berater tätig und berät Sterbende ebenso wie Trauernde. Er gibt Seminare über Trauerarbeit und die Begleitung von Sterbenden für Hospizmitarbeitende, Geistliche, Psychologinnen, Krankenpflegepersonal und Angehörige anderer medizinischer Berufe.

Dr. Moody machte seinen Abschluss als Mediziner am College of Georgia. Seinen Doktortitel der Philosophie erwarb er an der University of Virginia, wo er zuvor auch den Bachelor und Master in dieser Fachrichtung machte. Er wurde vielfach ausgezeichnet, unter anderem mit dem World Humanitarian Award sowie einer Bronzemedaille im Bereich »Fragen des menschlichen Daseins« auf dem New York Film Festival für die Filmfassung von *Leben nach dem Tod*. Dr. Moody ist ein häufiger Gast in den Medien. So war er dreimal in *The Oprah Winfrey Show* zu sehen sowie in Hunderten anderer lokal und national ausgestrahlter Sendungen wie *Today*, *ABC's Turning Point* und *MSNBC: Grief Recovery*.

Paul Perry

© Sydney Sherman

Paul Perry ist Co-Autor von fünf Titeln auf der Bestsellerliste der *New York Times,* darunter *Das Licht von drüben* (zusammen mit Raymond Moody), *Geborgen im Licht* (mit Dannion Brinkley) und *Beweise für ein Leben nach dem Tod* (mit Jeffrey Long). Speziell zur Nahtoderfahrung hat Perry an einem Dutzend Bücher mitgearbeitet, davon sechs zusammen mit Dr. Moody. Seine Bücher wurden in mehr als dreißig Sprachen übersetzt.

Daneben arbeitet Perry auch als Dokumentarfilmer, dessen Arbeiten von Fernsehkanälen weltweit ausgestrahlt wurden. Sein bekanntester Film *Jesus: The Lost Years,* basierend auf seinem Buch *Jesus in Egypt*, wurde in den USA über zwanzig Mal ausgestrahlt. Sein letzter Film, *The Secrets and Mysteries of Christopher Columbus*, wurde bei *Timeline of History,* einem britischen Streamingdienst, fast vier Millionen Mal abgerufen. Für sein Buch und den Film über den Maler Salvador Dalí wurde Paul in den Orden vom Flügel des heiligen Michael aufgenommen.

Paul ist Absolvent der Arizona State University und der Antioch University in Los Angeles. Daneben gehörte er dem renommierten Gannett Center for Media Studies an der Columbia University in New York City an, wo er Gesundheitsmanagement studierte. An der University of Oregon in Eugene gab er Kurse für journalistisches Schreiben und war Chefredakteur von *American Health*, einem Gesundheitsmagazin, das mit dem National Magazine Award ausgezeichnet wurde, der für herausragende Beiträge im Magazinjournalismus vergeben wird. Seit er als Vollzeitautor arbeitet, hat Paul über zwanzig Bücher zu so unterschiedlichen Themen wie Gesundheit, Medizin, Geschichte und Biografien berühmter Menschen geschrieben beziehungsweise daran mitgearbeitet.

Anmerkungen

1 Platon, »Des Sokrates Verteidigung«, 29A, in: ders., *Sämtliche Werke*, Darmstadt 2014, S. 21.
2 Raymond Moody, *Leben nach dem Tod*, Reinbek 2019.
3 William James, *Die Vielfalt religiöser Erfahrung*, Vorlesung X, Berlin (1) 2014, S. 243.
4 Eine Version dieser persönlichen GTE wurde veröffentlicht in: Raymond Moody, Paul Perry, *Zusammen im Licht: Was Angehörige mit Sterbenden erleben*, München 2011.
5 C. S. Lewis, *Pardon, ich bin Christ*, Basel/Gießen 1998, S. 45.
6 Zitiert nach: Gregory Vlastos, *Studies in Greek Philosophy*, Bd. 2, Princeton 1995, S. 8.
7 Zitiert nach: Gregory Vlastos, *Studies in Greek Philosophy*, Bd. 2, Princeton 1995, S. 8.
8 Platon, »Phaidon«, 85C, in: ders., *Sämtliche Werke*, Bd. I, Darmstadt 2014, S. 769.
9 Platon, »Phaidon«, 64C, in: ders., *Sämtliche Werke*, Bd. I, Darmstadt 2014, S. 740.
10 Platon, »Des Sokrates Verteidigung«, 40 E, 85C, in: ders., *Sämtliche Werke*, Bd. I, Darmstadt 2014, S. 34 f.
11 Louisa May Alcott, *Her Life, Letters, and Journals*, hrsg. von Ednah Dow Littlehale Cheney, Boston 1919, S. 97–98.
12 Diane Goble, »Diane G NDE«, Near-Death Experience Research Foundation, abgerufen am 4. Januar 2023, https://www.nderf.org/Experiences/1diane_g_nde.html.
13 Interview eines GT-Erlebenden durch Raymond Moody, 2019.
14 Erlendur Haraldsson (Psychologe aus Island, Autor von *I Saw a Light and Came Here*), im persönlichen Gespräch mit Paul Perry, März 1990, 1995, 2000.

15 Melvin Morse, Paul Perry, *Verwandelt vom Licht: Über die transformierende Wirkung von Nah-Todeserfahrungen*, München 1994.

16 Melvin Morse (Nahtodforscher und zusammen mit Paul Perry Autor von *Zum Licht*) in einer Diskussion mit Raymond Moody und Paul Perry auf einer Konferenz in Seattle, 1989.

17 C. G. Jung, »Über das Leben nach dem Tod«, in: ders., *Erinnerungen, Träume, Gedanken*, Ostfildern (19) 2016, S. 351 f.

18 Alexander Batthyány (Direktor des Viktor-Frankl-Forschungsinstituts in Budapest) im Gespräch mit Paul Perry, 2020.

19 D. Scott Rogo, *A Psychic Study of »the Music of the Spheres«*, Ann Arbor 1972, S. 64–66.

20 Michael Nahm, »Terminal Lucidity in People with Mental Illness and Other Mental Disability: An Overview and Implications for Possible Explanatory Models«, in: *Journal of Near-Death Studies* 28, Nr. 2 (Winter 2009), S. 90, abgerufen am 7. Februar 2023, htpst://digital.library.unt.edu/ark:/67531/metadc461761/.

21 Raymond Moody, Interview mit einem Besucher des Psychomanteums, 1991.

22 Joan Rivers (Komikerin, Schauspielerin und Produzentin) im Gespräch mit Raymond Moody, 1992.

23 The Oprah Winfrey Show, Season 8, Episode 208, »Communicating with the Dead«, ausgestrahlt am 18. Oktober 1993.

24 Queen Noor, *Leap of Faith: Memoirs of an Unexpected Life,* New York 2003, S. 236.

25 Noor, *Leap of Faith*, a. a. O., S. 236.

26 Eine Nahtoderfahrende im Gespräch mit Paul Perry bei einer Konferenz in Santa Barbara, Kalifornien, 2018.

27 Raymond Moody im Gespräch mit einem Chirurgen bei einer Konferenz in Mailand, 2010.

28 Melvin Morse (Nahtodforscher und zusammen mit Paul Perry Autor von *Closer to the Light*) im Gespräch mit Raymond Moody und Paul Perry, etwa 1993.

29 Raymond Moody im Gespräch mit Viola Horton, ihrer Familie und ihrem behandelnden Arzt, 1975. Die Fallstudie wurde vorgestellt in Peter Shockeys Film *Life After Life*, einem Dokumentarfilm über Raymond Moody, 1992. Viola Hortons Bericht wurde von Raymond Moody und The Learning Channel in einem Do-

kumentarfilm mit dem Titel »Near Death Experience with Many Verified Events Proving It Was Real, Dr. Morse Presents« vorgestellt, Melvin Morse, 28. Februar 2011, https://www.youtube.com/watch?v=MFCnPOTCYJE.

30 Eine Version dieser Geschichte erschien in Raymond Moody, Paul Perry, *Zusammen im Licht*, München 2011.

31 Raymond Moody im Gespräch mit einem Arzt, etwa 1989.

32 Aus dem mündlichen und brieflichen Austausch von Raymond Moody mit Michael Sabom und Sarah Kreutziger, etwa 1977.

33 Michael B. Sabom, *Recollections of Death*. New York 1982.

34 Sabom, *Recollections of Death*, a. a. O., S. 36.

35 Sabom, *Recollections of Death*, a. a. O., S. 106.

36 Sabom, *Recollections of Death*, a. a. O., S. 30 f.

37 Sabom, *Recollections of Death*, a. a. O., S. 26.

38 Sabom, *Recollections of Death*, a. a. O., S. 36.

39 Sabom, *Recollections of Death*, a. a. O., S. 84.

40 Penny Sartori, »A Long-Term Study to Investigate the Incidence and Phenomenology of Near-Death Experiences in a Welsh Intensive Therapy Unit«, in: *Network Review: Journal of the Scientific and Medical Network*, Nr. 90 (Frühling 2006), neu aufgelegt auf der Website der International Association for Near-Death Studies, https://iands.org/research/nde-research/important-research-articles/80-penny-sartori-phd-prospective-study.html?start=1.

41 Sartori, »A Long-Term Study«, a. a. O.

42 Janice M. Holden, »More Things in Heaven and Earth: A Response to ›Near-Death Experiences with Hallucinatory Features‹«, in: *Journal of Near-Death Studies* 26, Nr. 1 (Herbst 2007), S. 40, https://digital.library.unt.edu/ark:/67531/metadc799193/m2/1/high_res_d/vol26-no1-33.pdf.

43 Holden, »More Things«, S. 40.

44 Holden, »More Things«, S. 40.

45 Holden, »More Things«, S. 40.

46 Jeffrey Long, »Near-Death Experiences. Evidence for Their Reality«, in: Journal of the Missouri State Medical Association 111, Nr. 5 (September–Oktober 2014) S. 372–380, https://www.ncbi.nlm.nih.gov/pmc/articles/PMC6172100/.

47 Long, »Near-Death Experiences«, S. 374.

48 Long, »Near-Death Experiences«, S. 374.

49 Long, »Near-Death Experiences«, S. 374.
50 Long, »Near-Death Experiences«, S. 374.
51 Long, »Near-Death Experiences«, S. 374.
52 Jeffrey Long, »Evidence for Survival of Consciousness in Near-Death Experiences: Decades of Science and New Insights«, 21. Juli 2021, https://theformulaforcreatingheavenonearth.com/wp-content/uploads/2022/04/05-RU-Jeffrey-Long.pdf.
53 Long, »Evidence for Survival of Consciousness«, S. 10–11. Und: Kate L NDE, Near-Death Experience Research Foundation, https://www.nderf.org/Experiences/1kate_l_nde.html.
54 Long, »Evidence for Survival of Consciousness«, S. 11.
55 Paul Perry im Austausch mit Jeffrey Long, etwa 2010–2012.
56 Paul Perry im Austausch mit Jeffrey Long.
57 Paul Perry im Austausch mit Jeffrey Long.
58 Jeffrey Long, Paul Perry, *God and the Afterlife: The Groundbreaking New Evidence for God and Near-Death Experience*, New York 2016.
59 Paul Perry im Austausch mit Jeffrey Long.
60 Paul Perry im Austausch mit Jeffrey Long.
61 Long, »Evidence for Survival of Consciousness«, S. 11.
62 Long, »Evidence for Survival of Consciousness«, S. 11.
63 Long, »Evidence for Survival of Consciousness«, S. 12.
64 Long, »Evidence for Survival of Consciousness«, S. 12.
65 Paul Perry im Austausch mit Jeffrey Long.
66 Paul Perry im Austausch mit Jeffrey Long.
67 Charlotte Marial et al., »Temporality of Features in Near-Death Experience Narratives«, in: *Frontiers in Human Neuroscience* 11 (2017), Tabelle 4, https://www.frontiersin.org/articles/10.3389/fnhum.2017.00311/full.
68 »Key Facts about Near-Death Experiences«, Website der International Association for Near-Death Studies, zuletzt upgedatet am 18. Juli 2021, https://iands.org/ndes/about-ndes/key-nde-facts21.html?start=1.
69 George Ritchie (US-amerikanischer Psychiater und Autor von *Mein Leben nach dem Sterben*) im Austausch mit Raymond Moody im Laufe ihrer beinahe dreißigjährigen Freundschaft.
70 George Ritchie im Austausch mit Raymond Moody.

71 »Wilder Penfield (1891–1976)«, Website der McGill University, abgerufen am 8. Februar 2023, https://www.mcgill.ca/about/history/penfield.

72 Laura Mazzola, Jean Isnard, Roland Peyron, François Mauguière, »Stimulation of the Human Cortex and the Experience of Pain: Wilder Penfield's Observations Revisited«, in: *Brain* 135, Nr. 2 (Februar 2012), S. 631–640, https://doi.org/10.1093/brain/awr265.

73 Richard Leblanc, »The White Paper: Wilder Penfield, Stream of Consciousness, and the Physiology of Mind«, in: *Journal of the History of the Neurosciences* 28, Nr. 4 (2019), S. 416–436, https://doi.org/10.1080/0964704X.2019.1651135.

74 Wilder Penfield, *The Mystery of the Mind,* Princeton 1975, S. 85–87.

75 Penfield, *The Mystery of the Mind*, a. a. O., S. 115.

76 Sir William Barrett, *Death-Bed Visions: The Psychical Experiences of the Dying*, Detroit 1986, S. 162.

77 Raymond Moody im Gespräch mit einem GT-Erlebenden, 7. Januar 2023.

78 Edmund Gurney, Frederic Myers, Frank Podmore, *Phantasms of the Living*, Bd. 2, London, Rooms of the Society for Psychical Research 1886. Eine Version dieser Geschichte wurde veröffentlicht in Moody, Perry, *Zusammen im Licht*, München 2011.

79 Gurney, Myers, Podmore, *Phantasms of the Living,* a. a. O.

80 Gurney, Myers, Podmore, *Phantasms of the Living,* a. a. O.

81 Gurney, Myers, Podmore, *Phantasms of the Living,* a. a. O.

82 Sir William Barrett, *Death-Bed Visions: How the Dead Talk to the Dying,* United Kingdom, White Crow Books, 2011, S. 59.

83 Raymond Moody im Gespräch mit einem GT-Erlebenden, 2009. Eine Version dieser Geschichte erschien in Moody, Perry, *Zusammen im Licht*, München 2011.

84 Raymond Moody im Gespräch mit einem GT-Erlebenden, 2005.

85 Gurney, Myers, Podmore, *Phantasms of the Living, Bd. 2,* a. a. O., S. 235.

86 Perry im Gespräch mit einer GT-Erlebenden, 15. Januar 2023.

87 Eine Version dieser Geschichte wurde veröffentlicht in: Moody, Perry, *Zusammen im Licht*, München 2011. Und in: Morse, Perry, *Parting Visions*, New York 1993, S. 19–21.

88 Morse, Perry, *Parting Visions*, a. a. O., S. 45.
89 Morse, Perry, *Parting Visions*, a. a. O., S. 45.
90 Morse, Perry, *Parting Visions*, a. a. O., S. 46–48.
91 University of Missouri-Columbia, »People Who Rely on Their Intuition Are, at Times, Less Likely to Cheat«, in: *ScienceDaily*, 24. November 2015, https://www.sciencedaily.com/releases/2015/11/151124143502.htm.
92 C. G. Jung, *Jung on Synchronicity and the Paranormal,* Princeton 1997, S. 58–59.
93 Erlendur Haraldsson et al., »Psychic Experiences in the Multinational Human Value Study: Who Reports Them?«, in: *Journal of the American Society for Psychical Research* 85 (April 1991), S. 150.
94 Erlendur Haraldsson, »Survey of Claimed Encounters with the Dead«, in: *Omega* 19, Nr. 2 (1988–1989), S. 105, https://journals.sagepub.com/doi/10.2190/NUYD-AX5D-LP2C-NUX5.
95 Haraldsson, »Survey of Claimed Encounters«, a. a. O., Tabelle 3, S. 110.
96 Haraldsson, »Survey of Claimed Encounters«, a. a. O., S. 106.
97 Haraldsson, »Survey of Claimed Encounters«, a. a. O., Tabelle 1, S. 106–107.
98 Haraldsson, »Survey of Claimed Encounters«, a. a. O., Tabelle 2, S. 109.
99 Erlendur Haraldsson im mündlichen und brieflichen Austausch mit Paul Perry, etwa 1988.
100 Haraldsson, »Survey of Claimed Encounters«, a. a. O., S. 104.
101 Haraldsson, »Survey of Claimed Encounters«, a. a. O., Tabelle 2, S. 109 f.
102 Haraldsson im mündlichen und brieflichen Austausch mit Paul Perry, etwa 1988.
103 Haraldsson im mündlichen und brieflichen Austausch mit Paul Perry, etwa 1988.
104 Haraldsson, »Survey of Claimed Encounters«, a. a. O., S. 111.
105 Haraldsson im mündlichen und brieflichen Austausch mit Paul Perry, etwa 1988.
106 Haraldsson im mündlichen und brieflichen Austausch mit Paul Perry, etwa 1988.
107 Haraldsson im mündlichen und brieflichen Austausch mit Paul Perry, etwa 1988.

108 Stephen Hawking, *Eine kurze Geschichte der Zeit*, Stuttgart 2023, S. 9.

109 Charles Dickens, *Eine Weihnachtsgeschichte*, Hamburg 2016, S. 32.

110 Charles Dickens, a. a. O., S. 27 f.

111 Charles Dickens, a. a. O., S. 7.

112 Charles Flynn, »Meanings and Implications of NDEr Transformations: Some Preliminary Findings and Implications«, in: *Journal of Near-Death Studies* 2, Nr. 1 (Juni 1982), S. 3, https://digital.library.unt.edu/ark:/67531/metadc1051956/.

113 Melvin Morse, Paul Perry, *Verwandelt vom Licht*, München 1994.

114 Melvin Morse, Paul Perry, *Verwandelt vom Licht*, München 1994.

115 Raymond Moody im Gespräch mit einem GT-Erlebenden, etwa 1992.

116 Raymond Moody im Gespräch mit einem GT-Erlebenden, etwa 1991.

117 Raymond Moody im Gespräch mit einer NT-Erfahrenden, 2021.

118 Raymond Moody im Gespräch mit einem NT-Erfahrenden, 1991.

119 Raymond Moody im Gespräch mit einem NT-Erfahrenden, 2010.

120 Raymond Moody im Gespräch mit einem NT-Erfahrenden, 1991.

121 Raymond Moody im Gespräch mit einer NT-Erfahrenden, 2009.

122 Michael Eden, »Brain Surgery Left Me with Special Gift, Says Herefordshire Modeller«, in: *Hereford Times*, 22. Oktober 2022, https://www.herefordtimes.com/news/23068056.brain-injury-made-ace-modeller-says-herefordshire-man.

123 Raymond Moody im Gespräch mit einer NT-Erfahrenden, 2010.

124 Raymond Moody im Gespräch mit einem NT-Erfahrenden, etwa 1991.

125 Platon, »Der Staat«, in: ders., *Sämtliche Werke*, Darmstadt 2014, S. 7 ff.

126 Raymond Moody im Gespräch mit einem NT-Erfahrenden, etwa 1992.

127 Richtlinien für die Unterstützung von NT-Erfahrungen: »How to Support an NDEr«, zusammengetragen auf einer Konferenz über das Leben nach dem Tod in Seattle von einer Gruppe, die von Raymond Moody geleitet wurde, an der aber auch Forschende wie Melvin Morse und Paul Perry teilnahmen (circa 1990).

128 Eine Version dieser Geschichte wurde veröffentlicht in: Morse, Perry, *Verwandelt vom Licht*, München 1994.

129 Melvin Morse, Paul Perry, *Zum Licht. Was wir von Kindern lernen können, die dem Tod nahe waren*, München 1994.
130 Morse, Perry, *Zum Licht*, a. a. O.
131 Morse, Perry, *Zum Licht*, a. a. O.
132 Charles Dickens, a. a. O., S. 121.
133 Platon, *Der Staat*, 329a–331c, a. a. O., S. 9–12.
134 Michael Nahm, Bruce Greyson, »The Death of Anna Katharina Ehmer: A Case Study in Terminal Lucidity«, in: *Omega* 68, Nr. 1 (2013–2014), S. 81 f., https://med.virginia.edu/perceptual-studies/wp-content/uploads/sites/360/2016/12/OTH28.pdf.
135 Nahm, Greyson, »The Death of Anna Katharina Ehmer«, S. 82.
136 Nahm, Greyson, »The Death of Anna Katharina Ehmer«, S. 82 f.
137 Nahm, Greyson, »The Death of Anna Katharina Ehmer«, S. 83.
138 Nahm, Greyson, »The Death of Anna Katharina Ehmer«, S. 84.
139 Nahm, Greyson, »The Death of Anna Katharina Ehmer«, S. 82.
140 Nahm, Greyson, »The Death of Anna Katharina Ehmer«, S. 83.
141 A. D. (Sandy) Macleod, »Lightening Up Before Death«, in: *Palliative & Supportive Care* 7, Nr. 4 (2009), S. 513–516, https://pubmed.ncbi.nlm.nih.gov/19939314.
142 Alexander Batthyány (PhD, Direktor des Research Institute for Theoretical Psychology and Personalist Studies an der Pázmány Universität in Budapest) im Gespräch mit Paul Perry, 2021.
143 Michael Nahm (Biologe, Nahtodforscher und Parapsychologe) im Gespräch mit Paul Perry, 2021.
144 Michael Nahm, »Terminal Lucidity in People with Mental Illness and Other Mental Disability: An Overview and Implications for Possible Explanatory Models«, in: *Journal of Near-Death Studies* 28, Nr. 2 (Winter 2009), S. 89, abgerufen am 7. Februar 2023, https://digital.library.unt.edu/ark:/67531/metadc461761/.
145 Michael Nahm im Gespräch mit Paul Perry, 2021. Und: Michael Nahm, »Terminal Lucidity Versus Paradoxical Lucidity: A Terminological Clarification«, in: *Alzheimer's & Dementia* 18, Nr. 3 (März 2022), S. 538–539, https://pubmed.ncbi.nlm.nih.gov/35102690/.
146 Michael Nahm, »Terminal Lucidity in People with Mental Illness«.
147 Basil Eldadah, »Exploring the Unexpected. What Can We Learn from Lucidity in Dementia?«, in: National Institute on Aging,

11. September 2019, www.nia.nih.gov/research/blog/2019/09/exploring-unexpected-what-can-we-learn-lucidity-dementia.

148 René Descartes, *Discours de la Méthode. Französisch–Deutsch*, Hamburg 2011, S. 59.

149 Scott Haig, »The Brain: The Power of Hope«, in: *Time*, 29. Januar 2007, https://time.com/archive/6596785/the-brain-the-power-of-hope/.

150 Jewel Perry (Paul Perrys Vater und Veteran des Zweiten Weltkriegs) im Gespräch mit Paul Perry, 1995.

151 Michael Nahm im Gespräch mit Paul Perry, 2020.

152 James Fieser, »Continental Rationalism«, University of Tennessee at Martin, überarbeitet am 1. Juni 2020, vgl.: Samuel Enoch Stumpf, James Fieser, *Philosophy: A Historical Survey with Essential Readings*, New York (10) 2019.

153 Michael Nahm, im Interview mit Zaron Burnett, »Terminal Lucidity: The Researchers Attempting to Prove Your Mind Lives on Even after You Die«, in: *Mel Magazine*, 26. September 2018, https://medium.com/mel-magazine/terminal-lucidity-the-researchers-attempting-to-prove-that-your-mind-lives-on-even-after-you-die-385ac1f93dca.

154 Basil A. Eldadah et al., »Lucidity in Dementia: A Perspective from the NIA«, in: *Alzheimer's & Dementia* 15 (2019), S. 1104–1106, https://www.sciencedirect.com/science/article/pii/S1552526019340804.

155 Nahm, »Terminal Lucidity in People with Mental Illness«, S. 91.

156 Nahm, »Terminal Lucidity in People with Mental Illness«, S. 90.

157 Nahm, »Terminal Lucidity in People with Mental Illness«, S. 91.

158 Alexandre Jacques François Brierre de Boismont, *Hallucinations, or, The Rational History of Apparitions, Visions, Dreams, Estasy, Magnetism, and Somnambulism*, Philadelphia 1853, S. 243.

159 Benjamin Rush, *Medial Inquiries and Observations, Upon the Diseases of the Mind*, Philadelphia 1812, S. 257.

160 Andrew Marshal, Solomon Sawrey, *The Morbid Anatomy of the Brain in Mania and Hydrophobia: With the Pathology of These Two Diseases as Collected from the Papers of the Late Andrew Marshal,* London 1815, S. 150–151.

161 Aristoteles, *Über die Seele*, II, 7, Stuttgart 2011, S. 91 f.

162 Libre Texts – Medicine, »Chapter 12: Peripheral Nervous System—12.1A: Overview of Sensation«, in: *Anatomy and Physiology (Boundless)*, S. 362–363, upgedatet am 17. Januar 2023, https://med.libretexts.org/Bookshelves/Anatomy_and_Physiology/Anatomy_and_Physiology_(Boundless)/12%3A_Peripheral_Nervous_System/12.1%3A_Sensation/12.1A%3A_Overview_of_Sensation.

163 Wilder Penfield, *The Mystery of the Mind*, Princeton 1975, S. 88.

164 Paul Perry im Gespräch mit einem GT-Erlebenden, November 2022.

165 Raymond Moody, Interview mit einem GT-Erlebenden, Afterlife Awareness Conference in Portland, Juni 2014.

166 Peter Fenwick, Elizabeth Fenwick, *The Art of Dying: A Journey to Elsewhere*, London 2008, S. 91.

167 Peter Fenwick, »Dying: A Spiritual Experience as Shown by Near Death Experiences and Deathbed Visions«, im Archiv des Royal College of Psychiatrists, https://www.rcpsych.ac.uk/docs/default-source/members/sigs/spirituality-spsig/spirituality-special-interest-group-publications-pfenwickneardeath.pdf.

168 »Julie P.'s NELE«, After Death Communication Research Foundation (ADCRF), abgerufen am 8. Februar 2023, https://www.adcrf.org/julie_p_nele.htm.

169 »Julie P.'s NELE«, After Death Communication Research Foundation.

170 »Julie P.'s NELE«, After Death Communication Research Foundation.

171 J. C Eccles, *Facing Reality: Philosophical Adventures by a Brain Scientist*, New York 1970, S. 56.

172 Judith Matloff, »The Mystery of End-of-Life Rallies«, in: *New York Times*, 4. Juli 2018, https://www.nytimes.com/2018/07/24/well/the-mystery-of-end-of-life-rallies.html.

173 Natasha A. Tassell-Matamua, Kate Steadman, »Of Love and Light: A Case Report of End-of-Life Experiences«, in: *Journal of Near-Death Studies* 34, Nr. 1 (Herbst 2015), S. 12, https://digital.library.unt.edu/ark:/67531/metadc948098/m2/1/high_res_d/34-1%204.%20Tassell-Matamua%20cx%202018.pdf.

174 Tassell-Matamua, Steadman, »Of Love and Light«, S. 13.

175 Tassell-Matamua, Steadman, »Of Love and Light«, S. 15 f.

176 Karlis Osis, Erlendur Haraldsson, *Der Tod, ein neuer Anfang*, Schönberg 2018.

177 Osis, Haraldsson, a. a. O., S. 272.

178 John H. Lienhard, *Engines of Our Ingenuity*, Folge 2077, »Last Words«, University of Houston's College of Engineering, Transkript und Audio, KUHO, Houston Public Radio, https://www.uh.edu/engines/epi2077.htm.

179 Francis Crick, *Was die Seele wirklich ist. Die naturwissenschaftliche Erforschung des Bewusstseins*, München, Zürich 1994, S. 17.

180 John Steinbeck, *Jenseits von Eden*, München (21) 1987, S. 196.

181 Lawrence G. Appelbaum et al., »Synaptic Plasticity and Mental Health: Methods, Challenges and Opportunities«, in: *Neuropsychopharmacology* 48, Nr. 1 (Januar 2023), S. 113–120, https://www.ncbi.nlm.nih.gov/pmc/articles/PMC9700665/.

182 Frederick Ayer jr., *Before the Colors Fade: A Portrait of a Soldier: George S. Patton jr.*, New York 1964, S. 98.

183 Ayer, *Before the Colors Fade*, a. a. O., S. 97 f.

184 Rajiv Parti (bewusstseinsbasierter Heiler, Spezialist für Schmerzmanagement, Anästhesist) im Gespräch mit Raymond Moody, 9. Januar 2014.

185 Rajiv Parti, Paul Perry, *Erwachen im Licht*, München 2016, S. 49.

186 Parti, Perry, a. a. O., S. 65.

187 Parti, Perry, a. a. O., S. 13.

188 Parti, Perry, a. a. O., S. 111.

189 Parti, Perry, a. a. O., S. 83.

190 Parti, Perry, a. a. O., S. 88.

191 Parti, Perry, a. a. O., S. 199.

192 Frank Herbert, *Dune – der Wüstenplanet*, München 2016, S. 56.

193 »Sanna F SDE«, Webseite der Near-Death Experience Research Foundation, Nr. 5117 Sanna F SDE 9509, abgerufen am 9. Februar 2023, https://www.nderf.org/Experiences/1sanna_f_sde.html.

194 »Sanna F SDE«, https://www.nderf.org/Experiences/1sanna_f_sde.hmtl.

195 »Sanna F SDE«, https://www.nderf.org/Experiences/1sanna_f_sde.hmtl.

196 Sanna Festa, E-Mail an Paul Perry, 5. Januar 2023.

197 Sanna Festa, E-Mail an Paul Perry.

198 Sanna Festa, E-Mail an Paul Perry.

199 Penny Sartori, Paul Badham, Peter Fenwick, »A Prospectively Studied Near-Death Experience with Corroborated Out-of-Body Perceptions and Unexplained Healing«, in: *Journal of Near-Death Science* 25, Nr. 2 (Winter 2006), S. 73, https://digital.library.unt.edu/ark:/67531/metadc799351/m2/1/high_res_d/vol25-no2-69.pdf.

200 Sartori, Badham, Fenwick, »A Prospectively Studied«, a. a. O., S. 73.

201 Sartori, Badham, Fenwick, »A Prospectively Studied«, a. a. O., S. 73.

202 Sartori, Badham, Fenwick, »A Prospectively Studied«, a. a. O., S. 69–82.

203 Penny Sartori, »Ex-Nurse Dr. Penny Sartori Studies Amazing Experiences of People Who Came Back from the Dead«, Interview mit Brian McIver, in: *The Daily Record*, 25. Januar 2011, https://www.dailyrecord.co.uk/news/real-life/ex-nurse-dr-penny-sartori-studies-1093165.

204 Paul Perry im Gespräch mit einer GT-Erlebenden, 21. Januar 2023.

205 Tony Cicoria (orthopädischer Chirurg), Zitat aus einem Gespräch und der Korrespondenz mit Raymond Moody und Paul Perry, etwa im Jahr 2018. Tony Cicoria, Jordan Cicoria, »Getting Comfortable with Near-Death Experiences—My Near-Death Experience: a Telephone Call from God«, in: *Journal of the Missouri State Medical Association* 111, Nr. 4 (2014), S. 304, https://www.ncbi.nlm.nih.gov/pmc/articles/PMC6179462/.

206 Cicoria, »My Near-Death-Experience«, S. 304.

207 Cicoria, »My Near-Death-Experience«, S. 305.

208 Cicoria, »My Near-Death-Experience«, S. 305.

209 Cicoria im Gespräch und in der Korrespondenz mit Raymond Moody und Paul Perry.

210 Cicoria, »My Near-Death-Experience«, S. 305.

211 Cicoria, »My Near-Death-Experience«, S. 305.

212 Tony Cicoria, »The Electrifying Story of The Accidental Pianist & Composer«, in: *Missouri Medicine* 111, Nr. 4 (Juli–August 2014), S. 308, https://www.ncbi.nlm.nih.gov/pmc/articles/PMC6179476.

213 Cicoria, »The Electrifying Story of The Accidental Pianist«, S. 308.

214 »NY Surgeon Survives Lightning Strike and Discovers a Surprising Musical Ability«, in: *Orthopedics Today*, 1. August 2009, https://www.healio.com/news/orthopedics/20120325/ny-surgeon-survives-lightning-strike-and-discovers-a-surprising-musical-ability.
215 Cicoria, »The Electrifying Story of The Accidental Pianist«,S. 308.
216 »NY Surgeon Survives Lightning Strike«, a. a. O.
217 Oliver Sacks, *Der einarmige Pianist*, Reinbek 2009.
218 Cicoria, »My Near-Death-Experience«, S. 307.
219 Cicoria, »My Near-Death-Experience«, S. 307.
220 Eine Version dieser Geschichte erschien in: Raymond Moody, Paul Perry, *Zusammen im Licht*, München 2011.
221 Carl Gustav Jung, *Erinnerungen, Träume, Gedanken, aufgezeichnet von Aniela Jaffé*, Ostfildern (19) 2016, S. 317.
222 Raymond Moody im Gespräch mit einer GT-Erlebenden (Hospizschwester), etwa im Jahr 2010.
223 Hans Martensen-Larsen, *Ein Schimmer durch den Vorhang,* Berlin 1930, S. 26 (übersetzt von Michael Nahm und veröffentlicht in dessen Buch *Wenn die Dunkelheit ein Ende findet – Terminale Geistesklarheit und andere Phänomene in Todesnähe,* Amrang 2012. Im Briefwechsel mit Paul Perry mitgeteilt im Jahr 2020).
224 Eine Version dieser Geschichte erschien in: Raymond Moody, Paul Perry, *Zusammen im Licht*, München 2011.
225 Raymond Moody im Gespräch mit einer GT-Erlebenden, etwa im Jahr 2009.
226 Melvin Morse, Paul Perry, *Verwandelt vom Licht*, München 1994.
227 Morse, Perry, *Verwandelt vom Licht*, München 1994.
228 Paul Perry im Gespräch mit einem GT-Erlebenden, 2019.
229 Catherine Johnston, Rebecca Nappi, »EndNotes: A Nurse's Tale: The Spirit Leaves the Body«, in: *Spokesman-Review*, 12. Juli 2012, https://www.spokesman.com/blogs/endnotes/2012/jul/12/nurses-tale-spirit-leaves-body.
230 Peter Fenwick, Elizabeth Fenwick, *Die Kunst des Sterbens*, Hohenwarsleben 2021.
231 Robert Crookall, *Out of the Body Experiences*, New York 1992, S. 153, https://archive.org/details/robertcrookalloutofthebodyexperiences/page/n5/mode/2up.
232 Raymond Moody im Gespräch mit einer GT-Erlebenden, etwa 1999.

233 Raymond Moody im Gespräch mit einer GT-Erlebenden, 2010.
234 Otto Meinardus (Theologe) im Gespräch mit Paul Perry, 2005.
235 John W. Edmonds, *Spiritualism*, hrsg. von George T. Dexter, New York 2011, S. 166.
236 Jeff Olsen, Jeff O'Driscoll, »Their Shared Near-Death Experience Formed an Unbreakable Bond«, in: *Guideposts*, abgerufen am 8. Februar 2023, https://guideposts.org/angels-and-miracles/life-after-death/their-shared-near-death-experience-formed-an-unbreakable-bond/ sowie im Interview mit Paul Perry 1999.
237 Olsen, Driscoll, *Guideposts*, a. a. O.
238 Olsen, Driscoll, *Guideposts*, a. a. O.
239 Raymond Moody und Paul Perry im Austausch mit zwei GT-Erlebenden (Jeff Olsen und Jeff O'Driscoll), von 2010 bis zum heutigen Tag. Siehe auch: »The Near-Death Experience of Jeff Olsen«, auf: YouTube, Interview mit Anthony Chene, Anthony Chene Production, 46.55 Minuten, https://www.youtube.com/watch?v=1FD5lReqe64. Und bei Jeff O'Driscoll: https://www.jeffodriscoll.com.
240 Raymond Moody im Gespräch mit einem Psychologen.
241 Paul Perry im Gespräch mit einem GT-Erlebenden, etwa 2015.
242 George Ritchie (US-amerikanischer Psychiater und Autor von *Mein Leben nach dem Sterben*, Stuttgart 1995) im Gespräch mit Raymond Moody im Verlauf ihrer fast dreißigjährigen Freundschaft.
243 Raymond Moody im Gespräch mit einem GT-Erlebenden, etwa 2015.
244 Barrett, *Death-Bed Visions*, S. 97. Zitiert nach: Gurney, Myers, Podmore, *Phantasms of the Living*, Bd. 2, S. 639.
245 Gurney, Myers, Podmore, *Phantasms of the Living*, Nachdruck der Ausgabe von 1886, S. 98. Ursprünglich: Edmund Gurney, Frederic Myers, Frank Podmore, *Phantasms of the Living*, Bd. 2, London 1886, S. 639.
246 Gurney, Myers, Podmore, *Phantasms of the Living*, Nachdruck der Ausgabe von 1886, S. 98. Ursprünglich in: Gurney, Myers, Podmore, *Phantasms of the Living*, Bd. 2, 1886, S. 641.
247 Eine Version dieser Geschichte erschien in: Raymond Moody, Paul Perry, *Zusammen im Licht*, München 2011.
248 Gurney, Myers, Podmore, *Phantasms of the Living*, Bd. 2, S. 223.

249 Gurney, Myers, and Podmore, *Phantasms of the Living*, Bd. 2, S. 203.
250 Gurney, Myers, and Podmore, *Phantasms of the Living*, Bd. 2, S. 202f.
251 Gurney, Myers, and Podmore, *Phantasms of the Living*, Bd. 2, S. 203.
252 Raymond Moody im Gespräch mit einer GT-Erlebenden, etwa 2009.
253 Peter Fenwick, Hilary Lovelace, Sue Brayne, »Comfort for the Dying: Five Year Retrospective and One Year Prospective Studies of End of Life Experiences«, in: *Archives of Gerontology and Geriatrics* 51, Nr. 2 (September–Oktober 2010), S. 4, https://www.academia.edu/22946305/Comfort_for_the_dying_five_year_retrospective_and_one_year_prospective_studies_of_end_of_life_experiences.
254 Fenwick, »Comfort for the Dying«, S. 4.
255 Vladimir Nabokov, *Sieh doch die Harlekine!*, Reinbek 2019, S. 59.
256 Raymond A. Moody, »Family Reunions: Visionary Encounters with the Departed in a Modern-Day Psychomanteum«, in: *Journal of Near-Death Studies* 11, Nr. 2 (Dezember 1992), S. 83–21, https://digital.library.unt.edu/ark:/67531/metadc799174/m2/1/high_res_d/vol11-no2-83.pdf.
257 Arthur Hastings, »Effects on Bereavement Using a Restricted Sensory Environment Psychomanteum«, in: *The Journal of Transpersonal Psychology* 44, Nr. 1 (2012), S. 4, https://atpweb.org/jtparchive/trps-44-12-01-000.pdf.
258 Arthur Hastings, »Effects on Bereavement«, a. a. O., S. 7.
259 Arthur Hastings, »Effects on Bereavement«, a. a. O., S. 11.
260 Arthur Hastings, »Effects on Bereavement«, a. a. O., S. 7.
261 Raymond Moody im Gespräch mit einem Psychomanteums-Patienten, 1990.
262 Sotiris Dakaris im Austausch mit Raymond Moody, 1989–1991.
263 Homer, *Odyssee*, 11, 38–40, Düsseldorf (3) 2007, S. 187.
264 Homer, *Odyssee*, 11, 43, a. a. O., S. 187.
265 Homer, *Odyssee*, 11, 204–206, a. a. O., S. 193.
266 Erlendur Haraldsson, »Survey of Claimed Encounters with the Dead«, in: *OMEGA – Journal of Death and Dying* 19, Nr. 2

(Oktober 1989), S. 105, https://doi.org/10.2190/nuyd-ax5d-lp2c-nux5.

267 Salvador Dalí, *50 Secrets of Magical Craftsmanship*, New York 1992, S. 33–38.

268 Bret Stetka, »Spark Creativity with Thomas Edison's Napping Technique«, in: *Scientific American*, 9. Dezember 2021, https://www.scientificamerican.com/article/thomas-edisons-naps-inspire-a-way-to-spark-your-own-creativity.

269 Raymond Moody im Gespräch mit einer Psychomanteums-Patientin, etwa 1990.

270 Raymond Moody im Gespräch mit einem Psychomanteums-Patienten, etwa 1991.

271 Raymond Moody im Gespräch mit einem Psychomanteums-Patienten, etwa 1990.

272 Raymond Moody im Gespräch mit einer Psychomanteums-Patientin, etwa 1994.

273 Raymond Moody im Gespräch mit einem Psychomanteums-Patienten, etwa 1992.

274 Raymond Moody, »Family Reunions«, a. a. O., S. 110.

275 Raymond Moody, »Family Reunions«, a. a. O., S. 110.

276 Eine Version dieser Geschichte wurde veröffentlicht in: Raymond Moody, »Family Reunions«, a. a. O., S. 111.

277 Raymond Moody, Paul Perry, *Reunions*, New York 1994, S. 96.

278 Raymond Moody, Paul Perry, Interview mit einer Psychomanteums-Patientin, etwa 1991. Raymond Moody, Paul Perry, *Reunions*, a. a. O., S. 96–97. Eine Version dieser Geschichte wurde veröffentlicht in: Raymond Moody, »Family Reunions«, a. a. O., S. 110–112.

279 Raymond Moody im Gespräch mit einem Psychomanteums-Patienten, etwa 1991.

280 Raymond Moody im Gespräch mit einer Psychomanteums-Patientin, etwa 1990.

281 Raymond Moody, »Family Reunions«, a. a. O., S. 111.

282 *The Oprah Winfrey Show*, Staffel 8, Episode 208, »Communicating with the Dead«, ausgestrahlt am 18. Oktober 1993.

283 Joan Rivers (Komikerin, Schauspielerin und Produzentin) im Gespräch mit Raymond Moody, 1992.

284 Raymond Moody, Paul Perry, *Reunions*, a. a. O., S. 90.

285 Raymond Moody, Paul Perry, *Reunions*, a. a. O., S. 90.
286 Raymond Moody, Paul Perry, *Reunions*, a. a. O., S. 95.
287 Raymond Moody, Paul Perry, *Reunions*, a. a. O., S. 96.
288 Raymond Moody, Paul Perry, *Reunions*, a. a. O., S. 97.
289 Raymond Moody, Paul Perry, *Reunions*, a. a. O., S. 98.
290 Raymond Moody im Gespräch mit einer Psychomanteums-Patientin, 2011. Paul Perry (Regie), *The Light Beyond: A Talkumentary with Raymond Moody, MD, on Life, Death and the Pursuit of the Afterlife*, Beyond Words Publishing, 6. Dezember 2016, DVD und VOD, 80 Minuten. Die Geschichte wird erzählt von Minute 68 bis Minute 70.
291 Black Swan, »About«, Hasso-Plattner-Institut, abgerufen am 29. Dezember 2022, https://blackswanevents.org/?page_id=26.
292 Nassim Nicholas Taleb, *Narren des Zufalls. Die unterschätzte Rolle des Zufalls in unserem Leben*, München 2001, S. 244.
293 Platon, »Phaidon«, 64A, in: ders., *Vier Dialoge Werke*, Paderborn 2010, S. 150.
294 David Hume, *Dialogues and Natural History of Religion*, New York 2009.
295 A. J. Ayer, »What I Saw When I was Dead«, in: *The Sunday Telegraph*, 28. August 1988, zitiert nach: Sjösted-Hughes, Peter, »Philosopher of Mind and Metaphysics«, abgerufen am 22. Dezember 2022, https://www.philosopher.eu/others-writings/a-j-ayer-what-i-saw-when-i-was.dead/.
296 Felix Salten, Bambi, Wortlaut übernommen von: https://www.youtube.com/watch?v=AK1shyOfOZM.
297 W. C. Guthrie, *A History of Greek Philosophy* (Bd. 1), *The Earlier Presocratic and the Pythagoreans*, Cambridge 1979.
298 Pim van Lommel, *The Science of the Near-Death-Experience*, Columbia 2017, S. 45–47.

Register